# Praktischer Prophetischer Dienst

Dritte Auflage

COLETTE TOACH

*Die Metamorphose eines Propheten*

www.ami-bookshop.com

## Praktischer Prophetischer Dienst
Originaltitel: Practical Prophetic Ministry

Dritte Auflage

**ISBN-10:** 1626640440
**ISBN-13:** 978-1-62664-044-3

Urheberrecht © 2016 durch Apostolic Movement International, LLC
Alle Rechte vorbehalten
5663 Balboa Ave #416,
San Diego,
California 92111,
Vereinigte Staaten von Amerika

1. deutsche Auflage 2004
2. deutsche Auflage 2014
3. deutsche Auflage 2016

Herausgegeben von **Apostolic Movement International, LLC**
Email-Adresse: admin@ami-bookshop.com
Web-Adresse: www.ami-bookshop.com

Alle Rechte vorbehalten gemäss dem internationalen Urheberrechtsgesetz. Weder das Buch noch ein Teil davon dürfen in irgendeiner Form ohne schriftliche Erlaubnis des Herstellers reproduziert werden.

Die Bibelstellen stammen aus der revidierten Elberfelder Bibel.

# *Vorwort*

Dieses Buch enthält mehr Lehre und Salbung für den Propheten pro Buchstaben als jede andere Publikation, die du finden wirst. Colette hat nicht nur Prinzipien herausgegeben, welche für jeden Propheten anwendbar sind, sondern sie hat auch jede Seite mit der Salbung durchtränkt, die diesen wichtigen Dienst im Leib Jesu auszeichnet.

Dies ist kein Buch, durch das du lesen kannst, während du im Zug sitzt. Es beinhaltet konzentrierte Nahrung für den Geist und die Seele und wird dich nicht nur über den prophetischen Dienst lehren, sondern dich geradewegs in einen Propheten verwandeln.

- Wenn du in den seichten Wassern des prophetischen Dienstes herumgeplanscht hast, dann wird dich dieses Buch in die Tiefen der vollen Vorbereitung für *das Endtraining* und die Einsetzung ins prophetische Amt ziehen.
- Wenn du bereits seit einiger Zeit als Prophet operierst, dann wirst du durch dieses Buch inspiriert, verändert und herausgefordert werden, in ein tieferes Erleben einzutreten, als du es in der Vergangenheit erlebt hast.
- Wenn du bereits ins prophetische Amt eingesetzt wurdest, dann wird dieses Buch alle Lücken füllen, die möglicherweise in deinem Verständnis darüber, was es heisst, ein Prophet zu sein, existieren.

Grundsätzlich heisst dies, wenn Gott dich berufen hat, ein Prophet zu sein, dann ist dieses Buch ein Muss für dich.

# Widmung

**Ohne die Unterstützung und Stärkung** meines Ehemannes Craig und meiner Familie hätte ich all diese Prinzipien nicht in Buchform herausgeben können. Craig gab mir nicht nur die Unterstützung, welche ich brauchte, um dieses Buch fertigzustellen, sondern er durchlebte auch alles mit mir.

Diese Prinzipien wären jedoch nichts wert, wenn ich sie nicht der nächsten Generation weitergeben könnte. Ich danke dem Herrn für jedes meiner Kinder. Wenn du nun mein und ihr Leben miterlebst, während du dieses Buch liest, bete ich, dass du ein tieferes Verständnis von dem erlangst, was diese Seiten enthalten. Von Anfang an sagte mir der Herr, dass ich ein Erbe an meine Kinder weitergeben würde. So möge jedes Prinzip in diesem Buch in die Herzen meiner Kinder eingraviert sein und sich in ihren Leben manifestieren.

Viele dieser Seiten wurden mit meiner jüngsten Tochter Rebekah (Ruby) auf meinem Schoss geschrieben. Um dies zu charakterisieren werde ich meine zweitälteste Tochter Jessica zitieren: „Nein ... wir haben kein Privatleben, denn jeder unserer Schritte wurde in einem der Bücher unserer Mutter dokumentiert."

Ich finde, dass die Realität des Leben der beste Weg dazu ist, um geistliche Wahrheiten zu vermitteln. Der Heilige Geist ist an unserem Arbeitsplatz, in unseren Familien und in unseren täglichen Schwierigkeiten. Aus diesem Grund habe ich diesem Buch den Namen gegeben, den ich ihm gegeben habe. Es ist praktisch. Es ist einfach. Es wird dich genau dort erreichen, wo du lebst.

Hiermit widme ich das Buch Praktischer Prophetischer Dienst meiner Familie, denn es ist, wie ich bete, in dieser Einheit, dass die Herrlichkeit Gottes sich manifestieren wird. Möge uns der Herr nehmen und Seinem Willen entsprechend gebrauchen und möge Er damit weitermachen, uns in das Team zu formen, zu dem Er uns berufen hat.

**Nachtrag (2016)**

Von all den Büchern, die ich seit 2002 herausgegeben habe, liegt mir dieses am meisten am Herzen. Jetzt, im Jahr 2016 schaue ich zurück und staune, wie sehr der Herr es auf der ganzen Welt gebraucht hat. Es hat nicht nur Tausende in der Gemeinde erreicht, sondern diente auch als Textbuch für unsere Prophetenschule und für viele Lokalgemeinden.

In dieser Auflage wurde das Buch auf den neusten Stand gebracht, um es dem Fortschritt unseres Dienstes anzupassen und um empfohlene Materialien miteinzubeziehen, die inzwischen herausgegeben wurden.

Seit ich dieses Buch geschrieben habe, hatte ich die Ehre zu sehen, wie meine zwei ältesten Töchter in unseren Trainingsschulen einen Abschluss machten und sich nun im vollzeitlichen Dienst befinden. Jessica ist eine Pastorin im Amt und Deborah-Anne hat das prophetische Amt inne. Sie gebrauchen nun genau das Buch, das in ihrer Kindheit entstand, um andere zu trainieren.

Ruby ist eine prächtig gedeihende 14-jährige mit einem Musikdienst und einer Leidenschaft, die Welt zu verändern – eine Person um die andere. Craig und ich sind seit 2002 weitergegangen und sind jetzt Apostel und geistliche Leiter von Apostolic Movement International, ein Dienst, der in verschiedenen Teilen der Welt über Ministrycenters verfügt. Zusammen mit unserem Team konzentrieren wir uns darauf, die Realität von Jesus Christus in die Gemeinde zu bringen.

Meine Erinnerung an dich ist: Deine Jünger sind näher, als du denkst. Schaue dich um. Sie befinden sich in deinem Zuhause, in deiner Lokalgemeinde und in deiner Nachbarschaft. Du beginnst deinen prophetischen Dienst nicht an den glamourösesten Orten zu erfüllen. Aber das, was du in andere investierst, wird wahrhaftig Frucht bringen!

# Content

Vorwort .................................................................. 3

Widmung ............................................................... 5

Content .................................................................. 8

Teil 01 – Praktischer prophetischer Dienst ............... 16

Kapitel 01 – Die Geburt eines Propheten ................. 16

    Das Mandat ..................................................... 16

Kapitel 02 – Eine Lektion darüber, den Propheten zu identifizieren ......................................................... 24

    Ein Prophet: Was ist das? ................................. 24

    Es ist Zeit, heranzuwachsen! ............................ 26

    Wie ein Prophet aussieht ................................. 28

    Stirb endlich! .................................................... 34

    Zeichen einer prophetischen Berufung ............ 36

    Die Strasse genannt prophetische Vorbereitung .... 45

Kapitel 03 – Praktiziere die prophetischen Gaben ...... 50

    Prophetisches Krabbeln versus prophetisches Laufen ................................................................ 50

    1. Typ: Der Prophet, der sich setzen sollte! ........... 55

    2. Typ: Der Prophet, der hinaustreten muss ........ 60

Kapitel 04 – Entwickle die prophetischen Gaben ........ 66

    Höre Gottes Stimme durch die Zungensprache ...... 66

    Reinige deine Quelle ....................................... 77

Kapitel 05 – Erhalte Offenbarung durch Träume ........82
- Höre Gottes Stimme durch Träume ...................82
- Träume ...............................................83
- Träume durch den Geist auslegen.........................85
- Der prophetische Traum ................................87

Kapitel 06 – Erhalte Offenbarung durch Visionen........96
- Höre Gottes Stimme durch Visionen ....................96
- Visionen................................................96
- Empfange Visionen......................................99

Kapitel 07 – Erhalte Offenbarung auf vier weitere Wege ..............................................................108
- Höre Gottes Stimme durch Prophetie, Äusserung, Urim und Journaling ..............................108
- Prophetie............................................111
- Äusserung und Auslegung ...........................114
- Urim und Thummim ...................................119
- Journaling ...........................................121

Kapitel 08 – Prophetische Offenbarung beurteilen...126
- Unterscheide die Geister und vermeide die Fallen der Verführung...............................................126
- Beurteile deine eigene Offenbarung ...................127
- Drei Schritte, wie du Offenbarung beurteilen kannst ..............................................................135
- Praktiziere Seine Gegenwart ............................159
- Schritt 1-2-3..........................................161

Teil 02 – Praktische prophetische Reife ................... 166
Kapitel 09 – Die Liebe im Herzen des Propheten ...... 166
   Der Schlüssel zur prophetischen Reife ................. 166
   Die Liebe im Herzen des Propheten ..................... 170
Kapitel 10 – Den geheimen Ort betreten ................. 184
   Eine innig vertraute Bekanntmachung mit Jesus .. 184
   Den geheimen Ort betreten ................................. 184
   Es ist nicht ein "Ich muss" - es ist ein "Ich will" ..... 188
   Ein geheimer Ort ohne Geheimnisse ..................... 190
   Ins Hochzeitszimmer hineinkommen ................... 192
Kapitel 11 – Von Angesicht zu Angesicht mit Jesus -
Schritt 1 ................................................................... 196
   Nach Gott hungern ............................................... 196
   Schritt 1: Wünsche es dir! ..................................... 197
   Barrieren entfernen .............................................. 199
   Die Schleier herunterziehen ................................. 201
   Opfere deine Rechte ............................................. 205
   Höre auf, dich abzumühen ................................... 207
   Den Duft Christi haben ......................................... 208
   Die Veränderung .................................................. 210
Kapitel 12 – Von Angesicht zu Angesicht mit Jesus -
Schritt 2 ................................................................... 214
   Strecke dich aus, um Jesus zu berühren ............... 214
   Mache es zu einem Rendezvous! .......................... 216

Lebe es und liebe es!............................................218

Ja ... Aber............................................................220

Gib alles..............................................................223

**Kapitel 13 – Von Angesicht zu Angesicht mit Jesus - Schritt 3** ...............................................................226

Erlebe Jesus´ Berührung......................................226

Die Realität des Erlebens....................................227

Sein Wort für Dich!..............................................229

Das sagt der Herr ................................................230

Ihn zu kennen ist Ihn zu lieben ...........................231

Schritt 1-2-3.........................................................234

**Teil 03 – Praktische prophetische Leiterschaft**..........240

**Kapitel 14 – Schwanger sein und es lieben!**..............240

Deinen prophetischen Dienst gebären................240

Ein 'Katze im Sack'-Dienst...................................244

Die flackernden Flammen ...................................248

**Kapitel 15 – Arbeite, stirb und sei ausdauernd** ........252

Das Geheimnis, schnell durch die Vorbereitung zu kommen ..............................................................252

Arbeiten...............................................................253

Den Preis für die Verheissung bezahlen...............255

Vom einen Tod zum nächsten springen ..............257

Ausdauer ist der Schlüssel...................................257

Arbeite, stirb und sei ausdauernd!......................258

Kapitel 16 – Leiterschaft: Der Ruf ein Diener zu sein 262
   Prophetische Mentorschaft verstehen und sich ihr unterordnen ...................262
   Einen Leiter wählen ...................266

Kapitel 17 – Tod einer Vision ...................270
   Alte Samen für neue Bäume aufgeben ...............270
   Wer ist berufen zu sterben? ...................270
   Tod: Ein Eingangstor zum Leben ...........275
   Der Übergang ...................279
   Lebt wohl, alte Ideen ...................281
   Der Sommerregen wird kommen! ...................282
   Gott Seine Arbeit tun lassen ...................285

Kapitel 18 – Tod des Fleisches ...................290
   Alles, was du über Heilung noch nicht gewusst hast ...................290
   Tod des Fleisches ...................294
   Von Herrlichkeit zu Herrlichkeit ...................295
   Das Fleisch ...................296
   Wenn ich es nur verstehen könnte ... ...................297
   Wird Entschlossenheit es tun? ...................299
   Das Bild ...................300
   Überprüfe dein Bild ...................302
   Wahre Offenbarung ...................304
   Göttliche Betrübnis ...................306

Alles 'Nicht Jesus' wegmeisseln..........................308

## Kapitel 19 – Auferstehung und Verherrlichung.........312

Weiter zur Beförderung und dem Laufen in Gottes Herrlichkeit..........................................................312

Es schmerzt ................................................................315

Vom Versager zum Leiter ...........................................317

Verherrlichung............................................................319

Vom Sich-Ergeben zum Ausüben von Autorität ....322

Deine Errettung in Furcht und Zittern ausleben ...324

Den Edelstein vorbereiten........................................326

## Kapitel 20 – Gesalbt und ernannt..............................330

Prophetischer Dienst im Vergleich zum prophetischen Amt..................................................330

Gesalbt .......................................................................332

Vorbereitung für den Dienst ....................................333

Training 101 (eins zu eins).........................................335

Leiterschaftstraining..................................................336

Trainiert werden, um König zu sein........................337

Wirst du zum Feind werden? ...................................339

Ernannt........................................................................340

Weiter, höher, tiefer!..................................................343

## Über die Autorin.........................................................345

## Empfehlungen der Autorin.........................................347

Der Weg der Träume und Visionen ........................347

Ich bin nicht verrückt – Ich bin ein Prophet ........... 348
Wie du Gottes Stimme hörst (Set für eine Studiengruppe) ....................................................... 348
A.M.I. Prophetic School ......................................... 349
Kontaktangaben ......................................................... 350

**Teil 01 – Praktischer Prophetischer Dienst**

**Kapitel 01**

# Die Geburt eines Propheten

*"Das Mandat"*

# Teil 01 – Praktischer prophetischer Dienst

# Kapitel 01 – Die Geburt eines Propheten

## Das Mandat

Gleich nachdem ich ins prophetische Amt eingesetzt wurde, gab mir der Herr einen Traum. In diesem Traum war ich in einem fremden Land. Ich war ein in Militärkleidung gekleideter Soldat. Aber als ich durch viele verschiedene Länder lief, bemerkte ich, dass ich schwanger war. In diesem Traum musste ich in tobenden Flüssen schwimmen und lange Distanzen laufen in einem Land, das rau und unfreundlich war.

Ich war müde und wollte einfach ausruhen, aber diejenigen um mich herum schienen mich vorwärtszudrängen und mich zu zwingen, weiterzugehen. Auf halber Strecke fühlte ich, wie die Wehen einsetzten und meinen Körper durchbohrten. Ich sah mich gehetzt um, wo ich hier dieses Kind auf die Welt bringen würde. Ich suchte das Land ab und fand inmitten dieses Nichts etwas, das wie ein kleines Spital aussah. Als die Schmerzen der Wehen nun immer stärker wurden, schaute ich mich nach jemandem um, der mir helfen konnte, das Kind zu gebären. Aber niemand schenkte mir Beachtung und ich fand mich in der Mitte des Ganges des Spitals wieder, bereit das Baby herauszupressen.

In meinem Traum fühlte ich einen solch schrecklichen Schmerz und als ich heruntersah, erkannte ich, dass das Kind jede Minute auf die Welt kommen und nicht mehr länger warten würde. Aber immer noch beachtete mich niemand. So streckte ich meine Arme nach unten und zog in meinem Schmerz das Baby eigenhändig heraus und mit ihm kam viel Blut und Schmerzen. Aber als ich dann das Kind ansah, war aller Schmerz vergessen und ein Friede kam über mich.

Ich erwachte aus dem Traum mit einer Vielzahl von Gefühlen und wunderte mich, was dieser Traum bedeuten könnte. Ich setzte mich hin und journalte und fragte den Herrn, um was es dabei ging. Der Herr redete sehr klar zu mir: „Das ist die Geburt des Propheten." Er zeigte mir, wie die Reise, die der Prophet in seiner Vorbereitung und seinem Training durchläuft, die gleiche ist, wie die, welche ich im Traum erlebt hatte. Danach nahm Er mich mit und führte mich nochmals durch die Ereignisse in meinem Leben und zeigte mir die Stufen der Vorbereitung und des Trainings, die seine Propheten durchlaufen müssen, um dann das prophetische Kind in ihnen zu gebären.

Er zeigte mir, wie du als Prophet viel durchhalten musst und oft über deine Grenzen hinausgestossen wirst. Dass du veranlasst wirst, durch die Wasser zu gehen, die dich fast überwältigen und dass du dennoch gezwungen wirst, weiterzugehen. Er zeigte mir, dass es dir jedes Mal, wenn du erschöpft bist und fällst, aber wieder aufstehst, zu deinem Training als Prophet hinzugerechnet wird. Denn in dir drin hast du den prophetischen Ruf empfangen hast und bald wird die Zeit für seine Geburt kommen.

So wie ich in meinem Traum das Baby mit viel Schmerzen und Geburtswehen geboren habe, so wirst du als ein Prophet auch oft alleine sein und viel leiden. Aber wenn die Zeit der Prüfungen vorbei ist, dann wirst du auf den Lohn schauen, den Er dir gegeben hat und du wirst dich freuen.

Nachdem der Herr mich im Geist nochmals neu durch die Reise der prophetischen Vorbereitung genommen hatte, gab Er mir einen Auftrag. Er sagte: „Es gibt viele, die genau so sind, wie du es warst. Sie sind mit einem Kind unterwegs und konfrontieren das Wasser und das trockene Land. Die Geburtswehen kommen über sie und sie sind erschöpft." Dann sagte Er zu mir: „Nun geh und finde meine Propheten! Finde sie und hilf ihnen, ihre Kinder zu gebären. Lass sie wissen, dass ich über ihnen wache. Lass sie wissen, dass ich sie sehe und dass meine Hand sie beschützt. Lass sie wissen, dass ich mir wünsche, sie als Diamanten aus dem Trümmerhaufen, der meine Gemeinde ist, hervorzubringen. Geh und bring sie zur Reife!"

In diesem Moment machte plötzlich alles Sinn, was ich in den letzten Jahren und speziell in den vorangegangenen neun Monaten erlebt hatte. Der Herr gab mir diese Botschaft 1997 und seither bestätigt Er sie immer wieder. Denn als ich mich niedersetzte, um dieses Buch zu schreiben, setzte Er wieder an dem Punkt an, an dem Er letztes Mal aufgehört hatte und sagte zu mir:

„Benutze das Schwert Josuas. Diese Salbung brennt so stark in dir, denn es ist ein Schwert des Feuers und es wird weiterbrennen in dir, sowie du diese Salbung benutzt. Also benutze es, wenn du die Salbung auf dich kommen spürst, denn sie wird zunehmen, wenn du dranbleibst, durch das prophetische Lehren hindurchzugehen. Denn dieses Buch muss die alten Verhaltensmuster, die alten Templates zerschmettern.

Es muss die Gemeinde aufwecken und ihr die Augen öffnen, damit sie die Propheten sieht. Auch wenn du schreibst, um die Propheten zu lehren, musst du mit Autorität sprechen. In der gleichen Art, wie du eine einzelne Person ansprechen und mit meiner Autorität sprechen würdest, um sie ins prophetische Training freizusetzen, musst du auch die Autorität in diesem Buch freisetzen. Denn dann wirst du Propheten freisetzen und sie auf ihre Reise schicken.

Viele sind bereit, um ins Training einzusteigen, aber sie haben niemanden, der sie dazu freisetzen könnte. Doch dieses Buch ist ein Instrument, um genau das zu tun. Du musst sie durch dieses Buch ins prophetische Training freisetzen. Du musst es nutzen, um die Geburtswehen über sie zu bringen und sie für die

Geburt bereitzumachen. Dieses Buch muss sie freisetzen, damit sie ihre prophetische Reise beginnen können.

Gehe weiter, so wie ich dich führe und sei nicht ängstlich, das Schwert Josuas zu gebrauchen. Es ist ein Schwert des Erlasses und der Autorität. Es ist ein Schwert von Feuer und Taten. Setze diese Taten durch deine Worte in meinen Menschen frei. Denn wenn du das aussprichst, was ich mir wünsche, wirst du anfangen, viele prophetische Babys zu gebären.

In der vergangenen Zeit kam ein plötzliches Interesse für das Prophetische auf, aber viele der Geburten, die geschahen, waren frühreif. Und viele die geboren wurden, hatten niemanden, der sich um sie kümmerte. Ich bringe aber eine ganz neue Art von Propheten in meinem Leib hervor, spricht der Herr, genauso wie ich damals das Feuer an Pfingsten fallen liess.

Plötzlich werden Propheten in den konservativsten Gemeinden geboren und du wirst sie aus den verborgenen Plätzen hervorkommen sehen. Sie werden anfangen, mit meiner Autorität zu sprechen und mit einer Stimme werden sie die Veränderung, welche in meinen Leib kommen wird, ankündigen, sagt der Herr."

Mit diesem Bild klar vor Augen möchte ich dich bitten, dein Herz vorzubereiten und durch die nächsten Kapitel zu gehen. Ich werde in dein Leben sprechen und beten, dass der Heilige Geist dich gerade jetzt auf Seine Flügel nimmt und dich in die Phase deiner prophetischen Reise bringt, die dich ins prophetische Training hineinführen wird. Wenn du dann dieses Kind in dir gebärst, wirst du deinen Platz als ein Prophet des Allmächtigen einnehmen. Du wirst mit Seiner Autorität sprechen und das Gesicht Jesu in deinem Spiegelbild zeigen.

**KAPITEL 02**

# Eine Lektion darüber, den Propheten zu identifizieren

*"Ein Prophet: Was ist das? "*

# Kapitel 02 – Eine Lektion darüber, den Propheten zu identifizieren

## Ein Prophet: Was ist das?

Als ich ein kleines Mädchen war, schlich ich mich in das Schlafzimmer meiner Mutter und ging zu ihrer Kommode, in der sie all ihre Kosmetika aufbewahrte. Dann nahm ich einen Gegenstand nach dem anderen heraus, all ihre Puder, Lippenstifte und Cremes. Ich hatte einen Plan und einen Grund dafür: Ich wollte wie eine Dame aussehen! Ich fand, dass ich mit all dem Geschmier von rotem Lippenstift und der verwischten Mascara viel hübscher aussah, aber ich kam auf den Boden der Realität zurück, als meine Mutter den Raum betrat – nicht sehr erfreut darüber, dass ich das meiste ihres Schönheitskoffers zerstört hatte!

Ich dachte, ich würde wie eine Dame aussehen, wenn ich versuchen würde, Make-up aufzutragen, so wie ich das meine Mutter jeden Morgen tun sah. Ich dachte, dass mich dann alle für erwachsen halten würden. Aber es verstrichen einige Jahre und ich lernte, dass es mehr als Kosmetika braucht, um eine Dame zu sein. Ich musste zuerst ein bisschen wachsen. Ich musste die Schmerzen der Pubertät erfahren und erst dann begann ich mich in die Dame zu formen, von der ich als Kind geträumt hatte.

Bevor du dies nun als einen persönlichen Ratschlag betreffend Kosmetik-Kunst abtust, lass mich dir etwas zeigen. Wenn der Herr dich zum ersten Mal beruft, ein Prophet zu sein, wirst du sehr wahrscheinlich ein Bild in deinem Kopf haben von dem, was ein Prophet ist. Dieses Bild wird das darstellen, was du in anderen gesehen hast und das Bild, das du von den Propheten im Alten Testament und Johannes dem Täufer her kennst. Du denkst, dass du so sein musst, wie die Bilder, die du in deinem Verstand geformt hast, damit du der Prophet sein kannst, den Gott haben möchte. Du meinst, du müsstest dich auch mit Kamelhaaren kleiden, Heuschrecken essen und dich wie ein wilder Mann benehmen!

Und so siehst du Dinge wie das Folgende geschehen:

> Kleine, runde Augen, das Haar wild im Wind, trägt Sacktuch und Asche, wedelt mit einem Stab in seiner Hand, hastiger, funkelnder Blick ... der Prophet stürmt in die Gemeinde, um die Botschaft zu verkünden, welche Gott ihm gegeben hat. Er konnte überhaupt nicht verstehen, wieso das Wort nicht angenommen wurde und er so schnell, wie er hereingekommen war, wieder aus der Gemeinde hinausgeschmissen wurde!

Nun, wenn du kein Prophet bist, dann findest du dieses Bild vielleicht noch amüsant. Aber wenn du die letzte

Zeit auf der Strasse genannt 'prophetische Vorbereitung' gelaufen bist, dann könnte dieses Bild ein paar eigene Erinnerungen hervorrufen!

Was lief hier also falsch? Du wusstest, dass du berufen bist und du hattest ein wahres Wort von Gott. Warum wurde es nicht angenommen? Nun weisst du, deine Präsentation wurde so gut aufgenommen wie meine, als meine Mutter das Chaos sah, das ich mit ihrer Kosmetika veranstaltet hatte! Du musstest zuerst ein bisschen wachsen. Du hast versucht, eine Rolle zu spielen und Schuhe zu tragen, die nicht deine waren. Du hast versucht, eine Maske zu tragen von dem, was du dachtest, dass du es sein solltest, anstatt das zu sein, wozu der Herr dich berufen hat.

## Es ist Zeit, heranzuwachsen!

Um diese Zeit herum wird der Herr dich nehmen und dich durchs Training hindurchgehen lassen, um all diese Dinge anzugehen. Wenn Er all deine Ideen darüber, was ein Prophet ist, sterben lässt, dann kann Er anfangen, dich reifen zu lassen. Aber wenn du immer noch selber versuchst, dich in die Rolle deiner vorgefassten Meinung davon, was ein Prophet ist, hineinzuzwängen, dann wirst du nicht mehr sein als das kleine Mädchen, das mit der Kosmetika spielt und denkt, sie sei grossartig. Oder der kleine Junge, der vorgibt, sich wie sein Vater zu rasieren und dabei das ganze Rasierwasser leert! Wenn du den Wink mit dem Zaunpfahl beim ersten Mal nicht erkennst, dann wirst du es nicht verstehen, bis du schlussendlich realisierst:

„Du siehst nicht so gut aus! Du bringst alles durcheinander! Es ist Zeit, heranzuwachsen."

Wenn du also all diese vorgefassten Meinungen auf die Seite legst, wie sieht ein Prophet dann wirklich aus? Wie solltest du auftreten? Gut, du bist dabei herauszufinden, dass du die Zeichen eines Propheten schon die ganze Zeit gehabt hast und dass du einfach darin wachsen solltest. Siehst du, ich war ein kleines Mädchen und ich hatte all die 'Instrumente', die mich eines Tages in eine Dame verwandeln würden, aber ich musste zuerst einmal in das hineinwachsen! Du bist vielleicht ein kleiner Junge, der das Potenzial haben mag, sich zu rasieren – du musst einfach vorher noch eine Phase durchlaufen, die man Pubertät nennt!

Du musst keine Kamelhaare anziehen und wild und haarig sein, damit du ein Prophet bist! Du bist schon ein Prophet. Fange nun einfach an, in das hineinzuwachsen, was für dich schon vorherbestimmt war, seit du im Bauch deiner Mutter warst. Wenn du die Zeichen nicht vom Mutterleid an zeigst, dann wirst du sie auch jetzt nicht plötzlich zeigen! Ein Prophet ist von dem Moment an berufen, in dem die Empfängnis stattfindet. Darum wirf diese Last von dir und wenn ich dir jetzt alle diese Zeichen zeige, dann sei entspannt, weil du weisst, dass du für dieses Amt berufen und gesalbt bist. Wenn wir durch diese Lehren weitergehen, wirst du das, was der Heilige Geist dir gegeben hat, anwenden können und darin reifen.

# Wie ein Prophet aussieht

Lass mich dir ein Bild malen, wie ein Prophet aussieht, und dann werde ich dir eine Liste der zehn häufigsten Zeichen geben, an denen du erkennen kannst, dass jemand dazu berufen ist, ein Prophet zu sein.

Bis jetzt habe ich dir erzählt was ein Prophet nicht ist. Nun wie sieht ein Prophet aus? Ich weiss, du bist schon ganz neugierig, dies zu erfahren, deshalb teile ich dir hier ein paar Prinzipien mit, die wir durch Erfahrung gelernt haben, während wir den fünffachen Dienst trainierten. Ich lehre in meinem Buch *„The Fivefold Ministry for Today"* ausführlich darüber. Wenn du zusätzliche Antworten brauchst, die auf dem Wort Gottes basieren, dann bestelle dir dieses Buch und lies es. Was ich dir hier mitgeben werde, basiert auf persönlicher Erfahrung und auf dem, was wir im Wort und im Geist gelernt haben.

Okay, lass uns anschauen, wie ein Prophet aussieht ...

> *„Nehmt, Brüder, zum Vorbild des Leidens und der Geduld die Propheten, die im Namen des Herrn geredet haben!"*
>
> *~ Jakobus 5,10*

### Geduld? Ich denke nicht!

Ich bin sicher, dass du den Teil mit der Bedrängnis erleiden kennst, aber viele haben am anderen Teil zu arbeiten, an dem 'und der Geduld'. Ich denke, dass Jakobus das nur erwähnt hat, um sarkastisch zu sein,

# Eine Lektion darüber, den Propheten ...

weil ich bis jetzt noch nie in einem Propheten die 'Geduld' gesehen habe, von der er hier spricht!

Ein Prophet sieht in schwarz und weiss. Es ist entweder ja oder nein, schwarz oder weiss, Tag oder Nacht. Du bist ein Sünder oder du bist keiner. Es ist entweder richtig oder falsch. Das Programm ist entweder korrekt oder es ist nicht korrekt. Diese Prophetie war entweder gesalbt oder sie war nicht gesalbt. Es war entweder von Gott oder nicht von Gott. Das ist die Art, wie es ist. Es gibt keine Grauzone beim Propheten.

Es kann sehr frustrierend sein, um Propheten herum zu sein, wenn du manchmal versuchst, deinen Weg zu finden, weil du es immer noch so machen möchtest, wie es dir passt und sie sagen: „Nein, das ist nicht gut genug. Du bist entweder hier oder dort. Entweder verpflichtest du dich, dabei zu sein oder eben nicht. Du bist entweder brennend oder du bist nicht brennend im Geist. Überlege es dir. Wir haben keine Zeit, um hier herumzuspielen. Entscheide dich jetzt." Sie sehen schwarz und weiss.

### *Dein zweiter Name: Ablehnung!*

Ein Prophet hat den Wunsch, die Gefangenen freizusetzen. Wir haben eine Frage in unserem Anmeldeformular, die lautet:

„Was brennt in dir für den Dienst?"

Jeder beantwortet diese Frage in etwa so: „Ich habe einen Wunsch, die Gefangenen freizusetzen, die

Verwundeten geheilt zu sehen. Diejenigen, welche zerbrochen sind, wiederhergestellt zu sehen, und die Menschen, welche missbraucht wurden, sollen Heilung bekommen."

Hast du gewusst, dass Menschen das mögen? Das ist die Motivation des Propheten. Er will die Gefangenen frei sehen. Er will diejenigen, welche gebunden sind, freigesetzt sehen. Er will die Zerbrochenen geheilt sehen. Er will die, welche von der Gemeinde verletzt wurden, wiederhergestellt sehen. Er will hinausgehen auf die Strassen und Wege und all die Schafe, die am Strassenrand hingefallen sind, finden. Er will die Abgelehnten, die kleinen Nichtsnutze holen und sie heilen. Das ist eine sehr starke Leidenschaft und ein Wunsch im Herzen eines Propheten.

Ablehnung ist der zweite Name eines Propheten. Nenn mich Colette **Ablehnung** Toach. Das ist der Prophet. Sie kennen Ablehnung besser als irgendetwas anderes in dieser Welt. Vom Tag ihrer Geburt an ist Ablehnung etwas, mit dem sie ihr ganzes Leben lang konfrontiert wurden. Sie passten weder hier noch da hinein.

Man würde denken, dass ich mich, aufgewachsen in einem christlichen Zuhause, in christlichen Kreisen wohl gefühlt hätte. Aber weisst du was? Ich passte nicht hinein, weder da noch dort. Ich passte nicht in die Welt, weil ich eine von diesen Christen war. Weisst du, mit meinem Vater als Prediger hatte ich ein Brandmal mit mir herumzutragen.

Sie sagten zu mir: „Was macht denn dein Vater?"

# Eine Lektion darüber, den Propheten ...

„Nun, er ist ein Prediger."

Du bist gebrandmarkt! „Das ist das Kind des Predigers!"

Als ein Resultat dessen passte ich nicht in die Welt. Aber auch wenn das Thema Gemeinde gestreift wurde und ich dachte: „Gut, hier sollte ich hineinpassen, hier sollte ich mich wohl fühlen", passte ich auch dort nicht hinein. Ich schien keinen Platz zu haben. Ich war irgendwie hierhin und dorthin geworfen. Kommt dir das bekannt vor? Es ist der Prophet und die Ablehnung. Er passt nirgends hinein und selbst wenn er hineinpassen sollte, passt er nicht hinein.

Er ist sehr wahrscheinlich aus der Gemeinde herausgeworfen worden oder verlies diese für eine gewisse Zeit. Das ist solch ein Erkennungszeichen des Propheten. Menschen denken, ich hätte Offenbarung, wenn ich zu ihnen sage: „Du bist aus deiner Gemeinde herausgeworfen worden, nicht wahr?"

„Wie hast du das gewusst?"

Wenn du ein Prophet bist, dann sind die Chancen gross, dass du das Kirchensystem für eine Weile verlassen hast. Entweder hast du gegen das System rebelliert oder du wurdest aus dem System herausgeworfen. Tatsache ist, dass es passiert ist, möglicherweise ein paar Mal. Das hängt davon ab, wie lange du brauchtest, um die Lektion zu lernen. Wenn du sehr starrköpfig bist, dann kann es gut ein paar Mal vorgekommen sein. Der Prophet hat Konflikte mit der lokalen Gemeinde und braucht diese auch, denn es ist Teil seines Trainings. Danach bringt der Herr die Propheten verändert zurück.

### *Ein Rebell aus einem bestimmten Grund ... oder einfach nur ein Rebell?!*

Wo auch immer sie hingehen, bringen Propheten das Boot zum Wanken. Sie brauchen es nicht einmal zu versuchen. Sie müssen nicht einmal versuchen, aufzustehen und das Boot zum Wanken zu bringen, nein, es wankt schon. Sie öffnen ihr grosses Maul und sagen zur falschen Zeit Dinge, die sie nicht sagen sollten. Ihre Füsse sind mehr im Mund als dass sie auf dem Boden wären und sie tun es meistens unbewusst. Sie stolpern und suchen die ganze Zeit herum.

Ihr ganzes Leben lang haben sie zu niemandem dazugehört. Sie sind sogar die schwarzen Schafe in ihren eigenen Familien. Vielfach passen sie nicht einmal zu ihren Eltern und Brüdern und Schwestern. Wenn du also nicht einmal bei den Menschen hineinpasst, bei denen du hineinpassen solltest, dann bist du hier genau richtig.

Propheten haben in ihrem Leben viele Schwierigkeiten. Ich habe herausgefunden, dass 99% der Propheten, die ich trainiert habe, irgendeine Art von Missbrauch erlebt haben, sei es geistlich oder körperlich. In dem Moment, in dem der Feind sieht, dass ein Prophet geboren wird, wirft er ihm alles Mögliche entgegen. Deshalb ist der Prophet mit vielen Problemen konfrontiert, nicht nur Ablehnung, sondern auch

# Eine Lektion darüber, den Propheten ...

wirklichem Missbrauch von der Welt und oft von denen, die ihm am nächsten stehen.

Sie können das Falsche dort sehen, wo es andere nicht sehen. Ein Prophet scheint einfach in allem das Falsche zu sehen. Du gehst zur Kirche und du siehst: „Dieser Prediger predigt es wieder falsch. Das steht nicht im Wort und es ist falsch!" Aber niemand anderes kann es sehen.

Der Prophet sagt: „Was ist los mit diesen Leuten. Sind sie blind? Können sie nicht sehen, dass dies eine Irrlehre ist? Können sie nicht sehen, dass das falsch ist?"

Sie sehen Menschen, die immer und immer wieder Rückfälle haben und es ärgert sie. Sie sehen die Schafe, die niedergeschlagen werden. Sie sehen, wie die Schafe am Wegrand hingeworfen werden und es ärgert sie. Sie sagen: „Sieht das denn niemand?" Niemand bemerkt es, aber der Prophet merkt es. Das ist es, was einen Propheten anders macht.

### *Zu sehr mit den Gedanken beim Himmlischen, um für irgendetwas Irdisches tauglich zu sein*

Propheten haben ein Verlangen, Dienste in Menschen zu identifizieren. Sie wollen nicht nur das Potenzial von jemandem sehen. Sie wollen sagen: „Du bist ein Evangelist. Du bist ein Pastor. Du bist ein Prophet." Sie wollen Dienste in den Menschen identifizieren und sie dann darin freisetzen.

Propheten denken in Symbolen und Bildern. Ein Prophet kann nicht in geraden Linien denken. Er muss die ganze Zeit in Symbolen und Bildern denken. Wann immer du sie um eine Offenbarung oder etwas fragst, gebrauchen sie Symbole und Bilder. Sie brauchen die ganze Zeit Illustrationen. Ich lebe in Illustrationen und Bildern. Ich könnte nicht aufstehen und einen einzigen Satz vollenden, ohne meine Inspiration von einer Vision zu bekommen. Ich lebe die ganze Zeit in dem. Es ist meine Welt. Es ist die Welt eines Propheten. Fürbitte ist ganz natürlich für sie. Sie liegen in den Geburtswehen, sie beten. Sie haben eine Leidenschaft für Gebet.

In einer gewissen Art sind Propheten auch musikalisch. Der Prophet hat die Fähigkeit, die Salbung durch Musik freizusetzen. Das kann durch Tanz sein, es kann durch ein Instrument oder Singen sein. Es spielt keine Rolle, ob du diese Fähigkeit hast. Ich habe nie gesagt, dass du musikalische Fähigkeiten hast. Ich sagte, du kannst die Salbung durch Musik freisetzen und wenn du prophetisch bist und das noch nicht tust, dann musst du wissen, dass es für dich verfügbar ist und dass es ein Erkennungszeichen des Propheten ist.

## Stirb endlich!

Diese Worte sind genug, um jeden Propheten in die Knie zu zwingen! In unserer ersten Online-Prophetenschule veröffentlichten wir zum Spass eine Grafik in der Studenten-Lounge mit dem Bild eines Kreuzes und dem blinkenden Text „Stirb endlich!".

Schnell fanden wir heraus, wenn ein Prophet mit dem Kreuz konfrontiert wird, dass er dies gar nicht lustig findet!

Deshalb nahmen wir es wieder weg, um uns selber vor den Flüchen zu schützen, welche gegen uns geschickt wurden. Viele Propheten werden heute bestätigen, dass jedes Mal, wenn sie mit Sterben konfrontiert werden, ihnen genau diese Grafik in den Sinn kommt und es sie zusammenzucken lässt!

Nun, wieso ist all dieser Tod notwendig? Der Prophet schwingt das Pendel. An einem Tag will er die Welt erobern, am nächsten will er aufgeben. Du bist wie Elia, der sagte: „Der Regen wird solange nicht mehr kommen, bis ich es sage." Wie auch immer, eine kurze Zeit später sitzt er depressiv da und sagt: „Niemand hört mir zu. Ich denke, ich werde mich einfach selber umbringen und sterben."

Das ist der Prophet! In einem Moment ist er ein Grossmaul, das proklamierend dasteht und im nächsten Moment sagt er, dass er sterben will.

„Herr, ich will das nicht mehr länger machen."

Am einen Tag hat er den Eifer, um die Welt zu verändern und am nächsten dreht er dieser ganzen Sache den Rücken zu. Tod ist zum Lebensstil des Propheten geworden. Tod ist etwas, was sie jeden Tag leben. Es ist etwas, dass sehr real für sie ist und sie umarmen ihn. Wenn ich sage, umarmen ihn, heisst das, dass sie von einem Level zum nächsten und dann wieder zum nächsten gehen.

Wir konfrontierten einmal jemanden der viele gute Ideen hatte und sagten zu ihm: „Hey, weisst du, dass der Herr dieses Gebiet in deinem Leben sterben lassen wird?"

Er sagte: „Ja, ich bin bereits gestorben darin."

„Ich habe Neuigkeiten für dich!"

Ein Prophet zu sein bedeutet nicht 'gestorben zu sein', es ist ein konstanter Prozess, den du durchlebst, wie eine Metamorphose, immer und immer wieder.

## Zeichen einer prophetischen Berufung

Nun, hast du bereits ein Bild vor Augen? Wie viele Propheten kannst du nur schon in deiner lokalen Gemeinde erkennen? Um es zusammenzufassen, schaue dir die folgenden zehn Punkte an und sieh, ob du die prophetische Berufung in deinem eigenen Leben erkennen kannst. Dann denke über diese Punkte im Bezug auf Menschen, die du aus deiner Gemeinde kennst, nach. Ist dein Pastor die Art von Person, die immer das Boot zum Wanken bringt? Der Grund dafür ist vielleicht, dass er ein Prophet ist!

### ZEICHEN 1: Einen Dienst an der Gemeinde

Ich fühlte mich immer etwas schuldig, als all die anderen in meiner Gemeinde nur über die Not des Evangelisierens redeten und alles, was ich wollte, war, denjenigen, welche bereits in der Gemeinde waren, zu dienen und sie aufstehen zu sehen. Vielleicht war es die Art, wie ich erzogen wurde, denn schon von Anbeginn an wollte ich die Möglichkeiten, welche bereits in der Gemeinde bestanden, nehmen, sie anwenden und nutzbar machen.

Wenn du dich selber in dieser Kategorie wiedererkennst, dann heisse ich dich willkommen im prophetischen Dienst. Der Prophet hat die meiste Zeit eine Orientierung zu den Gläubigen hin. Auch wenn sie bei Gelegenheit einen Erlass für jemanden ausserhalb von Christus aussprechen können, ist dies doch NICHT die Regel und fällt in die Kategorie des Evangelisten. Die Schrift sagt:

> *„Und er hat die einen als Apostel gegeben und andere als Propheten, andere als Evangelisten, andere als Hirten und Lehrer, zur Ausrüstung der Heiligen für das Werk des Dienstes, für die Erbauung des Leibes Christi."*
>
> *~ Epheser 4,11-12*

Der prophetische Dienst wurde gegeben, um die Heiligen aufzubauen. Wenn dies also immer schon dein Wunsch war, dann bist du genau da, wo Gott dich haben will. Ich kann den Propheten schon von weitem erkennen. Wenn gefragt wird: „Was brennt in dir?", wird er mit der folgenden Aussage antworten:

> *„Ich wünsche mir, die zerbrochenen Herzen zu heilen und ich wünsche mir, dass jeder Gläubige*

*seinen Platz in der Gemeinde findet und darin funktioniert."*

## ZEICHEN 2: Eine einzigartige Einstellung und Vorgehensweise

Um diesen Wunsch aber erfüllt zu sehen, wird der Prophet immer anders sein! Ein Prophet sieht Dinge, wie sie andere nicht sehen. Während die meisten aus der Gemeinde damit einverstanden sind, dass jeder auf die Strasse geht und Zeugnis ablegt, will der Prophet zurückbleiben und die Fürbitter zusammenrufen, damit sie eine Zeit der Fürbitte und der geistlichen Kampfführung haben können. Wenn jedermann sich mit dem Programm, so wie es ist, wohl fühlt, dann will der Prophet alles umstellen!

Eine der Fragen, die wir in der Prophetenschule stellen, ist folgende: „Was würdest du in der lokalen Gemeinde verändern?" Jeder Prophet, der antwortet, hat seine eigenen Ideen. Ein Prophet antwortete: „Ich würde alle Bänke aus der Kirche nehmen, damit wir für die Anbetung mehr Platz zum Tanzen haben!" Ich kann mir sehr gut vorstellen, welche Reaktionen dieser Prophet bekäme, wenn er diese Idee umsetzen würde!

Propheten sind einzigartig in ihrer Art. Sie gedeihen darin, Dinge auf eine neue Art und Weise auszuprobieren. Sie hassen Trott! Solltest du jemals einen Propheten deprimieren wollen, dann stemple ihn ab und sage ihm, dass er eine spezifische Rolle in einer spezifischen Art zu erfüllen hat. Propheten hassen es, begrenzt zu werden! Sie lieben die Freiheit des Geistes,

Freiheit in der Anbetung und überschwänglichen Tanz vor Gott. Sie haben gelernt, welche Macht das Zerbrechen von alten Gedankenmustern hat, weil sie selbst zuerst dieses Zerbrechen in ihren eigenen Leben erfahren haben.

## ZEICHEN 3: Das Pendel schwingen

Wir werden später in diesem Buch noch über dieses Thema reden. Ein Prophet im Training ist ein berühmt berüchtigter 'Pendel-Schwinger'! An einem Tag wollen sie die Tore der Hölle stürmen und am nächsten wollen sie nicht einmal ihrem Pastor gegenübertreten. Propheten können nicht sehr gut mit Ablehnung umgehen und sind sehr sensibel, wenn sie nicht angenommen werden. Auch wenn das ein Zeichen des prophetischen Dienstes ist, so hat doch der reife Prophet gelernt, über diese Bereiche in seinem Leben hinwegzukommen und der Heilige Geist ist fähig, ihren Eifer richtig auszurichten und ihre Enttäuschung zu überwinden.

## ZEICHEN 4: Demütigung

Demütigung ist Sinn und Zweck der prophetischen Vorbereitung. Wie sonst könnte der Herr diese Dinge in dir aufdecken, die noch angegangen werden müssen? Während ich einmal eine Prophetin im Training betreute, kam eine Zeit, in der ich ihr einen sehr scharfen Meisselhieb in einem bestimmten Bereich geben musste, den der Herr angehen wollte. Sie hatte ein Bedürfnis nach Anerkennung in ihrem Leben und ich forderte sie heraus, indem ich ihr all die Dinge aufzeigte, die sie aufgrund dieses Bedürfnisses tat. Wie zum Beispiel sich auf grosse und bekannte Namen zu verlassen, Ansehen von Menschen zu holen, ihre Fähigkeiten anderen anzupreisen, alles nur, um Anerkennung zu bekommen. Sie hatte Dinge öffentlich publiziert und sich selber, ohne es zu merken, ganz schön blöd dargestellt.

Es war eine erschütternde Offenbarung für diese Person. Sie erkannte, wie tief sie in das Bedürfnis nach Anerkennung hineingegangen war und dass sie voller Stolz und Ich-Bezogenheit war. Einige ihrer ersten Worte waren: „Wie konnte ich nur so etwas tun? Ich fühle mich wie ein Dummkopf! Wie kann ich mich je wieder in der Öffentlichkeit blicken lassen?" Woraufhin ich antwortete: „Es war vorgesehen, dass du versagst, sonst hättest du nicht herausgefunden, dass da ein Bereich in deinem Leben ist, der verändert werden muss."

Wie sonst kannst du herausfinden, ob du eine Schwäche hast, wenn sie nichtaufgedeckt wird? Und was gibt es für einen besseren Weg, als diese Schwäche aufzudecken, indem du ein bisschen Demütigung erfährst? So explodiert die ganze Dose voller Würmer und öffnet sich, damit du sie reinigen kannst. Wenn du also das Gefühl hast, dass du mehr einen Narren aus dir machst, als dass du es richtig machst, dann sei unbesorgt, denn das ist Sinn und Zweck deiner Vorbereitung. Wenn du dann einen anderen prophetischen Schüler siehst, der einen Narren aus sich macht, kannst du dich beruhigt

# Eine Lektion darüber, den Propheten ...

zurücklehnen, weil du verstehst, woher er kommt und wohin er geht.

## ZEICHEN 5: Klare Ausrichtung und Zielstrebigkeit

Wenn es eine Sache gibt, für die ich immer angeklagt wurde, dann ist es die, dass ich schwarz und weiss sehe, und das ist gut so, denn sonst würde ich nicht viel von einem Propheten sein! Ein Prophet ist nicht lauwarm, er ist heiss. Ein Prophet ist nicht ein bisschen interessiert, er ist leidenschaftlich. Ein Prophet will nicht eine kleine Tat, er will einen Wirbelsturm. Grau ist nicht gut genug, es muss schwarz oder weiss sein. Ein Prophet würde lieber eine tote Gemeinde oder eine lebendige Gemeinde haben, aber er verabscheut eine Gemeinde, die selbstzufrieden ist! Du kannst Leben in etwas hauchen, das tot ist und du kannst Feuer in einer Gemeinde legen, die lebt, aber eine Gemeinde, die denkt, dass sie lebt, aber eigentlich tot ist, ist der schrecklichste Albtraum eines Propheten.

Das ist der Grund, wieso der Herr dich in die Gemeinde gesetzt hat – um Seine Menschen aus ihrer Selbstzufriedenheit zu schütteln!

## ZEICHEN 6: Unbewusste Offenbarung

Die Gaben sind für den Propheten wie der Honig für die Biene. Es ist das, was die Biene tut. Sie macht Honig. Dazu wurde sie geschaffen und das ist alles, was sie kennt. Sie kann nicht leben, ohne dass sie Pollen sammelt und Honig produziert. Was der Prophet macht, ist, in den Gaben zu wirken. Ein Prophet funktioniert in ihnen, ohne es versuchen zu müssen. Oft realisiert er gar nicht, dass er darin funktioniert. Aber gib ihm nur ein bisschen Anleitung und plötzlich wird sich die Welt der Offenbarung, in der er schon vorher geflossen ist, vor ihm auftun.

Nur eine kleine Anmerkung, die nicht vergessen werden sollte: Diese unbewusste Offenbarung fängt erst dann an, wenn jemand von Neuem geboren wurde und die Taufe im Heiligen Geist bekommen hat. Niemand ist fähig, irgendeine Form von Offenbarung vom Heiligen Geist vor der Errettung zu erhalten, weil unser Geist Gott gegenüber tot ist. Solch ein wiedergeborener Prophet wird Weisheit und Visionen bekommen, lange bevor er sie versteht. Er empfängt ein inneres Wissen und gibt Rat durch den Geist, ohne es versuchen zu müssen. Wie die Illustration in der Einleitung zeigte, hat er die 'Ausrüstung' bereits und muss nur noch darin wachsen.

### ZEICHEN 7: Bildhaftes Denken

Von Kindheit an denkt der Prophet in Bildern. Visionen sind geistliches Fernsehen für den Propheten und er kann nicht ohne sie dienen. Ich kann nicht einmal einen Geschäftsbrief schreiben, ohne eine Vision zu haben. Es ist Teil meines Seins. Propheten lieben Fantasie und sind deshalb auch in ihrem vorherigen alten Leben in Bereiche hineingegangen, in die sie lieber nicht hineingegangen wären, um ihren Verstand mit Symbolen und Bildern zu füllen, nach denen sie sich sehnten. Wenn du so eine Person bist, dann sei unbesorgt, du läufst direkt in deine prophetische Berufung hinein!

## ZEICHEN 8: Gebetsausrichtung

Propheten sind Dynamit im Gebet! Du brauchst einen Propheten nicht zu lehren, wie er beten soll. Dies fliesst mit der unbewussten Offenbarung Hand in Hand. Sie wissen es einfach! Der Prophet ist derjenige, der jeden zu einer Fürbittegruppe zusammentrommelt. Sie wissen nicht nur, wie man betet, sondern sie sind auch gut darin. Sie sehen Resultate auf ihre Gebete. Es ist wichtig, dass ein Prophet auf diesem Gebiet vollkommen trainiert ist. Viele Prophetenschüler wissen nicht, dass dies auch ein Teil ihrer Ausrüstung ist und dass alles, was sie brauchen, ein bisschen Wachstum ist und sie werden mit ihren Gebeten und Erlassen Berge versetzen.

## ZEICHEN 9: Gottes Gegenwart durch Musik freisetzen

Ich kann nicht mehr aufzählen, wie viele Male mir Propheten schon gesagt haben: „Wenn ich eine Sache in die Gemeinde bringen müsste, dann wäre es mehr Freiheit im Lobpreis und in der Anbetung!" Propheten sind Anbeter! Sie lieben es, den Herrn zu preisen und sie mögen es gerne laut und ermutigen auch andere dazu, laut zu sein! Nicht nur das, sondern sie sind auch gesalbt. Und doch gibt es heute viele in der Gemeinde, die die Anbetungszeit leiten, die keine Propheten sind und deshalb auch nicht wissen, wie man die Salbung freisetzt.

Wenn wir einfach den Propheten die Leitung der Anbetung in der lokalen Gemeinde überlassen würden, dann könnte der Lobpreis und die Anbetung Gottes in den lokalen Versammlungen explodieren! Der Prophet mag nicht so ausgebildet oder attraktiv sein wie der Status Quo Anbetungsleiter, aber er hat Vollmacht in seinen Worten und eine lebensverändernde Salbung in seiner Handlung. Ein Prophet und Musik sind füreinander geschaffen!

### *ZEICHEN 10: Harte und schwierige Erlebnisse im Leben*

Und nun das letzte Zeichen: Sage mir, mit wie vielen der folgenden Erlebnissen du dich identifizieren kannst:

- Ablehnung in der Kindheit durch Kollegen
- Ablehnung von den Eltern
- Ablehnung von der lokalen Gemeinde
- Ablehnung in der Welt
- Traumatische Pubertätserlebnisse
- Alles läuft falsch im Leben, von Krankheit bis missbraucht und ausgelassen werden.

Dies sind nur ein paar Beispiele und ich bin sicher, du kannst noch eigene hinzufügen. Wenn du dich damit identifizieren kannst, dann preise den Herrn! Danke Ihm für jedes dieser harten Erlebnisse. Verherrliche Gott für jede Ablehnung und jeden Missbrauch, die du konfrontieren musstest, denn es qualifiziert dich, den Mantel des Propheten zu tragen.

Du bist dabei herauszufinden, dass dein Leben gefüllt war mit einer Vielzahl von Puzzleteilen, die alle in ein grosses Bild hineinpassen. Alles, durch das du hindurchgegangen bist und alles, was du erlebt hast, wird der Heilige Geist bearbeiten und einsetzen. Er stellt sicher, dass jedes letzte Ding transformiert und für Seine Herrlichkeit genutzt wird.

## Die Strasse genannt prophetische Vorbereitung

Wenn du dich mit vielen dieser Zeichen identifizieren kannst, dann heisse ich dich willkommen auf einer Strasse, im Allgemeinen bekannt als 'die prophetische Vorbereitung'. Es ist keine einfache Strasse, aber niemand hat gesagt, dass es ein Spaziergang im Park sein würde. Tatsache ist, dass es eine Strasse des Todes und des Opfer-Bringens ist. Eine Strasse der Demütigung und des gemeisselt, zerquetscht und in der Sonne zum Trocknen ausgelegt werden. Klingt das wie etwas, dass du in deiner Freizeit machen möchtest? Wenn du berufen bist, ein Prophet zu sein, dann bist du eine dieser verrückten Personen, die darauf mit einem ausdrücklichen „Ja" antwortet!

Während dem du mit mir zusammen auf dieser Reise weitergehst, entdeckst du, was der Herr in dich als Propheten hineingelegt hat und was du in der prophetischen Vorbereitung konfrontieren wirst. Es werden Zeiten kommen, in denen du dieses bekannte 'Ausquetschen' spürst, das bedeutet, dass der Heilige Geist Bereiche in dir in den Tod bringt.

Hier ist eine Illustration, welche diesen Prozess der Vorbereitung sehr gut beschreibt:

**Was geschieht, wenn du zerdrückt wirst?**

Was geschieht, wenn du etwas zerdrückst? Nun, wenn du eine Rosenblüte zerdrückst, dann kommt ein wunderbarer Geruch hervor. Wenn du eine Biene zerdrückst, wirst du gestochen. Wenn du etwas Verfaultes zerdrückst, kommt ein schrecklicher Gestank hervor. Was kommt heraus, wenn du zerdrückt wirst? Da gibt es Dinge, die manchmal aus deinem Mund hervorkommen, die du lieber niemanden hören lassen würdest, richtig? Es gibt viele Dinge, die aus dir herauskommen, wenn du zerdrückt wirst, von denen du nicht gewusst hast, dass sie da waren.

So fängst du an zu beten und sagst: „Herr, ich will dir dienen. Herr, ich will näher zu dir kommen. Herr, nimm die Sünde aus meinem Leben."

Und der Herr sagt: „Okay, drücke zu!"

Die Frage, die du dir selber stellen musst, ist folgende: „Was kommt aus dir heraus, wenn du unter Druck stehst, wenn du zerdrückt wirst?" Du wirst es herausfinden, wenn wir mehr darauf schauen, was ein Prophet ist, was ein Prophet macht und wie ein Prophet trainiert wird. Jetzt ist die Zeit für dich gekommen, alle falschen Bilder des Propheten auf die Seite zu legen und das Neue anzunehmen. Der Herr hat ein neues und strahlendes Bild für dich und es beginnt alles damit, dass du das anfängst zu sein, was du schon bist: Ein von Gott ernannter, vorherbestimmter, mit Kraft vollgepackter Prophet Gottes!

**Kapitel 03**

# Praktiziere die prophetischen Gaben

*"Prophetisches Krabbeln versus prophetisches Laufen"*

# Kapitel 03 – Praktiziere die prophetischen Gaben

## Prophetisches Krabbeln versus prophetisches Laufen

Wenn du immer noch mit mir bist, dann hast du einen Blick auf die Zeichen des Propheten geworfen und du bist entweder erleichtert, gestärkt, erstaunt, ermutigt oder verwirrt zu entdecken, dass du einen prophetischen Ruf auf deinem Leben hast.

Nun gut, Prophet im Training: Gratulation! Du hast eine Reise begonnen, wie keine andere! Du wirst nie mehr die gleiche Person sein und wenn du wahrhaftig auf der Strasse bleibst, die vor dir liegt, wirst du mit einer neuen Autorität und Salbung hervorkommen, die dir vom Heiligen Geist gegeben wird.

Aber wenn du ein bisschen über das echte Leben Bescheid weisst, dann lernst du schnell, dass alles seinen Preis hat. Du brauchst Training und du musst herausfinden, was der Herr will, dass du es tun sollst. Nun, wo beginnst du? Manchmal kann das Suchen nach dem richtigen Weg im prophetischen Dienst und das Ausprobieren der Gaben, die der Herr dir gegeben hat, mit einem Baby verglichen werden, das laufen lernt.

Mit gerunzelter Stirn, missbilligendem Blick und äusserster Konzentration gilt alle Aufmerksamkeit von Rebekah (kurz Ruby) dem Sofa vor ihr. Krabbeln zu lernen war eine Sache, aber lernen zu stehen eine andere. Nachdem sie innerlich einen Entschluss fasste, drückte sie all ihr Gewicht nach vorne, um auf ihre Füsse zu kommen und hielt sich dann gleich am Sofa fest, das vor ihr stand. Mit einem triumphierenden Glucksen schaute sie herum, um zu sehen, wer ihren grossen Meilenstein, den sie gerade machte, gesehen hatte.

Wie auch immer, ihr Lernen hörte dort nicht auf. Schneller als dass man realisieren konnte, schwankte sie um die Möbel herum, hielt sich aber immer am Sofa fest. Sie musste die Kunst des Laufens beherrschen, bevor sie dieses Sofa loslassen konnte. Dann kam ein anderer spezieller Tag, an dem sie lernte, dass sie weiter laufen könnte, wenn sie sich nicht mehr länger am Sofa festhalten würde. Sie lernte, dass sie nur das gebrauchen musste, was sie die ganze Zeit schon tat (laufen, währenddem sie sich festhielt), einfach ohne sich am Sofa festzuhalten.

Ich schaute ihr zu, hielt meinen Atem an (und versuchte nicht zu viel Lärm zu machen, um sie nicht abzulenken), als sie darauf zusteuerte und versuchte nach einem Spielzeug zu greifen, das ausserhalb ihrer Reichweite lag. Sie merkte nicht einmal, was sie tat, bis sie ganz alleine ein paar unbewusste Schritte gemacht hatte. Dann kam der Moment, in dem sie plötzlich realisierte und lernte, dass sie ganz alleine laufen konnte. Sie brauchte das vertraute Sofa nicht länger.

Hast du gewusst, dass einige Kinder länger brauchen, diesen Schritt vom Sich-fest-Klammern zum Loslassen und Hinaustreten zu mache, als dafür, nach dem Krabbeln das Stehen zu lernen? Warum ist das so? Nun, die Chancen sind gross, dass sich dieses Baby einige Beulen holte, als es das erste Mal versuchte zu stehen oder zu krabbeln und deshalb eingeschüchtert ist, um hinauszutreten und zu laufen.

Warum gebe ich dir hier eine Lektion über die Feinmotorik einer Einjährigen? Ich brauche ganz einfach diese Illustration, um die Prinzipien, welche wir in diesem Kapitel anschauen werden, anzuwenden. Es geht dabei darum, weiterzugehen von dem, dass du nun herausgefunden hast, dass du ein Prophet bist, zu dem, als solcher zu funktionieren, bis hin zum Erfüllen des Ziels eines Propheten.

Wirf einen Blick auf den Auszug, den ich aus dem Buch *Prophetic Functions - The Prophetic Field Guide Series* entnommen habe.

### *Kapitel 10: In Äusserung und Auslegung funktionieren*

> Vielleicht hast du dies an einem Treffen selbst erlebt. Ich bin auf jeden Fall damit aufgewachsen. Während der Anbetung pflegte irgendjemand aufzustehen und eine Salve inspirierter Zungenrede loszulassen. Danach

folgte Totenstille und alle fragten sich: „Wer legt die Äusserung dieses Mal aus?"

Dann folgte der Seufzer der Erleichterung, als die „übliche Person" aufstand und die Äusserung auslegte. Der Seufzer der Erleichtuerung beinhaltete: „Uff! Ich bin froh, dass die Person nichts falsch auslegte." Und „Uff, ich bin froh, dass Gott mich nicht herausgefordert hat, diese Zungenrede auszulegen!"

### *Meine erste Auslegung*

Damals war ich natürlich das Pastorenkind und hatte das Recht, mich etwas im Hintergrund zu verstecken. Dies änderte sich aber, als ich begann, aktiv in den Dienst involviert zu sein.

Ich erinnere mich an einen der ersten Momente, als der Herr mich auf die Schulter tippte und mich aufforderte, eine Zungenrede auszulegen. Es geschah an einem öffentlichen Treffen, als ich immer noch am Lernen war zu prophezeien. Ich war immer noch am lernen

Der Leiter gab mutig eine Äusserung weiter. Dann ... Stille. Ich schaute mich um und dachte: „Ich frage mich, wer die Auslegung hat. ", was Äusserungen und all diese Dinge sind.

Er wartete auf die Auslegung und dachte: „Okay Leute, jemand wir jetzt bald die Auslegung weitergeben. "

In diesem Moment fühlte ich die nur allzu bekannten „Schmetterlinge im Bauch", die andeuteten, dass der Herr mir etwas gab. Ich war so nervös und ich sass da und wartete … und wartete.

Nachdem ich - was sich für mich wie eine Ewigkeit anfühlte - mit mir rang, stand ich endlich auf und gab die Auslegung weiter.

Nach dem Treffen sagte der Leiter: „Wir haben eine neue Regel: Wenn ich eine Äusserung weitergebe, habe deinen Mund geöffnet, so dass du sie auslegen kannst, sobald ich fertig gesprochen habe. " Es fühlte sich nach viel Druck an, aber es war wirklich ein guter Punkt. Ich habe diesen auch fürs Training meines Teams beibehalten. Denn wenn der Herr eine Botschaft in Zungensprache gibt, erwartet Er, dass diese ausgelegt wird!"

Ich bin sicher, du kannst dich mit diesem Gefühl, das erste Mal hinaustreten zu müssen, identifizieren. Es ist ein Schritt im Glauben, genau wie dieses Baby, das die Sicherheit des Sofas verlässt und die Welt zum ersten Mal ungeschützt durchstreift. Nun ist es so, dass es zwei Arten von Propheten gibt:

1. Es gibt die Art Propheten, die versuchen zu rennen, bevor sie laufen können (die meisten Propheten werden sehr wahrscheinlich in diese Kategorie fallen)
2. Und dann gibt es die Art Propheten, welche zu viele Beulen und Verletzungen eingefangen haben, um hinauszutreten, und die lieber in der Sicherheit ihres 'Sofas' bleiben.

Wenn wir jetzt einen Blick auf beide Kategorien werfen, werden wir herausfinden wo du jetzt gerade stehst und was du tun musst, um eine Steigerung in deinem geistlichen Leben zu erreichen.

## 1. Typ: Der Prophet, der sich setzen sollte!

Wenn es eine Qualität gibt, die die meisten Propheten haben, dann würde ich sagen, ist es die Tendenz, Gott vorauszurennen! Ich habe bereits geschildert, dass der Prophet jemand ist, bei dem das Pendel ausschlägt. Im einen Moment wollen sie die Welt erobern und im nächsten wollen sie auseinanderbrechen und alles aufgeben. In der einen Minute willst du die Welt verändern, aber wenn du es versuchst und dabei versagst, drehst du dich um und sagst: „Was bringt das schon? Es wird sowieso niemand zuhören!"

Bist du diese Person? Wenn ja, dann willkommen Zuhause Prophet. Du entsprichst sehr klar diesem Typ! Aber auch wenn das eines der ersten Anzeichen von jemandem ist, der in den prophetischen Dienst berufen ist, so will der Herr doch nicht, dass du da stehenbleibst. Du kannst dir dieses Benehmen am Anfang vielleicht noch erlauben, aber bevor dir der Herr erlauben kann, im prophetischen Amt zu funktionieren, muss dieses Pendel aufhören zu schwingen! Der Herr muss dir vertrauen können.

## *Entdecke, was du hast*

Du bist wie dieses kleine Kind, das gerade erst gelernt hat, seinen Körper selber zu bewegen. Ich erinnere mich daran, als Ruby das erste Mal entdeckte, dass sie Hände und Füsse hat. Dies waren die interessantesten Dinge, die sie jemals in ihrem Leben gesehen hatte! Plötzlich unterbrach sie mitten in der Nacht ihren Schlafrhythmus, einfach nur damit sie mit ihren Zehen und Fingern spielen konnte! Als sie zu krabbeln anfing, war es dasselbe. Sie erwachte zu den unmöglichsten Zeiten und weinte, damit sie losgelassen werden und ihre neuen Fähigkeiten ausprobieren konnte. Wie auch immer, sie lernte, dass es für Mami und Papi nicht immer angenehm war aufzuwachen, nur damit sie krabbeln üben konnte!

Aber jemand im prophetischen Dienst, der gerade eben gelernt hat, als Prophet zu dienen, kann auch genau so sein! Vielleicht hast du angefangen, in Träumen und Visionen zu fliessen oder du hast ein bisschen über prophetische Autorität gelernt. Nun willst du diese Dinge ausprobieren. Du wirst jeden, der in deine Nähe kommt, packen, nur damit du an ihm üben kannst. Plötzlich findest du heraus, dass du immer weniger Besucher hast, weil du jedes Mal, wenn sie vorbeikommen, über ihnen prophezeist und versuchst, ihre Träume auszulegen.

Ich erinnere mich, wie das war. Als ich das erste Mal anfing, mich stark in den Gaben zu bewegen, war ich wie ein Kind in einem Süsswarenladen. Ich wollte über jedem prophezeien! Ich brauchte nur die kleinste Ermutigung und ich hob ab und praktizierte all diese neu gefundenen geistlichen Fähigkeiten.

Dies ist die Art von Babys, die entscheiden, das Krabbeln voll und ganz zu überspringen und einfach zu rennen! „Hey, schau, ich habe Hände und Füsse, lass uns versuchen zu rennen!" Du brauchst nicht allzu lange, bis du realisierst, dass da mehr ist, um laufen und rennen zu können, als nur das Wissen, dass du Füsse hast. Du lernst auch, dass es ein bisschen Übung braucht und auch ein bisschen Weisheit, um diese neu gefundenen Fähigkeiten anzuwenden.

Es ist wie mit einem Baby, das vorwärtsdrängt, um zu rennen, ohne volle Kontrolle über seine Beine zu haben! Ruby machte das einmal und es war lustig, dies zu beobachten. Endlich hatte sie sich selber dazu gebracht zu stehen und sie war darüber so beeindruckt, dass sie mit grossem Enthusiasmus versuchte, vorwärtszurennen, um jedem zu zeigen, wie gut sie war. Nun, ich bin nicht sicher, was ihr am meisten weh tat, ihre kleine Nase oder ihr Stolz, der verletzt worden war, nachdem sie über ihre eigenen Füsse strauchelte und hinfiel.

## Finde deine Füsse

Die Frage, die du dir stellen musst, ist folgende: „Wie viele Male fällst du über deine eigenen Füsse?" Wenn du herausfindest, dass dir das immer wieder passiert und du dich für deine Fehler andauernd rechtfertigen musst und versuchst, Erklärungen für Dinge abzugeben, welche du nicht hättest tun sollen, dann ist es Zeit, anzuhalten und die Sache zu überdenken.

Wenn du zu einem reiferen prophetischen Lauf vorwärtsgehen willst, dann musst du zuerst anhalten und lernen, ein bisschen besser zuzuhören. Okay, du weisst, dass du Hände und Füsse hast! Du weisst, was diese tun sollten, aber jetzt musst du lernen, wie du sie kontrollieren und wie du sie nutzen kannst. Es ist nicht gut genug, einfach prophetische Gaben und eine Salbung zu haben, du musst auch wissen, wie du diese gebrauchen kannst.

Ich erinnere mich daran. Ich redete einmal im Dienst mit einigen Frauen über Verletzungen aus der Kindheit. Da war auch eine Frau anwesend, die angefangen hatte, im prophetischen Dienst zu fliessen und ich denke, sie wollte einen guten Eindruck erwecken. Oder sie war begierig darauf, in den Gaben zu dienen. Auf jeden Fall unterbrach sie uns mitten im Dienen, um uns mitzuteilen, dass jemand da war, der als Kind missbraucht worden war und Heilung benötige.

Nun, dies hatte mir der Herr schon früher an diesem Abend offenbart und ich wartete auf Seinen Zeitpunkt und Seine Weisheit, um dieses Thema anzuschneiden.

Aber die schlecht gewählte Unterbrechung machte jedes weitere Dienen unmöglich, weil es die Betroffene blossstellte und sie sich zurückzog.

Floss diese Frau in den Gaben? Aber sicher tat sie das. Sie hatte nur keine Kontrolle darüber und hatte noch nicht gelernt, sie mit Weisheit einzusetzen. Genau zu diesem Grad an Weisheit musst du kommen, wenn du auf einem reiferen prophetischen Lauf gehen willst. Ein Prophet zu sein hat nichts damit zu tun, wie gut du in den Gaben funktionierst. Es hat damit zu tun, wie gut du Gott hörst, damit du zur richtigen Zeit und am richtigen Ort sprichst.

Ein Wort zur richtigen Zeit gesprochen und mit dem korrekten Schwerpunkt wird einen grösseren Einfluss haben als 1000 Worte, die du zur falschen Zeit herausplapperst! Wenn wir mit der Lehre weitergehen, wirst du lernen, wie du diese Kontrolle bekommen kannst und auch wie du vom Herrn klarer hören kannst. Aber fürs Erste musst du bereit sein, ein bisschen zurückzutreten. Ich liebe, was Paulus hier über die Propheten sagt:

> *„Von den Propheten aber sollen zwei oder drei reden, und die anderen sollen urteilen (unterscheiden). Wenn aber einem anderen, der dasitzt, eine Offenbarung zuteil wird, so schweige der erste."*
>
> *~ 1. Korinther 14,29-30*

Es braucht einen reifen Propheten, um schweigen zu können, wie Paulus das in dieser Stelle erklärt. Jeder kann aufstehen und ein Wort herausplappern. Jeder, der in den Gaben operiert, kann eine Prophetie geben und jedem zeigen, was für ein grosser Mann oder was für eine grosse Frau Gottes sie sind. Aber es braucht einen, der reif ist, um hinten zu sitzen und anderen zuzuhören, und durch den Heiligen Geist zu beurteilen, was sie zu sagen haben.

## 2. Typ: Der Prophet, der hinaustreten muss

Dann gehen wir zum anderen Ende des Spektrums und dort haben wir den Propheten, der immer in der Ecke steht und zu ängstlich ist, etwas auszusprechen. Wahrscheinlich ist dies ein Prophet, der versuchte zu laufen, bevor er krabbeln konnte und sich so auf dem Weg ein paar Beulen holte. In deinem Enthusiasmus bist du hinausgetreten und hast dir deine Nase angeschlagen (bildlich gesprochen natürlich!). Aufgrund dessen bist du jetzt zu ängstlich, um noch irgendetwas zu sagen, weil du es ja wieder vermasseln könntest.

Dies ist auch ein Zeichen von Unreife und es ist etwas, das du überwinden musst, bevor du bereit bist, um ganz ins prophetische Amt hineinzukommen. Du bist für nichts zu gebrauchen, wenn der Herr nicht durch dich reden kann. Kannst du dir vorstellen, wie arm sich Jeremia gefühlt haben muss, als ihm der Herr sagte:

> *„Und wenn du all diese Worte zu ihnen redest, so werden sie doch nicht auf dich hören. Und rufst du ihnen zu, so werden sie dir nicht antworten."*
>
> *~ Jeremia 7,27*

Wärst du bereit, unter diesen Bedingungen aufzustehen, zu sprechen und zu proklamieren? Wenn du noch nicht dazu bereit bist, dann funktionierst du noch nicht als Prophet. Die Zeit wird kommen, in der der Herr dich ruft, Worte des Erlasses auszusprechen, die andere vielleicht nicht hören wollen. Das ist die Autorität, die der Prophet auf der Erde innehat. Er trägt die Autorität, um auszureissen und aufzubauen, um zu segnen und zu fluchen. Der Herr wird dir diese Art von Autorität nicht geben, es sei denn, du hast erstens ein bisschen Selbstkontrolle, du weisst zweitens, wie du in Weisheit in den Gaben operieren kannst und du bist drittens bereit, aufzustehen und solch ein Wort zu erlassen.

Aus unserer Erfahrung gab es Zeiten, in denen wir solche Worte sprechen mussten. Mein Ehemann Craig wurde vom Herrn viel dazu gebraucht, als Prophet Worte des Gerichts gegen diese Menschen auszusprechen, die gegen das Werk Gottes standen. Der Grund, wieso der Herr Craig in solch einer Art gebrauchen konnte, ist, weil er gelernt hat, in Weisheit zu funktionieren und er seine Menschenfurcht und seine Angst vor dem Versagen überwunden hat.

## *Beherrsche das Pendel!*

Du brauchst Wachstum und Training auf beiden Seiten des Pendels, bevor du bereit bist, diese Art von Gott gegebener Autorität zu tragen. Auf der einen Seite musst du aufhören, Gott vorauszurennen und lernen, still zu sein. Und auf der anderen Seite musst du den Mut haben, aufzustehen und zu sagen, was gesagt werden muss, wenn Gott dich beauftragt.

Aber viele Propheten sind wie dieses Baby, das sich sicherheitshalber lieber am Sofa festhält. Sie sind zu ängstlich, loszulassen und den ersten Schritt zu machen. Sie wollen sichergehen, dass sie immer diesen Rettungsring festhalten können. Ich erinnere mich, als Craig und ich jemanden bementorten und der Herr diese Frau mehr in eine Leiterschaftsposition hineinführte. Dennoch kam sie mit jeder Offenbarung, die sie bekam und mit jeder Sache, die sie weitergeben wollte, zuerst zu uns, um von uns Bestätigung zu bekommen.

Nun dies war eine gute Methode, als sie noch ein 'Baby Prophet' war. Bevor sie im Prophetischen laufen konnte, brauchte sie eine 'geistliche Mutter', die ihre Hand hielt, während sie sich an dieses Laufen gewöhnte. Aber sie hatte jetzt schon lange gelernt zu laufen und sie wurde einfach zu abhängig von diesem Sofa oder diesen Händen, die sie auffangen würden. Tja, da konnten wir nur eines tun. Wir nahmen ihr das Sofa weg! Craig sagte ihr, dass sie von nun an im Glauben laufen musste und dass sie, wenn sie einen

Fehler macht, es selbst schnell genug herausfinden würde!

Es brauchte nicht lange, bis sie den ersten Schritt machte und schon im nächsten Moment sah ich, wie sie rannte und bereits das Rad machte! Sie nahm einen grossen Schritt vom Baby-Propheten zum Kleinkind und dann wuchs sie geradewegs zu einem reifen und mächtigen Gefäss für Gott heran.

## *Vom Krabbeln zum Laufen*

Das Hauptprinzip, das du jetzt anwenden musst, ist, dass du den Fortschritt vom prophetischen Krabbeln zum prophetischen Laufen machst. Es gibt keinen besseren Weg, um dies zu tun, als einfach hinauszutreten. Aber bevor du das tust, sei dir sicher, dass du alles, was es über das Laufen zu wissen gibt, weisst. Sei nicht so arrogant, dass du denkst, du seist das einzige Baby auf der Welt, das, nachdem es kaum sitzt, bereits am nächsten Tag schon laufen kann.

Diese Propheten, welche direkt unter prophetischer Mentorschaft aufgezogen wurden, reifen in einem Bruchteil der Zeit heran, verglichen mit den Propheten, die alles selber lernen mussten. Aber am Ende musst du doch durch diese Phasen hindurchgehen!

Wenn du einmal durch diese Phase des Trainings hindurchgegangen bist, wirst du dies auch bei anderen identifizieren, welche im prophetischen Dienst noch jung sind. Doch wie immer, wenn du nicht etwas selber durchlebst, kannst du es auch nicht anderen weitergeben. Also fühle dich nicht so, als ob du Zeit verloren oder Gott missverstanden hättest, wenn du versagst. Schreibe es lieber dem prophetischen Training zu und wisse, dass der Herr es in einer gewissen Phase in deinem Dienst gebrauchen wird.

Es wird eine Zeit kommen, in der du sehr wahrscheinlich über die komischen Gedanken und die extravaganten Dinge, die du auf diesem Weg getan hast, lachen wirst. Hey, wenn du ein Prophet bist, solltest du viele solcher Geschichten auf Lager haben! Und es gibt Hoffnung für dich, wenn du einer von diesen Propheten bist. So wie der Heilige Geist dich weiter heranreifen und wachsen lässt, werden deine Füsse den Weg auf der Strasse finden. Du wirst dich umsehen und zurückblicken und realisieren, wie sehr du gewachsen bist. Vom prophetischen Baby zu jemandem, der voll im prophetischen Amt steht und die Autorität des Propheten und die Salbung des Heiligen Geistes trägt.

KAPITEL 04

# Entwickle die prophetischen Gaben

*"Höre Gottes Stimme
durch die Zungensprache"*

# Kapitel 04 – Entwickle die prophetischen Gaben

## Höre Gottes Stimme durch die Zungensprache

Menschen haben oft diese falsche Idee, dass du, wenn du berufen bist, ein Prophet zu sein, automatisch in allen Offenbarungsgaben fliesst und weisst, wie du sie gebrauchen kannst. Wenn ich die Illustration von Ruby aus dem letzten Kapitel nehme, dann wirst du bemerkt haben, dass sie Beine und Füsse hat, aber erstens selber nicht wusste, dass sie diese hat und zweitens nicht wusste, wie sie diese richtig gebrauchen kann. Ein Prophet im Training (P.I.T) ist wie dieses Baby. Für eine lange Zeit wird solch ein P.I.T in den Gaben fliessen, ohne es zu realisieren.

Genau wie Ruby ihre mollige, kleine Hand ausstreckte, um nach meinen Haaren zu greifen und hart daran zog, könnte es sein, dass der Prophet Dinge tut und nicht weiss, wie er es getan hat und warum. Alles, was er sieht, ist die Auswirkung davon. Die Auswirkungen sind jedoch nicht immer das, was er erwartet hat und wie Ruby steht er in erstaunter Verwirrung da, wenn er einen lauten Schrei voller Missbilligung hört anstatt ein „Das hast du gut gemacht!"

Es braucht etwas Zeit, um zuerst einmal die Gaben, die du hast, zu identifizieren und dann herauszufinden, wie du sie weise einsetzt. Nun, wo beginnst du die Gaben zu entdecken und wie kannst du lernen, in mehr Offenbarungsgaben zu fliessen? Gut, wenn du geisterfüllt bist, dann wird das ein sehr einfacher Schritt für dich sein, weil du bereits das Geheimnis in dir trägst, um jede geistliche Gabe, die in der Schrift aufgelistet ist, freizusetzen.

## *Füge deinem Arsenal mehr Waffen hinzu*

Ich möchte dich mit einem einem hageren Kind bekannt machen, das mit aller Kraft versuchte, alles andere zu sein als ein ein Pastorenkind! Ich erinnere mich daran, als ich ein Kind war, wie mein Vater oft einfach anfing, in verschiedenen Zungen zu beten und ich oft ein Kichern unterdrückte, weil Ich in dem Alter noch nicht verstand, worum es da eigentlich ging.

Später, als ich in die Pubertät kam, hatte ich jedes Mal Angst, wenn meine Freunde zu mir nach Hause kamen. Was, wenn er anfangen würde zu beten, während sie da waren? Würden sie das verstehen? Viele meiner Freunde wurden von meinem Vater beeinflusst und ich erinnere mich an ein spezifisches Erlebnis, als er zwei meiner Freunde einlud, mit uns in die Kirche zu kommen. Oh, wie ich diesen Tag fürchtete! Was, wenn er wie üblich in dieser verrückten Sprache sprechen würde? Ich war bereits einige Jahre geisterfüllt und ich wusste um die Zungensprache. Ich teilte einfach nicht seinen Eifer für all die verschiedenen Zungensprachen, die er zu dieser Zeit sprach.

Nun, der Tag kam, an dem meine Freunde uns zum Gottesdienst begleiteten. Zu dieser Zeit diente mein Vater in einer Gemeinde ausserhalb der Stadt und so fuhren wir alle früh morgens los. Das Treffen verlief ziemlich gut und ich begann mich zu entspannen. Danach hatten meine Freunde viele Fragen, eine davon war über die Gabe der Zungensprache. Mein Vater erklärte ihnen alles über die Zungensprache und gab ihnen dann zu meinem Erschrecken eine Demonstration davon! Ich dachte, dass unsere Freundschaft sicher vorbei sein würde. Aber zu meiner Überraschung erschreckte sie dies nicht, sondern Tatsache war, dass eine meiner Freundinnen an diesem Tag dem Herrn ihr Herz schenkte.

Wie viele Menschen haben ihr Leben lang von der Zungensprache gewusst, aber nicht realisiert, was für eine Kraft in ihr liegt? Wann hast du sie zuletzt benutzt und Resultate in deinem Leben gesehen? Ja, ich wage zu sagen, dass die meisten Christen, welche geisterfüllt sind, ihr Reden in Sprachen auf den Gottesdienst beschränken und die Mehrheit nicht einmal darüber nachdenkt, den Herrn zu suchen und Ihn um verschiedene Arten von Sprachen zu bitten.

Apostel Paulus sagte: *„Ich danke Gott, ich rede mehr in Sprachen als ihr alle."* ~ 1. Korinther 14,18

# Entwickle die prophetischen Gaben

Wie viele Gläubige können damit prahlen? Wie viele Gläubige wissen überhaupt, wie sie die Kraft ihres Geistes durch die Zungensprache anzapfen können?

„Was bringt es?", fragst du mich vielleicht. „Bin ich nicht genau so effektiv, wenn ich in einer Zungensprache rede, anstatt viele verschiedene Sprachen zu benutzen?"

Nun, stelle dir einmal einen Soldaten vor, der für den Krieg ausgerüstet wird. In unserer modernen Zeit gibt es viele Waffen, die ein Soldat kennen muss. Er wird trainiert, ein Gewehr zu gebrauchen, Handgranaten, Messer, Mörser, bis hin zu Raketen, Torpedos, Wurfgeschossen und wenn er wirklich fortgeschritten ist Atombomben. Aber welcher General würde einen Soldaten in den Krieg schicken, der nur mit Handgranaten ausgerüstet ist? Wer würde ein ganzes Bataillon in den Kampf ziehen lassen, ausgerüstet nur mit Gewehren oder Messern? Nein, sie brauchen viele Waffen und eine ganze Vielfalt an Kampfausrüstung, wenn sie den Feind schlagen wollen.

Ich sage dir, es gibt heute in der Welt viele Soldaten Christi, die waffenlos herumlaufen, oder die nur mit einer kleinen Waffe ausgerüstet sind. Wie viel effektiver würde die Gemeinde sein, wenn jeder Gläubige mit der ganzen Waffenrüstung ausgestattet wäre? Die Fähigkeit in verschiedenen Sprachen zu reden, ist wie mit jeder nur vorstellbaren Waffe, die bekannt ist, in den Krieg zu ziehen. Es gibt keine Überraschung, die dich überwältigen kann!

Ich habe dies auch aus unserer eigenen Erfahrung gesehen. Wenn ich in eine spezifische Sprache wechsle, weiss ich, dass ich einen Erlass aussende. Wenn Craig in eine spezifische Sprache wechselt, weiss ich, dass er sich in geistlicher Kampfführung mit dem Feind befindet. Und wenn ich spontan im Geist singe, singe ich in einer spezifischen Sprache. Für jede geistliche Funktion, die ich ausübe, hat mir der Herr eine spezifische Sprache gegeben.

Ich erinnere mich an ein Ereignis, als der Herr alle von uns anleitete, einen unserer Partner ins apostolische Amt zu setzen. Jeder von uns hatte seinen Teil und betete und setzte frei. Als ein Teammitglied an der Reihe war, fing er an in einer fremden chinesisch klingenden Sprache zu beten. Es war keine Sprache, in der er zuvor schon einmal gebetet hatte, aber ohne Zweifel konnten wir erkennen, dass er einen Erlass aussprach. Dieses Teammitglied ist normalerweise eine sehr überlegte, seriöse Person, wenn es um eine Situation im Dienst geht. Dieser Ausbruch der Zungensprache war so anders als sein übliches Verhalten und ich musste eingestehen, dass ich ein paar Teammitglieder dabei erwischte, wie sie versuchten ihr Kichern zurückzuhalten.

Doch an diesem Tag brach dieses Teammitglied in etwas Grösseres hindurch und setzte mehr Autorität frei als zuvor. Die neue Zungensprache war für ihn und uns ein Zeichen, dass der Herr etwas ganz Spezifisches am tun war. An diesem Tag fügte er seinem Arsenal eine neue Waffe hinzu.

# Entwickle die prophetischen Gaben

Verschiedene Arten von Sprachen sollten nicht nur akzeptiert, sondern begrüsst und gelehrt werden. Es gibt viele Gläubige, die nicht wissen, dass dies für sie verfügbar ist, aber wenn du aufstehst und sie instruierst, dann werden sie in ihrem geistlichen Lauf in eine neue Dimension hindurchbrechen.

Du musst dich selber fragen, ob du in verschiedenen Sprachen fliesst. Kannst du die verschiedenen Sprachen (Zungen), die du sprichst, identifizieren und kannst du verschiedene Ereignisse oder Aufgaben damit in Zusammenhang bringen? Fange jetzt an, deinem geistlichen Arsenal neue Waffen hinzuzufügen. Und das nächste Mal, wenn du die Welt oder den Feind konfrontieren musst, wirst du völlig bewaffnet und bereit dastehen und du wirst die Kämpfe in deinem Leben ausfechten können.

### *Zungensprache: vom Amateur zum Virtuosen*

Hast du gewusst, dass die Zungensprache der Zugang zu den anderen Gaben des Geistes ist? Wenn du dich gefragt hast, wo du beginnen sollst, um dich mehr in den Gaben des Geistes zu bewegen, dann ist das ein guter Ort, um damit anzufangen. Okay, wenn jetzt irgendein Lehrer dies hier liest, dann verlangt er sicher einen biblischen Beweis dafür – und das ist recht so! Lass uns zusammen diese Stelle anschauen:

> *„Ich möchte aber, dass ihr alle in Sprachen redet, mehr aber noch, dass ihr weissagt. Wer aber weissagt (prophezeit), ist grösser, als wer in Sprachen redet, es sei denn, dass er es*

*auslegt, damit die Gemeinde Erbauung empfange.*

*Jetzt aber, Brüder, wenn ich zu euch komme und in Sprachen rede, was werde ich euch nützen, wenn ich nicht zu euch rede in Offenbarung oder in Erkenntnis oder in Weissagung oder in Lehre?*

*Doch auch die tönenden leblosen Dinge, Flöte oder Harfe, wenn sie den Tönen keinen Unterschied geben, wie wird man erkennen, was geflötet oder geharft wird?*

*Denn auch wenn die Posaune einen undeutlichen Ton gibt, wer wird sich zum Kampf rüsten?*

*So auch ihr, wenn ihr durch die Sprache nicht eine verständliche Rede gebt, wie soll man erkennen, was geredet wird? Denn ihr werdet in den Wind reden."*

~ 1. Korinther 14,5-9

Paulus benutzt hier eine grossartige Illustration. Er vergleicht das Reden in Sprachen mit einem Musikinstrument. Nimm irgendein Instrument, das eine Melodie von sich gibt. Diejenigen, welche er hier auswählte, waren die Harfe und die Trompete. Die Zungensprache setzt geistliche Musik frei, aber wenn du je Musikstunden genommen hast, dann weisst du, dass es nicht gut genug ist, einfach Geräusche zu machen, sondern du musst diese Geräusche in eine Art Muster bringen, um eine Melodie zu formen.

Der Herr zeigte mir vor längerer Zeit, wie ich Keyboard spielen kann. Das Erste, was ich konnte, war, es einzuschalten und auf den Tasten herumzudrücken, ohne dass wirklich etwas Richtiges dabei herauskam. Doch als ich einfach weiter auf den Tasten herumdrückte, fing etwas an zu geschehen. Diese nicht zusammenhängenden Töne und die ruckartigen Laute fingen Form anzunehmen, bis ich die Tasten hinauf- und hinunterspielte. Zu meiner grössten Überraschung entdeckte ich, dass ich Musik machte!

Wenn wir nochmals die Illustration von Paulus nehmen, können wir das alles zusammenbringen. Er sagt, dass er möchte, dass jeder in Sprachen reden könnte, aber dies ist nicht alles! Er sagt, gehe weiter von dort aus und beginne zu prophezeien. Der Ausdruck **'mehr aber noch'** (auf Englisch **'rather'**), der dort steht, wird laut der englischen Strongs-Konkordanz basierend auf dem griechischen Urtext des Neuen Testaments übersetzt mit:

> 'mehr, zu einem grösseren Mass, viel, bei weitem, mehr mit ganzem Herzen' (Nummer 3123)

> (von der Wurzel 3122 genommen, bedeutet es: spezifisch, speziell)

Also sagt er nicht, dass du lieber prophezeien solltest, anstatt in Zungen zu reden, sondern er sagt, beginne mit dem Reden in Zungen und gehe von dort weiter zum Prophezeien. Das Reden in Sprachen ist der Zugang, um dir eine ganz neue Welt zu öffnen. Es ist der Startschuss zu deinem geistlichen Leben. Wenn du einmal damit angefangen hast, sind alle Gaben für dich erhältlich! Wenn du anfängst, dein Instrument in die Hand zu nehmen, indem du in Sprachen redest, wird der Rest einfach fliessen.

Von dort kannst du, sagt Paulus, weitergehen zur Interpretation, Prophezeiung, Offenbarung durch Worte der Erkenntnis oder sogar zum Lehren. Nun, wie funktioniert dies? Warum hat die Zungensprache die Kraft, die anderen Gaben in dir freizusetzen?

Dies ist ein anderer Auszug aus dem Buch *Prophetic Functions*:

### Chapter 09: In Zungensprache fliessen

*In Zungen sprechen ist wie, wenn du durch den Felsen bohrst, um ein Rohr in einen Untergrundstrom zu senken, um damit eine Windmühle anzutreiben. Wenn die Windmühle einmal fertiggestellt ist, muss der Wind nur wehen und Ströme lebendigen Wassers sprudeln aus dem Untergrund hervor.*

*An diesen Punkt zu kommen, verlangt aber etwas Anstrengung. Der beste Weg, um sicherzustellen, dass du Gottes frisches Wasser immer zur Verfügung hast, ist, über längere Zeit in Zungen zu sprechen.*

Wenn du diese Quelle des Lebens in deinem eigenen Geist anzapfst, dann wirbelst du bereits die Gaben auf. An dem Tag, an dem du gerettet wurdest und dein Geist erneuert wurde, wurde alles, was du je für den Dienst brauchst, in deinem Geist gelagert. Jede geistliche Gabe schlummert bereits dort und wartet nur darauf, hervorgenommen zu werden. Es ist wie diese Harfe oder dieses Keyboard, die Staub fangen. Sicher, sie haben das Potenzial in sich, einen unglaublichen Klang hervorzubringen, aber bevor du sie nicht in die Hand nimmst und anfängst darauf zu spielen, wirst du geistlich nirgends hinkommen.

Nun stell dir vor, dass du all diese Gaben in dir hast und sie sammeln dort Staub an. Vielleicht bittest du Gott sogar, dass Er diese Dinge in dir schärft und hervorbringt. Du weisst, dass auf deinem Leben ein prophetischer Ruf liegt, aber die Schwierigkeit, die du hast, ist, als ein Prophet zu fliessen. Nun, dann ist es Zeit für dich, dieses Instrument in die Hand zu nehmen und anzufangen darauf zu spielen! Öffne diese Türe gerade jetzt, indem du anfängst, so oft und in so vielen verschiedenen Sprachen, wie du kannst, in Zungen zu beten!

### Zwei linke Hände!

Sicher ist es so, dass der erste Ton, der hervorkommt, nicht gerade so schön klingt, wie du es gerne hättest, aber bleibe dran! Zuerst findest du es vielleicht sehr schwierig, frei in Zungen zu sprechen, genau wie wenn du das erste Mal ein neues Instrument in die Hand nimmst. Wenn du mir ähnlich bist, dann wirst du dich fühlen, als ob du zwei linke Hände hast!

Dann sind da noch diese Leute, die einfach ein Instrument in die Hand nehmen und es innerhalb einer Woche schon spielen können! Nun, vielleicht bist du so jemand, ich bin es nicht. Nichts kam einfach so. Aber ich sage dir etwas, wenn ich es dann langsam im Griff hatte, dann schätzte ich es. Es ist dasselbe, wenn du anfängst, im prophetischen Dienst und in den Gaben, die damit einhergehen, zu wirken.

Eine meiner Studentinnen hatte wirklich zwei linke Hände, geistlich gesprochen. Sie tat sich schwer, in Sprachen zu reden. Tag für Tag versuchte sie das praktische Projekt der Lektion des prophetischen Kurses anzuwenden (welches war: eine Woche lang jeden Tag eine Stunde in Zungen zu beten. Versuch es, wenn du eine Herausforderung suchst!). Jedes Mal, wenn sie es versuchte, konnte sie gerade so zehn Minuten in Sprachen reden und jedes Mal schien es, als ob sie immer wieder denselben Satz wiederholen würde. Sie wurde entmutigt und schrie zum Herrn und fragte Ihn, was sie denn in diesem Satz genau sage. Sie empfing die Auslegung: „Unser Vater im Himmel, geheiligt werde dein Name, dein Reich komme, wie im Himmel so auf Erden." Immer und immer wieder hatte sie das in Zungen ausgesprochen. Diese kleine Offenbarung ermutigte sie so, dass sie ihren Durchbruch erhielt! Danach spielte sie wundervolle Musik.

Also erwarte nicht, dieses Instrument in die Hand zu nehmen und gleich beim ersten Mal wie ein Meister zu tönen! Sei geduldig mit dir selber und erlaube vor allem dem Heiligen Geist, durch dich hindurch zu strömen. Indem du dies tust, zapfst du deinen Geist an.

## Reinige deine Quelle

Zuerst wird einmal all der Abfall, den du in dir angehäuft hast, hinausgeschafft. All die weltlichen Bücher, die du gelesen hast, all die Kinofilme, welche du dir angeschaut hast und all die Konflikte, die du bis zum heutigen Tag gehabt hast, werden an die Oberfläche kommen. Stelle dir deinen Geist als eine Wasserquelle vor. Es ist Wasser, das Leben gibt und in sich die Antwort auf jedes deiner Bedürfnisse hat. Es hat jede geistliche Gabe verfügbar und jede Versorgung für deine Nöte. So wie Jesus versprochen hat:

> *„Wer aber von dem Wasser trinken wird, das ich ihm geben werde, den wird nicht dürsten in Ewigkeit; sondern das Wasser, das ich ihm geben werde, wird in ihm eine Quelle Wassers werden, das ins ewige Leben quillt."*
>
> *~ Johannes 4, 14*

Jetzt stelle dir vor, dass du jedes Mal wenn du ein weltliches Buch liest, den Nachrichten zuhörst, fernsiehst oder dich sonst mit Dingen abgibst, die den Geist Gottes nicht fördern, Dreck und Steine in deine Quelle schaufelst! Das klingt verrückt, nicht? Wer würde so dumm sein und Dreck in eine lebensspendende Quelle schaufeln? Und doch, ich sage dir, jedes Mal wenn du dich mit solchen Aktivitäten einlässt, geschieht genau das!

Nun, wenn du etwas von dem Wasser hervorsprudeln lassen möchtest, musst du zuerst den Dreck und die Steine loswerden. Durch das Sprechen in Sprachen beginnst du diesen Prozess. Die Menge Abfall, welche du auf deine Quelle geworfen hast, wird auch bestimmen, wie lange du schaufeln musst. Dies kann ein gutes Zeichen für dich sein, um zu sehen, mit wie viel Abfall du über die Jahre deinen Geist gefüttert hast. Wagst du dich, das herauszufinden?!

Wenn du einmal durch diese Steine hindurchgebrochen bist und das lebendige Wasser erreicht hast, das durch Christus für dich verfügbar ist, dann wirst du eine Quelle in dir hervorsprudeln sehen! Die Gaben werden im Überfluss hervorkommen. Ich hatte bis jetzt noch keinen einzigen Studenten, der nicht diese Art von Durchbruch empfangen hatte, wenn sie dranblieben. Neunzig Prozent dokumentierten einen Durchbruch in Offenbarung, Visionen, Prophetie und Worte der Erkenntnis, Weisheit und Lasten der Fürbitte.

Ich könnte mich nun hinsetzen und dir erklären, wie all die Gaben funktionieren. Ich könnte dir die ganze Melodie geben, damit du sie spielen kannst und könnte dir zeigen, wie du auf deinem Musikinstrument die Tonleiter hinauf- und hinunterspielen kannst. Aber bevor du das Instrument nicht spielst, wirst du keine Musik machen! Ich kann dich alles Mögliche über den prophetischen Dienst lehren, aber bevor du nicht zu den grundlegenden Dingen gehst und durch diese Türe des Sprechens in Zungen läufst, wirst du zum Rest, der für dich verfügbar ist, keinen Zugriff haben.

Die Türe zu deinem prophetischen Dienst liegt genau vor dir. Jetzt liegt es an dir, an sie heranzugehen und den Schlüssel zu drehen. Die Autorität, Salbung und Funktion des Propheten ist wirklich in erreichbarer Nähe, aber wie immer beginnt die Geschichte mit einer neuen Reise. Die Reise beginnt und endet im Geist. Als ein Prophet ist es eine Reise, die du sehr gut kennenlernen wirst und auf der du auch andere leiten wirst.

In unseren nächsten Kapiteln werden wir mehr über diese Reise herausfinden und was du erwarten kannst, wenn du durch diese Türe trittst. Bist du bereit für die Fahrt deines Lebens? Dann komme nun mit mir, wenn wir beginnen. Unterordne dich dem Herrn und vertraue dich dem an, was vor dir liegt!

> *Vater, nimm das Herz, das jetzt vor dir ist. Herr du siehst ins Herz und kannst beurteilen, wie es kein Mensch kann. Durchforsche das Herz dieses Lesers, Herr. Lass sie mit einer tiefen Überzeugung wissen, dass dies die Strasse ist, auf die du sie gerufen hast. Ich vertraue sie dieser Strasse an, Vater, und so wie diese Türe jetzt vor ihnen steht, öffne ich sie gerade jetzt. Ich benutze den prophetischen Schlüssel, den du*

*mir gegeben hast, und öffne diese Türe, damit sie hindurchgehen können. Möge die Empfängnis für den prophetischen Dienst stattfinden und mögen sie diese Reise unter deiner Leitung und deinem Schutz beginnen.*

*Heiliger Geist, schütze und leite sie und Jesus, offenbare du dich ihnen. Forme sie in das Gefäss, welches du dir wünschst und erhebe sie, wie du es möchtest. Hole deine Propheten hervor, Herr, damit sie ihren Platz einnehmen! Propheten, die einen Eifer für dich haben. Propheten, die deine Ehre suchen und nicht ihre eigene. Forme sie, Herr. Forme sie und verändere sie und lass sie aus dem Feuer hervorkommen wie strahlendes Gold, für die Welt sichtbar, in deiner Herrlichkeit gekleidet! Amen!*

Kapitel 05

# Erhalte Offenbarung durch Träume

*"Höre Gottes Stimme durch Träume"*

# Kapitel 05 – Erhalte Offenbarung durch Träume

## Höre Gottes Stimme durch Träume

Algebra war eines meiner Lieblingsfächer in der Schule. Algebra und Physik - ich liebte einfach das Konzept, Dinge herausfinden zu können, indem man Formeln braucht. Was mich am meisten faszinierte, war, wenn wir Berechnungen machten. Denn wenn die Lehrerin mit uns durch die verschiedenen Schritte ging, fand ich heraus, dass die Schritte, welche ich machte, ganz anders waren als die, welche sie machte! Wir fingen mit derselben Berechnung an und endeten beide mit der korrekten Antwort, aber wie wir zu dieser Antwort kamen, war unterschiedlich.

Nun, wer war richtig und wer lag falsch? Keiner von beiden war falsch! Wir hatten einfach eine andere Art und Weise, Dinge herauszufinden. Deinen Weg in den prophetischen Gaben zu finden, ist sehr ähnlich wie dieses Beispiel. Du hast ein Ziel und dir werden die Grundelemente gegeben, mit denen du arbeiten kannst – aber wie du dorthin gelangst, ist von Person zu Person verschieden. Du weisst, dass der Herr dich berufen hat, ein Prophet zu sein und du wünschst dir, in diesem Dienst zu wachsen, um es anderen weiterzugeben. Aber da sind ein paar Schritte, die du machen musst, bevor dies Realität werden kann.

Die erste Sache, die du lernen musst, ist die Stimme des Herrn zu hören. Es gibt mindestens sieben Wege, wie du den Herrn hören kannst. Der Prozess vom Wissen, dass du ein Prophet bist, bis hin zum eigentlichen Hören der Stimme des Herrn wird in dir die Fähigkeit auslösen, zu jeder Zeit und in jeder Situation dienen zu können!

Sieben Wege, wie du die Stimme des Herrn hören kannst, sind folgende:

1. Träume

2. Visionen

3. Urim und Thummim

4. Prophetie

5. Äusserung und Auslegungen

6. Journaling

7. Eine Angesicht-zu-Angesicht-Beziehung mit Jesus

## Träume

Das Erste, das dir auffallen wird, nachdem du das letzte Kapitel in deinem Leben angewendet hast, ist, dass du anfangen wirst, wie verrückt zu träumen! Wenn der Geist hineingeht und einige Dinge in deinem Herzen und deinem Verstand umordnet, werden die Dinge ein bisschen aufgewirbelt und viel Abfall aus der

Vergangenheit kommt heraus. Wenn dir das passiert, dann ist dies ein gutes Zeichen.

Mache einfach weiter, bleibe dran in Zungen zu sprechen und steigere es noch, indem du ein paar Lieblingsbibelverse nimmst, sie dir einprägst und auswendig lernst. Wiederhole sie. Dann wechsle immer wieder ab zwischen der Zungensprache und dem Proklamieren des Wortes. Wenn du das tust, wird sich eine Bombe in dir aufbauen und dein geistliches Leben wird erwachen! Dies sind aufregende Zeiten, in denen du lebst – also koste sie voll aus!

Ich nehme dich mit zu den ersten Gaben, in denen du sehr wahrscheinlich anfangen wirst zu fliessen und das sind Träume und Visionen. Wenn du normalerweise keine klare Offenbarung bekommst, dann wirst du möglicherweise fähig sein, Träume zu identifizieren, in denen der Herr zu dir spricht. Träume sind die Art des Herrn, wie Er dir eine Botschaft übermittelt, wenn du Ihn nicht hören kannst, wenn du wach bist, weil du innerliche Kämpfe hast und du Sein Reden überhörst oder weil du bis jetzt einfach noch nicht gelernt hast, Seine Stimme klar zu hören.

Wenn du bereits Träume herauspicken kannst, bei denen du das Gefühl hast, dass sie von Gott sind, dann wirst du dieses Kapitel lieben. Wenn du niemals gedacht hättest, dass Träume eine Bedeutung haben, dann wirst du dieses Kapitel lieben. Wenn du Träume seit Jahren ausgelegt hast, dann wirst du dieses Kapitel lieben. Zusammenfassend: Wenn du ein Prophet bist –

dann wirst du dieses Kapitel lieben und alles Ähnliche, das sich um den Bereich des Geistes handelt!

## Träume durch den Geist auslegen

Träume sind wie gemalte Bilder auf der Leinwand deiner geistlichen Reise. Ich erinnere mich, wie ich einmal einem Maler zugesehen habe, wie er eine Landschaft malte. Als er anfing, konnte ich es kaum erwarten, die Landschaft klar vor meinen Augen gemalt zu sehen. Aber was ich stattdessen sah, waren raue Skizzen, die sehr wenig nach dem Bild aussahen, welches ich in meinem Kopf hatte. Aber dann brachte der Künstler Farbe auf die Leinwand und fügte dem Hintergrund Farbtöne hinzu. Nun sah das Bild noch weniger wie das aus, was ich mir vorgestellt hatte!

Erst als all diese Farben einen Hintergrund des Bildes formten, malte der Künstler geschickt die Details aufs Bild, die das wunderschöne Kunstwerk ausmachten.

Träume zu empfangen ist dem sehr ähnlich. Sie sind raue Skizzen und der Hintergrund des genaueren Details, das der Herr dir gerne geben möchte. Der Künstler hätte nicht viel Geld damit verdienen können, wenn er das Bild nur mit den Hintergrundfarben bestückt verkauft hätte. Und so ist es auch wichtig, dass du dein Leben nicht auf Träumen basierst!

Und doch geben sie dir die Umgebung und fügen deinem geistlichen Leben Teile hinzu, die dir genau die Richtung angeben, welche du gesucht hast oder die Bestätigung, nach der du Ausschau gehalten hast. Es kann auch als ein mächtiges Werkzeug für den Dienst genutzt werden. Wie ein Bild jedem, der es ansieht, Freude bereitet, so kann auch das Wissen darüber, wie man einen Traum auslegt, andere segnen, die Bestätigung in ihrem Leben brauchen.

Als ob ich dir das Grundwissen des Malens lernen würde, möchte ich dich nun durch einige grundsätzliche Anleitungen für die geistgeleitete Trauminterpretation führen. Es ist entscheidend als ein Prophet zu wissen und zu verstehen, was der Herr zu dir durch Träume und Visionen sagt. Genau wie diese Hintergrundfarben auf dem Bild einen Eindruck kreieren, wird der Herr durch Schattenbilder zu dir reden.

Wenn wir die Trauminterpretation im Generellen anschauen, dann ist es wichtig zu beachten, dass nicht jedes Symbol bei jeder Person die gleiche Auslegung haben wird. Was ein Ehepartner oder ein Vater im Traum einer Person symbolisiert, kann etwas vollkommen anderes für eine andere Person darstellen. Erinnere dich, jede geistliche Leinwand hat ein anderes Bild. Das ist die Art, wie der Herr uns geschaffen hat. Jeder von uns ist ein einzigartiges Kunstwerk! Als Prophet frage den Herrn zusätzlich zu diesen Anleitungen auch nach Offenbarung, um sie dem Traum zufügen zu können. Während du durch den Traum gehst, schreibe die Auslegung wie ein Journal (welches ich in Kürze erklären werde) nieder und erlaube dem Heiligen Geist dir zusätzliche Bilder und Offenbarungen ins Herz zu geben, damit die Auslegung erweitert wird. Träume können dir alles über eine Person sagen. Sie können dich wissen lassen, was im Herzen dieser Person ist und was der Herr in ihrem Leben tut.

Nutze diese Möglichkeit dazu, nicht nur eine Interpretation zu geben, sondern auch zu dienen. Das ist nebst allem anderen der Grund, wieso der Herr eine Offenbarung gibt – damit gedient und ermutigt wird. Nimm die Interpretation, die der Herr dir gibt und dann füge ihr Ermutigung und Rat hinzu, um der Person, für die du die Auslegung des Traumes machst, Glaube, Hoffnung und Liebe zu geben. Wenn du die Gaben in dir nutzt, wirst du ein geschärftes, verfügbares Werkzeug in der Hand des Schöpfers und ein Schatz in Seinen Augen sein.

## Der prophetische Traum

Als ein Prophet sind alle prophetischen Träume, die du empfängst, gleichbedeutend mit jeder anderen Offenbarung wie zum Beispiel Visionen oder Prophetie. Es ist einfach die Art von Medium, das der Herr gewählt hat, um dieses Mal zu dir zu sprechen. Es gibt verschiedene Arten von Träumen, aber wir sprechen hier von prophetischen Träumen und diese sind wie alle anderen Offenbarungen zu handhaben. Zusammen mit Visionen und persönlicher Wegweisung, die der Herr dir durch die anderen Gaben gegeben hat, fügt die Trauminterpretation deinem geistlichen Leben eine reichhaltige Struktur und Färbung hinzu. Ohne sie wird immer etwas fehlen.

Es kann sein, dass der Herr dir ein Wort durch einen Traum gibt und dir sagt, dass du es versteckt halten sollst. So wie dies Johannes in der Offenbarung gesagt wurde. Dann solltest du dieses Geheimnis in deinem Herzen behalten. Es wird eine Zeit kommen, in der der Herr dir sagen wird, dass du es jetzt aussprechen sollst.

> *„Der Prophet, der einen Traum hat, erzähle den Traum! Wer aber mein Wort hat, rede mein Wort in Wahrheit! Was hat das Stroh mit dem Korn gemeinsam? spricht der HERR."*
>
> *~ Jeremia 23,28*

Diese Träume sind prophetisch und sollen wie ein Erlass ausgesprochen werden, so wie Daniel dies tat, als er Nebukadnezar die Auslegung seines Traumes erklärte, als er von der Statue träumte, deren Kopf aus Gold, die Brust aus Silber, die Oberschenkel aus Bronze und die Füsse aus Ton und Eisen gemischt waren. Als Daniel diese Offenbarung empfing und aussprach, sprach er die Dinge, die nachher in der Welt passieren würden und das Kommen des Messias, dessen Königreich die Erde übernehmen würde, in Existenz.

Oft gibt dir ein Traum die Richtung an, in welche du gehen solltest. Der Herr sprach in der Schrift oft zu Menschen, um ihnen zu sagen was sie tun sollten. Josef und Maria sind ein weiteres Beispiel, als der Herr einen Engel im Traum sandte, um ihnen zu sagen, wann sie Ägypten verlassen sollten. Da war auch Paulus, der von dem mazedonischen Mann träumte, welcher ihm zurief, zu ihnen zu kommen.

Was ist mit dem Warntraum? Durch die ganze Schrift hindurch siehst du Beispiele, in denen der Herr warnend durch Träume gesprochen hat.

> *„Und Gott kam zu Abimelech im Traum der Nacht und sprach zu ihm: Siehe, du bist des Todes wegen der Frau, die du genommen hast; denn sie ist eine verheiratete Frau."*
>
> ~ 1. Mose 20,3

Ein Warntraum ist immer direkt. Er wird dir sagen, auf was du achten und was du tun musst. Wenn der Herr dir eine Warnung darüber gibt, was der Feind in deinem Leben tun möchte, dann tut Er das nicht, um Angst in dir auszulösen, sondern es ist eine Instruktion, um deine Autorität anzuwenden und es heisst, dass Er dir diesen Traum gegeben hat, um den Plan des Feindes zu überwinden.

## *Hintergrundinformation*

Bevor du fähig sein wirst, den Traum einer anderen Person zu interpretieren, musst du ein bisschen etwas über diese Person wissen. Während einige Symbole unter vielen Menschen bekannt sind, musst du doch, um eine genaue Auslegung geben zu können, die Beziehung dieser Person zu den Charakteren in ihrem Traum kennen. Du musst wissen, was die Orte, Objekte und Szenen für sie persönlich bedeuten. Und das Wichtigste ist, dass du wissen musst, ob diese Person durch den Geist Gottes wiedergeboren ist, wenn du durch den Geist und das Wort interpretieren willst.

Denke daran, dass die Auslegung von Symbolen in Träumen auch von deiner Kultur und deiner Erziehung abhängig ist. Der Herr benutzte eine Tischdecke voll unreiner Tiere, um Petrus Seine Botschaft im Hause des Gerbers zu überbringen. Petrus war jüdisch und so waren die Symbole in seinem Traum sehr klar für ihn. Sie schrien geradezu: „Unrein! Unrein!"

Der Herr wird also Symbole benutzen, die für dich und deine Kultur bekannt sind, um zu deinem Geist zu sprechen. Als ein Christ werden die meisten Symbole für einen prophetischen Traum aus dem Wort Gottes kommen, weil das eine 'Kultur' ist, zu der wir alle als weltweiter Leib Christi gehören.

## *Verführung*

Der Feind kann Träume in deinen Verstand geben, die entweder eine direkte Attacke oder eine Verführung sind. Denke daran, der Feind kann dich nur angreifen, wenn es ihm erlaubt wurde und du bist der Einzige, der ihm diese Erlaubnis geben kann! Musstest du schon einmal ins Spital oder zum Arzt? Wenn ja, dann weisst du, dass sie bei Verabreichung von Medikamenten oder um irgendeine Operation vorzunehmen eine Unterschrift bei dir einholen müssen, mit der du deine Erlaubnis dafür erteilst, damit sie dir etwas verabreichen können.

Als ich mit Ruby in den Geburtswehen lag, kam die Krankenschwester herein und gab mir eine Spritze. Nun, ich gebar Ruby in einer spanisch sprechenden Klinik in Mexiko und so verstand ich kein Wort von dem, was die Krankenschwester sagte, als sie mit dieser Nadel in der Hand zu mir kam! In Unwissenheit erlaubte ich ihr, mir den Schuss zu geben und dann wurde mir ein Papier präsentiert, auf dem ich unterschreiben musste. Ich erklärte hiermit, dass ich dieser Spritze zustimmte. Das Papier war auf Spanisch geschrieben und zu dieser Zeit fing das Medikament in meinem Körper an zu wirken und ich fühlte mich sehr benebelt, so stark, dass ich fast nicht mehr geradeaus sehen konnte.

Erst nachdem ich den Effekt des Medikaments spürte, realisierte ich, dass sie mir etwas Schmerzstillendes gegeben hatten, das den Nebeneffekt hatte, dass ich mich fühlte, als ob ich Drogen genommen hätte. Bevor ich in die Klinik eingetreten war, hatte ich mir vorgenommen, dass ich keine schmerzstillenden Mittel für die Geburt nehmen wollte, weil ich während dem ganzen Prozess meinen Verstand zusammen haben wollte. Aber als ich dieses Papier unterschrieb, gab ich meine Zustimmung und sie konnten mir geben, was sie wollten.

Der Teufel geht mit dem Propheten in der Vorbereitung genau gleich um. Er will dich dazu bringen, dass du 'auf der gestrichelten Linie unterschreibst', indem er dich in Situationen hineintrickst und dich hereinlegt Dinge zu lesen, die du vielleicht nicht lesen solltest.

Bevor du es bemerkst, übergibt er dir alles, was IHM gerade passt und wenn das passiert, wirst du aufwachen und sagen: „Wie bin ich dahin gekommen? Was geht hier vor?" Du hast ihm die Erlaubnis gegeben und um dich wieder aus dieser dämonischen Attacke herauszubringen, musst du dem Feind die Lizenz wegnehmen!

Wenn der Feind dich im Schlaf angreift, finde heraus, was für eine Lizenz du ihm an diesem Tag gegeben hast. Eine Lehre, die dir helfen wird, Flüche in deinem Leben zu identifizieren ist das Kapitel *The Stain of Sin – Overcoming Curses* im Buch *The Strategies of War*.

Satan hat kein Recht, dich ohne eine Lizenz anzugreifen. Wenn du also in deinem Schlaf unter dämonische Attacke gerätst, halte am Morgen sofort inne und bitte um Offenbarung, damit du die offene Türe erkennst, die du ihm geöffnet hast.

Oft geschieht dies, wenn du ein belastetes Objekt in dein Schlafzimmer bringst. Ich erinnere mich, als jemand meinen Kindern etwas gab, das wie ein unschuldiges Geschenk aussah. Aber jede Nacht, nachdem sie es erhielten, hatten sie Albträume. Nachdem ich über dem Spielzeug betete und es dem Herrn weihte, stoppten die Albträume. Wenn du also Albträume hast, dann finde heraus, wo der Feind eindringen kann und blockiere ihn.

Es ist einfach, den Feind auf dich zukommen zu sehen, wenn er wie der brüllende Löwe kommt und dir Albträume gibt. Aber wenn er als ein Engel des Lichts kommt, um dich zu verführen, dann ist es ein bisschen schwieriger, ihn ausfindig zu machen. Nun, wie weisst du, ob dein Traum eine Verführung ist oder nicht? Es gibt eine sehr einfache Richtlinie, der du folgen kannst.

Ich befand mich einmal in einer Situation, in der mein Rat betreffend einer bestimmten Offenbarung, die in einem Traum mitgeteilt wurde, gefragt war. Die Person vertraute mir an, dass beide, ihr Ehepartner und ein Freund, träumten, dass ein bestimmter Mensch einen Herzinfarkt bekommen und daran sterben würde. Sie drängten dieser Person auf, es dem betreffenden Menschen zu sagen und ihn so zu warnen.

Wenn wir jetzt diesen Traum im Zusammenhang mit dem Wort anschauen, dann musst du dich selber fragen: Entsteht aus dieser Offenbarung Glaube, Hoffnung und Liebe?

Wenn du zu einer Person gehen und ihr sagen müsstest: „Ich träumte, dass du sterben wirst.", wie denkst du, wird sie reagieren? Wenn sie ein bisschen wie jede andere normale Person ist, dann wird ihre erste Reaktion Angst sein! Und wie jeder Prophet wissen sollte – Angst ist eines der mächtigsten Werkzeuge, die der Feind braucht, um Flüche in unsere Leben zu bringen. Angst tötet nicht nur jeden Glauben, sondern sie bringt die Person auch dazu, ihr Herz zu öffnen und somit dem Feind Erlaubnis zu geben, genau den Plan, den er im Kopf hatte, auszuführen!

Prüfe deine Offenbarung mit anderen Propheten! Beurteile den Geist der Offenbarung! Jeder Traum, der mit Angst, Schuld, Verdammnis oder Selbstverherrlichung gefüllt ist, ist eine Verführung!

Wenn der Herr spricht, gibt Er dir die Mittel, um mit dieser Offenbarung voranzukommen. Wenn der Herr dir eine Warnung durch deine Träume geben sollte, wie Er es mit Josef und Maria tat, als Jesus ein Baby war, dann wird Er sie zur rechten Zeit geben und dir geben was du brauchst, um es auszusprechen und den Plan des Feindes zu verhindern.

Es ist sehr üblich in unserem Dienst, dass der Herr uns Warnträume gibt. Aber jedes Mal, wenn der Herr einen Traum der Warnung gegeben hat, war keine Angst dabei, sondern ein Bewusstsein der Richtungsweisung und Sicherheit. Sei also sehr kritisch, wenn du eine Offenbarung mitteilst, die du durch einen Traum erhalten hast. Prüfe den Geist und die Motivation dahinter.

Ich habe ein ganzes Buch zum Thema Trauminterpretation geschrieben. Es heisst *Der Weg der Träume und Visionen*. Wenn du daher eine Schritt für Schritt Anleitung möchtest, um Träume deuten zu können, dann kannst du dies dort nachlesen.

Träume sind nur eine Art, wie du die Stimme des Herrn hören kannst und viele Propheten lernen den Herrn zuerst auf diese Art zu hören. Aber wie ich vorher schon sagte, jeder Prophet mag dasselbe Ziel haben, aber jeder wird es auf einen anderen Weg erreichen. Das hält dich jedoch nicht davon ab, alle Wege zu lernen und so ermutige ich dich, jeden möglichen Weg, den es gibt, um die Stimme Gottes zu hören, zu leben und zu erfahren.

KAPITEL 06

# Erhalte Offenbarung durch Visionen

*"Höre Gottes Stimme durch Visionen"*

# Kapitel 06 – Erhalte Offenbarung durch Visionen

## Höre Gottes Stimme durch Visionen

Ich erzählte im vorhergehenden Kapitel, wie Träume den Hintergrund des Gemäldes bilden, aber um effektiv zu sein, brauchst du das ganze Bild. Träume können dich nur bis zu einem bestimmten Punkt bringen und dann brauchst du etwas Wirkungsvolleres. Nicht nur das, du hast auch nicht genug Zeit, um dich jedes Mal, wenn du dienen sollst, für ein Mittagsschläfchen hinzulegen, um vom Herrn zu hören. Da muss es noch einen besseren Weg geben – und hier IST ein besserer Weg.

## Visionen

Visionen sind die Sprache, die Gott spricht und kein Prophet kann ohne sie dienen. Auch wenn es dir möglich ist, Offenbarung durch deine anderen Sinne zu bekommen, ist das Empfangen durch Vision immer noch die häufigste Art, wie du vom Herrn Offenbarung erhalten wirst.

Warum sind Visionen so kraftvoll? Nun, denke einmal darüber nach: Woran erinnerst du dich mehr – was du letzte Woche gemacht hast oder an den Film, den du vor zehn Jahren gesehen hast? Bilder hinterlassen einen Eindruck in deinem Verstand. Sie bleiben bei dir.

Als Jesus auf der Erde war, sprach Er die ganze Zeit in Bildern. Alle Seine Gleichnisse waren Bilder. In der Tat, wenn du wirklich sehen willst, welche Rolle Visionen in deinem geistlichen Lauf spielen, dann schaue dir nur diese Bibelstelle an:

> *„Und Jesus antwortete ihnen: „Wahrlich sage ich euch, der Sohn kann nichts von sich aus tun, ausser was er den Vater tun sieht. Weil alles was er den Vater tun sieht, das tut auch der Sohn."*
>
> *~ Johannes 5,19*

Jesus sagt es hier so klar! Er tat nur, was Er den Vater tun sah. Wenn du jemals jemanden in der Schrift finden willst, der wirklich im Reich des Geistes gelebt hat, dann ist es Jesus! Er war in ständiger Gemeinschaft mit dem Vater und hielt Seine geistlichen Augen und Ohren offen, um zu wissen, welchen Schritt Er gehen musste und welches Wort Er sprechen sollte. Das heisst, als Jesus Lazarus von den Toten auferweckte, sah Er zuerst den Vater, wie Er Ihm zeigte, was Er tun sollte! Es gibt nichts Einfacheres als das.

Lass uns zurückgehen zu meiner Illustration von Ruby. Wie lernte sie laufen, als sie aufwuchs? Wie lernte sie zu sprechen und sich selber zu füttern? Sehr einfach, indem sie uns imitierte. Ich war die Art Mutter, die darauf bestand, dass meine Kinder mitkamen, wo auch immer ich hinging. Ich wollte nicht, dass sie in einer Seifenblase aufwuchsen und so nahm ich sie schon von klein auf überall hin mit.

Wenn wir zusammen assen, dann setzte ich sie zu uns an den Tisch, damit sie uns zusehen konnten und dabei lernen konnten, wie man isst, selbst wenn sie noch nicht einmal fähig waren, festes Essen zu sich zu nehmen. Als ich Ruby aufzog, tat ich dasselbe mit ihr. Craig und ich stellten einen hohen Stuhl für sie an den Esstisch und wir setzten sie darauf, wenn wir zusammen assen.

An einem Nachmittag hatten wir einen Familienlunch und wie es so ist bei einem Familientreffen wie diesem, wurde viel geredet, gegessen und gelacht. Wir hatten Ruby wie üblich in ihren hohen Stuhl gesetzt. Sie ass zwar nicht mit uns, aber sie hatte angefangen, das Dabeisitzen und Beobachten zu geniessen. Während dem Essen erzählte uns jemand ein lustiges Erlebnis und wir brachen alle in Gelächter aus. Mitten in diesem Gelächter kam ein hoch klingendes Glucksen aus der Ecke. Von einem Ohr zum anderen strahlend und lachend, als ob sie husten müsste, imitierte Ruby unser Gelächter. Sie wusste nicht, was so lustig war. Tatsächlich verstand sie kein Wort des Gesagten! Sie wusste nur etwas: „Ich sehe sie lachen, also ist jetzt Zeit, um zu lachen!"

Im prophetischen Dienst zu wirken ist so einfach wie den Herrn zu beobachten und Ihn zu kopieren. Du wirst vielleicht zu Beginn nicht verstehen, wieso du tust, was du tust. Anfänglich verstehst du vielleicht nicht einmal die Botschaft, aber je mehr du dich daran beteiligst und lachst, wenn du den Vater lachen siehst, um im obigen Bild zu sprechen, umso mehr wirst du anfangen, im Geist zu fliessen.

## Empfange Visionen

Ich werde hier nicht ins Detail gehen, wie du Visionen empfängst, denn ich habe das bereits in meinem Buch *Der Weg der Träume und Visionen* getan. Wie auch immer, in dieser Phase solltest du damit vertraut sein, Offenbarung durch Visionen zu erhalten. Darum werde ich hier für dich ein paar Dinge hervorheben, damit du sie dir einprägst und ich werde auch ein paar Vorschläge machen, wie du die Welt der Visionen nehmen und sie zu einem Sprungbrett für Offenbarung in deinem prophetischen Lauf machen kannst.

Wenn du mit der Bewegung des Geistes vertraut bist und schon seit einiger Zeit geisterfüllt bist, dann wirst du, wenn du anfängst Visionen zu empfangen, möglicherweise nur flüchtige Lichtblitze sehen, die von Zeit zu Zeit kommen. Die Visionen, die du vom Herrn empfängst, werden dich umgeben und einige Male zu dir zurückkommen. Sie werden nicht aufdringlich sein und auch keine Aufmerksamkeit fordern. Oft werden die Visionen begleitet durch ein bekanntes Gefühl der Schmetterlinge im Bauch, welches dich wissen lässt, dass der Heilige Geist sich über dir bewegt.

Es gibt auch diese Propheten, welche Trancevisionen und offene Visionen empfangen und hörbare Stimmen hören. Genauso wie ich meine Antwort in der Algebra bekam, indem ich anderen Schritten folgte als meine

Lehrerin, so empfangen die Propheten ihre Offenbarungen auf verschiedene Weise. Die einen werden flüchtige Eindrücke ohne irgendeine Farbe in ihrem Verstand wahrnehmen und dann wird es Propheten geben, die Trancevisionen und offene Visionen erlebt haben.

Wer ist nun der bessere Prophet? Lass mich dir eine Frage stellen: Wer hatte die richtige Antwort auf diese Algebra-Rechnung - ich oder meine Lehrerin? Beide von uns, weil wir am Schluss dieselbe Antwort hatten. Dasselbe gilt auch hier. Egal ob du kurze Visionen oder grosse, fantastische Visionen empfängst, was wirklich zählt, ist das Endresultat und der Dienst, der daraus folgt.

Ich erinnere mich an eine Diskussion, die wir mit einer Gruppe von Propheten hatten. Viele wollten wissen, wie man Trancezustände und offene Visionen haben kann. Sie fühlten sich, weil sie nicht diese Art von Visionen hatten, als Zweitklasse-Propheten. Aber als wir weiter miteinander redeten, sah ich ein interessantes Muster auftauchen.

Diese Propheten, welche Trancevisionen hatten und sogar eine hörbare Stimme des Herrn gehört haben, erlebten dies in ihrem frühen christlichen und prophetischen Lauf. Aber jetzt, als sie reifer waren, erkannten sie alle, dass sie sich nicht erinnern konnten, wieder solche Erlebnisse erlebt zu haben.

Nun, wieso ist das so? Lass uns einen Blick auf Paulus in der Schrift werfen und sehen, was mit ihm geschah. Ich bin sicher, du kannst dich daran erinnern, wie Paulus Jesus das erste Mal von Angesicht zu Angesicht begegnet ist. Der Herr schlug ihn zu Boden und sprach hörbar zu ihm, indem Er sagte: „Saulus, Saulus, warum verfolgst du mich?" Nun in dieser Zeit war Paulus nicht wirklich gerecht. Tatsächlich nannte er sich rückblickend 'den Anführer der Sünder'. Aber wenn wir dem Leben von Paulus folgen, dann wirst du merken, dass es immer weniger solcher Erlebnisse dieser übernatürlichen Begegnungen mit dem Herrn gab.

Tatsache ist, dass Paulus danach seine Offenbarung durch Träume empfing und anfing überallhin einen Propheten mitzunehmen, denn Paulus war eigentlich mehr ein Lehrer als ein Prophet. Nun wieso hörten diese übernatürlichen Manifestationen auf? Als der Herr das erste Mal zu Paulus sprach, musste Er klarstellen, dass Er gehört wurde und Paulus lebte nicht wirklich im Geist, also machte der Herr eine drastische Handlung.

Aber als Paulus die Stimme des Herrn und Sein sanftes Anstossen kennenlernte, liest du immer weniger von den grossen Manifestationen, die er hatte. Einfach gesagt: Nachdem der Herr die Aufmerksamkeit von Paulus hatte, begann Paulus die Stimme des Herrn zu hören, ohne dass der Herr ihn zu Boden schlagen musste, um gehört zu werden!

Petrus ist nicht anders. Erinnere dich an seine offene Vision. Der Herr musste ihm Seine Botschaft wirklich klar verständlich machen. Tatsächlich war Petrus so stur, dass der Herr es ihm drei Mal zeigen musste! Selbst als der Herr Petrus zum Hause Cornelius führte, zweifelte er immer noch, bis der ganze Haushalt mit dem Geist erfüllt war. Wenn Petrus nicht solch ein klares und 'lautes' Wort vom Herrn erhalten hätte, wäre er nicht mit den Dienern von Cornelius mitgegangen, weil dies zu tun gegen alles ging, was ein dem Gesetz folgender Jude tun würde.

In beidem, im Wort und in persönlicher Erfahrung, fand ich heraus, dass die Zeit, in der eine Person Erlebnisse mit offenen Visionen oder einer hörbaren Stimme des Herrn macht, dann ist, wenn sie noch nicht weiss, wie sie die Stimme Gottes für sich selber hören kann oder wenn der Herr ihre Aufmerksamkeit bekommen muss, weil sie sonst Seine Botschaft nicht glauben würden – genau wie Petrus.

Was du sehr wahrscheinlich auf deinem prophetischen Lauf feststellen wirst, ist, dass die Visionen und Offenbarungen, die du empfängst, nicht mehr so 'laut' sind und sanfter werden. Wenn du zu Beginn anfängst die Stimme des Herrn zu hören, dann sind deine Emotionen hoch, die Visionen stark und der Heilige Geist muss dich sprichwörtlich im Geist erschlagen, damit du weisst: „Okay, der Herr redet jetzt zu mir." Aber wenn du lernst, Seine Stimme zu identifizieren, dann braucht Er dich nicht mehr anzuschreien. Wenn du einmal starke Offenbarungen erlebt hast und diese jetzt ruhiger werden, dann gerate nicht in Panik.

Dies bedeutet nicht, dass du deine Gaben verlierst, sondern es heisst einfach, dass der Herr dich nicht mehr anschreien muss, um deine Aufmerksamkeit zu erhalten. Du verstehst jetzt das sanfte Flüstern Seiner Stimme.

Wenn du allen Müll aus deinem Verstand entfernst, der dich blockieren könnte, die Stimme des Herrn zu hören, wird die Offenbarung, die du empfängst, klarer werden, aber weniger 'laut' und offensichtlich sein. Der Herr wird mehr mit Eindrücken und 'inneren Gefühlen' zu dir sprechen und weniger mit überschwänglichen Emotionen. Dies ist ein Zeichen von Reife und wenn ich ein Beispiel aus dem Wort dafür geben müsste, um dies darzustellen, dann würde ich Elia benutzen. Schau einmal, wie er sich beruhigte. Zuerst sehen wir Elia, wie er vor Ahab stürmt und verkündet, dass es nicht mehr regnen wird. Wunder geschehen und später siehst du ihn, wie er Feuer vom Himmel ruft, um das Opfer vor den Augen der Baalspriester zu verzehren.

Aber schau, was Elia einige Zeit später entdeckt:

> *„Da sprach er: Geh hinaus und stell dich auf den Berg vor den Herrn! Und siehe, der Herr ging vorüber. Da kam ein Wind, gross und stark, der die Berge zerriss und die Felsen zerschmetterte vor dem Herrn her; der Herr aber war nicht in dem Wind. Und nach dem Wind ein Erdbeben; der Herr aber war nicht in dem Erdbeben.*

> *Und nach dem Erdbeben ein Feuer, der Herr aber war nicht in dem Feuer. Und nach dem Feuer der Ton eines leisen Wehens. Und es geschah, als Elia das hörte, verhüllte er sein Gesicht mit seinem Mantel, ging hinaus und stellte sich in den Eingang der Höhle. Und siehe, eine Stimme geschah zu ihm: Was tust du hier, Elia?"*
>
> ~ 1. Könige 19,11-13

Nun, Elia kannte die Stimme des Herrn im Feuer und im rauschenden, mächtigen Wind. Er hatte gesehen, wie der Herr einen Sturm übers Land brachte und er hatte die Kraft gespürt, als er den Wagen von Ahab überholte, aber was geschah hier? Elia entdeckt, dass die Stimme Gottes im leisen Wehen, in der feinen leisen Stimme gehört wird. Hier fängt Elia an, den Herrn auf eine neue Art kennenzulernen.

Elisa, sein Jünger, lernte dieselbe Lektion. Elisa beginnt seinen Dienst, indem er das Wasser des Jordan schlägt und laut in den Himmel ruft: „Wo ist der Herr, der Gott Elias?" So dynamisch! So mächtig! Und doch, sieh ihn dir Jahre später an: Da sitzt Elisa ziemlich entspannt da, umgeben von einem ganzen Heer von Soldaten, die sein Haus umzingeln. Dieses Mal gerät sein Diener in Panik. Wo ist jetzt die grosse Offenbarung? Wo ist das dynamische Schreien und Erflehen von Zeichen?

Schon fast gelangweilt, dreht sich Elisa zu seinem Diener um und sagt:

> *„Fürchte dich nicht! Denn zahlreicher sind die, die bei uns sind, als die, die bei ihnen sind.*
>
> *Und Elisa betete und sagte: Herr, öffne doch seine Augen, dass er sieht! Da öffnete der Herr die Augen des Dieners, und er sah. Und siehe, der Berg war voll von feurigen Pferden und Kriegswagen um Elisa herum."*
>
> *~ 2. Könige 6,16-17*

Elisa fährt dann fort und betet (achte darauf, wie entspannt und ruhig er hier klingt!):

> *„Und sie kamen zu ihm herab. Und Elisa betete zu dem Herrn und sagte: Schlag doch diese Kriegsschar mit Blindheit! Da schlug er sie mit Blindheit nach dem Wort des Elisa."*
>
> *~ 2. Könige 6,18*

Wie sehr hatten sich doch jetzt die Dinge verändert? Elisa benötigte nicht länger 'super-grosse' Offenbarungen, um Berge versetzen zu können. Er wusste, wie er die sanfte Stimme des Herrn sehen und hören konnte und handelte einfach dementsprechend.

Wenn nun die Visionen, die du siehst nicht klar sind und du nicht sicher bist, ob das, was du siehst, einfach aus deinen eigenen Vorstellungen kommt oder wirklich vom Herrn, dann bitte den Herrn um Bestätigung. Das Wort sagt, dass wenn du deinen Vater um einen Fisch bittest, er dir keinen Stein geben wird und wenn du ihn um Brot bittest, gibt er dir keinen Skorpion. Wenn du also den Herrn darum bittest, dass Er dir das, was du siehst, klar aufzeigt und bestätigt, dann wird Er andere aufstehen lassen, die dir die nötige Bestätigung geben oder Er wird dir eine weitere Vision geben, um das Ganze zu klären. Mache einfach weiter und bitte den Herrn, dass Er durch Visionen zu dir spricht. Bevor du es realisierst, werden Visionen ein Bestandteil deines täglichen Lebens sein und du wirst dich wundern, wie du je ohne ihren ständigen Einfluss leben konntest.

KAPITEL 07

# Erhalte Offenbarung auf vier weitere Wege

*"Höre Gottes Stimme durch Prophetie, Äusserung, Urim und Journaling"*

# Kapitel 07 – Erhalte Offenbarung auf vier weitere Wege

## Höre Gottes Stimme durch Prophetie, Äusserung, Urim und Journaling

Wenn du zum ersten Mal beginnst, dich in den Offenbarungsgaben zu bewegen, dann braucht es zuerst ein bisschen Zeit, bevor du die Dinge, welche du von Gott hörst und siehst, richtig auslegen kannst. Wie auch immer, je mehr du dich darin bewegst, desto einfacher wird es. Aber ich bin sicher, dass sich jeder von uns an die ersten Babyschritte erinnern kann und vor allem an die Zeiten, in denen du es verfehltest!

Es bedeutet nicht, weil du zum prophetischen Dienst berufen bist, dass du es von Anfang an perfekt machen musst. Kein Baby ist geboren worden, das sofort weiss, wie man läuft und es gibt keine Babys, die nicht zuerst gelernt hätten, wie hart der Boden ist, bevor sie durch den Raum laufen konnten!

Niemand fängt mit 100% richtig an und wenn du die Offenbarung, die der Herr dir gibt, auf dieser Art von Genauigkeit basierst, dann forderst du direkt die Enttäuschung heraus! Es ist in Ordnung, wenn du einen Fehler machst. Tatsächlich ist es ein Teil deiner prophetischen Vorbereitung. Mit jedem Fehler, den du machst, wird der Herr dich lehren und trainieren, wie du vermeiden kannst, diesen Fehler noch einmal zu machen.

Natürlich kommt es mit einer Menge Demütigung und Tod auf deiner Seite, aber wenn du willig bist, deine Fehler einzugestehen und dich selber vor dem Herrn zu demütigen, dann wird Er dich weiter formen und gestalten, bis du mit Zuversicht und Sicherheit im prophetischen Amt stehen kannst und weisst, dass es, wenn du sprichst, im Einklang mit Gottes Herzschlag ist!

Nun, da du begonnen hast, jede der Gaben anzuschauen, bleibt die Frage: Was braucht es für dich, damit du beginnst, in der Prophetie zu funktionieren? Vielleicht gibt dir deine Gemeinde nicht die Möglichkeit, Prophetie auszuüben und wenn du in einer Umgebung bist, in der dir die Chance zum Lernen, Wachsen und Fehler machen gegeben wird, dann bist du gesegnet!

Ich kam zur Einsicht, dass ich die einzige Person war, die fand, dass Ruby bezaubernd ist, wenn sie im Versuch zu Laufen das Tischtuch herunterriss. Die anderen um sie herum waren nicht so verständnisvoll. Und so ist es mit vielen, die zuschauen müssen, wenn ein Prophet vorsichtig seinen Weg geht, indem er lernt, wie er richtig funktionieren soll. Natürlich ist es nicht sehr hilfreich, dass viele Propheten nicht zugeben, dass sie noch nicht wissen, was sie genau tun und versuchen vorzugeben, dass sie genau wissen, von was sie reden.

Wenn du deinem Pastor und deiner Gemeinde gegenüber einfach eingestehst, dass du immer noch am Lernen bist und alle Hilfe brauchst, die du bekommen kannst, dann wird das jeden ermutigen, dir die nötige Lernzeit zu geben, die du brauchst – selbst, wenn du Fehler machst. Aber Propheten geben nicht gerne zu, dass sie Fehler machen. Wir haben eine Frage, die wir den Propheten, die wir trainieren, stellen und das ist folgende: „Kannst du dich an eine Zeit erinnern, in der du irregeführt warst oder falsch gelegen bist?"

Ein reifer Prophet wird offen die Phasen zugeben, in denen er versagt hat und wird sie leicht für dich identifizieren können. Ein unreifer Prophet wird um alles in der Welt an seinen Offenbarungen festhalten und ist zu ängstlich zuzugeben, dass er einen Fehler gemacht hat. Denn wenn sie Versagen zugeben müssen, dann müssen sie zugeben, dass die Offenbarung, die sie empfangen haben, eine Verführung war!

Es ist die schmerzvollste Angelegenheit für einen Propheten, einzugestehen, dass er die 'Fähigkeit' hat zu versagen, genauso wie es für Ruby schmerzhaft war, auf den harten Boden aufzuschlagen, als sie dachte, sie laufe so gut umher. Der Schlüssel ist, einfach immer wieder aufzustehen und weiterzulaufen. Bevor du es merkst, wirst du es mehr richtig machen, als dass du es vermasselst.

## Prophetie

*Schritt 1*

Der erste Schritt, den du nehmen musst, um zu lernen, wie du die Gabe der Prophetie entwickelst, ist nicht, dass du wirklich in der Gemeinde aufstehst und die erste Sache, die dir durch den Kopf geht, aussprichst. Sondern dein erster praktischer Gang ist, die Gabe der Prophetie ernsthaft zu begehren. Die Schrift sagt:

> *„Strebt nach der Liebe, eifert aber nach den geistlichen Gaben, besonders aber, dass ihr weissagt!"*
>
> *~ 1. Korinther 14,1*

Mit anderen Worten, wenn du dir wünschst, in der Gabe der Prophetie zu funktionieren, dann ist sie für dich gemäss dem Wort Gottes erhältlich! Wenn du den Herrn bei Seinem Wort nehmen kannst und du dir ernsthaft wünschst und danach eiferst, für Ihn zu sprechen, dann ist das alles, womit du beginnen musst, um in der Gabe der Prophetie funktionieren zu können.

*Schritt 2*

Die beste Art, den Übergang zwischen dem Empfangen der Gabe der Prophetie und dem kühnen Aussprechen vor anderen Leuten zu überbrücken, ist, in deinen Gebetszeiten zu beginnen. Bete deine Prophetien bis du dich mit ihnen wohl fühlst. Hast du schon einmal festgestellt, dass du anfängst etwas zu beten und dann in der nächsten Minute plötzlich merkst, wie du in eine vollkommen andere Richtung gehst, als du es geplant hattest?

Ich erinnere mich daran, als ich einmal für jemanden betete, der sich vom Herrn entfernt hatte. Ich betete intensiv für diese Frau, dass sie wieder auf den Weg kommen und wieder zum Herrn umkehren würde. Wie auch immer, mitten im Gebet fing ich plötzlich an, für ihren Mann zu beten, dass der Herr ihm die Augen öffnen solle. Eine Salbung stieg in mir auf und ich erinnere mich, dass der Herr mich sehr spezifisch leitete. Am Ende meiner Fürbittezeit realisierte ich, dass der Herr einen eigenen Plan im Kopf hatte. Er wusste, wenn diese Person wieder umkehren sollte, dass es der beste Weg für sie wäre, wenn ihr Mann zuerst umkehren würde. Momente wie diese sind die beste Zeit, die Gabe der Prophetie zu praktizieren.

Etwas anderes, dass du das nächste Mal, wenn du betest versuchen kannst, ist, die Vision auszusprechen, anstatt sie nur zu sehen. Anstatt dass du das, was du siehst, mitteilst, sprich es hervor. Sagen wir als Beispiel, dass du in einer Vision einen Berg siehst, der eine Strasse blockiert. Anstatt dass du deine Vision mit jemand anderem teilst oder dafür betest, warum sprichst du sie nicht hervor, als ob der Herr zu ihnen sprechen würde?

Es kann sein, dass du die ersten Worte der Prophetie in deinem Inneren hörst, oder alles was du hast, ist einfach dieses Bild. Du beginnst vielleicht, indem du etwas sagst wie: „Siehe, da blockiert ein Berg deine Sicht, sagt der Herr ..." Sprich, was du siehst, genau wie Jesus das tat, was Er Seinen Vater tun sah.

Dies ist die Art, wie ich prophezeie und meistens erhalte ich anstatt der Worte eine Vision. Aber erst wenn ich meinen Mund öffne, um zu sprechen, bekomme ich die restlichen Bilder und Worte. Wenn du das die ersten paar Male ausprobierst, kann es sein, dass du stammelst. Aber gib nicht auf. Wenn du hinfällst, steh wieder auf! Stelle dir vor, wenn du etwas ausprichst, dass du es vor der ganzen Gemeinde tust. Baue positive Bilder in deinen Verstand, denn das wird dir die Sicherheit geben, die du brauchst, um herauszutreten. Schneller als du denkst, wird der Herr dir prophetische Worte geben, die du in deiner Gemeinde aussprechen kannst. Oder Er ist gnädig und beginnt mit einzelnen Leuten.

Craig hatte es nicht einfach. Das erste Mal, als der Herr ihm ein prophetisches Wort zum Aussprechen gab, war in einer Versammlung von 200 Leuten. Er floss erst ein paar Monate in den Gaben! Mit mir war der Herr gnädiger, denn ich durfte meine neu gefundenen Gaben zuerst an meiner Familie und meinen Freunden ausprobieren. Einmal mehr, jeder Prophet ist anders in seinem Fortschritt, darum versuche dich nicht mit anderen zu vergleichen.

*Schritt 3*

Der letzte Schritt wird das tatsächliche Aussprechen sein, indem du deinen Glauben in die Tat umsetzt. Du kannst in einem Treffen sein oder du sprichst gerade mit jemandem, wenn du dieses innere Stupsen fühlst. Es könnte sich anfühlen, als ob du riesige Schmetterlinge in deinem Bauch hast! Vielleicht kommen dir ein paar Worte in den Sinn; vielleicht bekommst du eine Vision. Manchmal ist alles, was du bekommst, ein Gefühl oder ein inneres Wissen.

Im prophetischen Dienst zu funktionieren heisst, dieses innere Stupsen ernst zu nehmen und dementsprechend zu handeln. Sprich diese wenigen Worte aus, versuche diese Vision zu beschreiben oder teile das Gefühl mit, das du empfindest. Gib dem Herrn etwas, womit Er arbeiten kann. In dem Moment, in dem du das tust, fängt etwas an. Der Heilige Geist wird übernehmen und wird dich gebrauchen, um Seine Worte und Seinen Willen für diese Person auszusprechen.

Es gibt nichts Erfreulicheres, als für den Herrn zu sprechen und es ist für dich gerade jetzt verfügbar. Ich fordere dich heraus, diese Woche herauszutreten. Höre auf Sein inneres Stupsen und handle danach. Dein Leben wird nie mehr dasselbe sein!

## Äusserung und Auslegung

Es gibt noch eine andere Art, wie du die Stimme des Herrn hören und dienen kannst und das ist durch die

Gabe der Auslegung. Hast du dir gewünscht, dass du nicht nur eine Prophetie gibst, sondern auch eine Zungenrede auslegen kannst? Das Problem beim Lernen ist, dass du Fehler machen kannst. Und hey, ein Prophet muss schon genug Ablehnung ertragen, ohne dass er Fehler machen muss, die andere nachher hervorholen und gegen ihn verwenden! Wir lehren unsere Studenten, wie sie die Gaben des Geistes praktizieren sollen und zwar, indem sie sich selber als Versuchskaninchen benutzen. Auf diese Art wirst nur du es merken, wenn du einen Fehler machst und es schützt auch die Person, über der du etwas Falsches aussprechen würdest.

Wo beginnst du also? Wie ich früher schon sagte, bist du gesegnet, wenn du eine Gruppe oder eine Gemeinde hast, in der du üben kannst. Aber normalerweise wirst du dich nicht wohl fühlen, Fehler zu machen, währenddem dir alle zuschauen. Der beste Platz, um zu beginnen, ist also in deine Gebetskammer zu rennen. Beginne genau wie bei der Gabe der Prophetie, indem du dir diese Gabe wünschst, sie begehrst und den Herrn darum bittest. Empfange sie im Glauben. Wenn du glaubst, dass du diese Gabe vom Herrn empfangen hast, dann tritt heraus und fange an, sie zu benutzen!

Ich gebe im Buch *Prophteic Functions* weiter, wie ich lernte, die Zungensprache auszulegen, in dem ich mich selber als Versuchskaninchen benutzte. Ich wusste bereits, wie man in Zungen sprach, also streckte ich mich im Glauben zum Herrn aus und bat Ihn um die

Fähigkeit der Auslegung der Zungensprache. Danach betete ich Tag für Tag und sprach in Zungen. Und dann fing ich an, die ersten Worte, die mir in den Sinn kamen, in meiner Muttersprache auf Englisch auszusprechen.

Die ersten paar Male, in denen ich es versuchte, stammelte ich und fühlte mich wie ein Idiot. Aber als ich weitermachte, übernahm der Heilige Geist und ich begann, Dinge zu sagen und zu prophezeien, von denen ich wusste, dass sie nicht aus meinem Verstand oder meiner Vorstellungskraft kamen. Doch ich wäre nie in diese machtvolle Gabe hineingekommen, ohne dass ich zuerst für mich alleine heraustrat.

Ich sagte schon einmal, dass du jede mögliche Art vom Herrn zu hören in deinem Leben entwickeln solltest. Wenn du die Fähigkeit, die Zungensprache auszulegen, noch nicht entwickelt hast, dann ist jetzt die Zeit dafür. Ich habe das Gefühl, dass heute in der Gemeinde zu wenig der Schwerpunkt darauf gelegt wird. Vielleicht weil es nicht genug Menschen in der Gemeinde gibt, die in dieser Art im Geist fliessen, oder aber die Menschen wissen nicht, dass diese Gabe für sie verfügbar ist.

Die Zungensprache ist ein mächtiges Werkzeug, um den Willen Gottes freizusetzen, ohne dass dabei unser Verstand in den Weg kommt. Aber wie viel besser ist es, das weiterzugeben, was durch die Zungensprache ausgesprochen wurde, indem du die Auslegung dazu gibst. Paulus bezeugt das, indem er sagt:

> *„Jetzt aber, Brüder, wenn ich zu euch komme und in Sprachen rede, was werde ich euch nützen, wenn ich nicht zu euch rede in Offenbarung oder in Erkenntnis oder in Weissagung oder in Lehre?"*
>
> ~ 1. Korinther 14,6

Ich liebe es, diese Gabe zu nutzen und ich war mit einer kleinen Gruppe gesegnet, in der ich diese Gabe entwickeln konnte. Als ich anfing, Auslegungen für Zungensprachen zu erhalten, kam dies nicht durch Äusserungen, sondern in der geistgeleiteten Anbetungszeit. Als wir die grundlegenden Lehren für unsere Trainingsschulen für den fünffachen Dienst (Fivefold Ministry School) legten, verbrachten wir Stunden im Lobpreis und in der Anbetung, und die meiste Zeit sangen wir im Geist.

Als wir sangen, fing der Herr an, mir Auslegungen für die gesungenen Lieder zu geben. Dies fügte unserem Lobpreis und der Anbetung solch eine mächtige Dimension hinzu! Jemand sang in Zungen und ich sang dann die Auslegung davon auf Englisch. Stelle dir nur vor: das Wort des Herrn ging zweifach hervor! Wir hatten einige kraftvolle Zeiten, die ein stabiles Fundament für die kommenden Jahre des Trainings legten.

So illustriere ich hiermit einmal mehr, wie jeder Prophet sein Ziel auf eine andere Art erreicht. Es kann sein, dass du lernst, deine eigene Zungensprache auszulegen. Vielleicht wird dich der Herr gebrauchen, um eine Äusserung zu geben und eine andere Person wird es auslegen. Wo auch immer du dich gerade jetzt in deinem prophetischen Lauf befindest, gebrauche, was du bis jetzt hast, aber gehe vorwärts und erlebe den Herrn und Seine Stimme auf jede mögliche Art.

Wenn du dieses eine einfache Prinzip nimmst, zuerst in deiner Gebetskammer zu üben, bevor zu hinaustrittst und über anderen prophezeist, dann wirst du sicher, gesalbt und bereit sein, vom Herrn gebraucht zu werden, wenn du schlussendlich die Gelegenheit erhältst, hinauszutreten, weil du durch alle Babyschritte selber hindurchgegangen bist.

Es kann sein, dass du dich zuerst ein bisschen komisch fühlst, wenn du in der Stille deines eigenen Raumes über dir selber prophezeist und auslegst. Aber bleibe dran, denn du lernst dabei nicht nur in den Gaben zu fliessen, sondern es wird dich auch näher zum Herrn bringen. Es wird dir ein schärferes geistliches Ohr geben. Es ist an den verborgenen und geheimen Orten, an denen du lernen wirst, in Kühnheit als ein Prophet zu stehen, und nicht in der Menge draussen, wo jeder dich beobachtet.

Lerne deine Füsse zu finden und im Geist zu fliessen, bevor du in der lokalen Gemeinde aufstehst und sprichst. Lass es so sein, dass du, wenn du das erste Mal in der Öffentlichkeit aufstehst und ein Wort gibst, sicher, mutig und gesalbt bist. Es wird aussehen, als ob du das schon seit Jahren tun würdest!

## Urim und Thummim

> *„Und für Levi sprach er: Deine Thummim und deine Urim sind für den Mann, der dir treu ist, den du versucht hast bei Massa, mit dem du gestritten hast bei dem Wasser von Meriba."*
>
> ~ 5. Mose 33,8

Was ist das geistliche Urim und Thummim? Ich werde hier nicht ins Detail gehen, weil ich dieses Thema in Buch *Prophetic Functions* behandle. Um es kurz zusammenzufassen, die Urim und Thummim wurden in das Ephod des Priesters gelegt und wurden benutzt, um den Willen des Herrn für ein spezifisches Ereignis herauszufinden. Wenn der Herr das Urim gab, dann sagte Er „Ja" und wenn Er das Thummim gab, sagte Er „Nein!" So einfach war es.

Dein Urim und Thummim ist, was du 'dein Bauchgefühl' nennen würdest. Es ist dieses flaue Gefühl, wenn du deinen Mund öffnest und etwas sagst, von dem du weisst, dass du es nicht hättest sagen sollen. Und es ist dieses positive Gefühl, das du bekommst, wenn du eine Offenbarung zur richtigen Zeit ausgesprochen hast. Wenn du diesen positiven und negativen Stupsern des Heiligen Geistes mehr Aufmerksamkeit schenkst, dann wirst du die Gaben, die Er dir gegeben hat, mit mehr Weisheit einsetzen.

Schenke dem, was der Geist sagt, Aufmerksamkeit! Ein reifer Prophet gebraucht sein Urim und Thummim jederzeit. Es wird dir sagen, wann du reden und wann du schweigen sollst; wann du heraustreten und wann du dich hinsetzen sollst. Es ist nicht gut genug, einfach Offenbarung zu empfangen. Es ist nicht gut genug, Visionen, Träume oder sogar ein Wort der Prophetie zu empfangen, du brauchst auch Weisheit, um sie anwenden zu können.

Die Schrift sagt, wenn es jemandem an Weisheit mangelt, dann ist alles, was er tun muss, den Herrn darum zu bitten und er wird sie erhalten. Später werde ich dir ein paar praktische Punkte zeigen, wie du deine Offenbarung richtig präsentieren kannst. Für nun lerne, was der Heilige Geist zu dir sagt. Sei Seiner Gegenwart gegenüber sensibel. Ein guter Ort, um diese Gabe zu praktizieren, ist, sie in deinem täglichen Leben zu gebrauchen, egal was du gerade tust.

Beginne deinen Tag, indem du ihn in die Hände des Herrn gibst. Bitte den Herrn um Weisheit und dass Er dich heute führt. Wenn du dann durch deinen Tag gehst, sei Seinem Stupsen gegenüber sensibel. Wenn du unsicher bist, welche Route du zur Arbeit nehmen sollst, dann frage den Herrn. Er ist fähig, dir in jeder Situation in deinem Leben zu helfen. Wenn du auf diese positiven und negativen inneren Bauchgefühle hörst, dann erlaubst du dem Heiligen Geist, dein kleines prophetisches Boot um die Felsen im stürmischen Wasser, genannt prophetische Vorbereitung, zu führen.

# Journaling

Das Journaling ist jeden Tag ein aufregendes Abenteuer, wenn du es beständig tust. Journaling ist, sich hinsetzen und ein schriftliches Gespräch mit dem Herrn zu halten und beide, deine und Seine Worte, aufzuschreiben. Man würde denken, dass das etwas ist, was die meisten Propheten kennen, aber in Wirklichkeit tun sie es nicht. In unserem Training der Propheten bitten wir sie, dass sie uns während ihren Kursen ihres Studiums Auszüge aus ihren Journals senden. Ich bin immer wieder erstaunt darüber, Propheten zu sehen, von denen ich dachte, dass sie die Stimme des Herrn hören können, aber die nicht wussten, wie man journalt.

Ich denke, dass ein Prophet manchmal so beschäftigt damit ist, die ganze Zeit zu reden, dass er dem Herrn selten die Chance gibt, dass Er sprechen kann. Ich hatte einmal eine Freundin, die war so. Sie redete und redete und redete und das einzige Mal, wenn sie willig war, für einen Moment ruhig zu sein, war, wenn sie wusste, dass sie, sobald ich ihr etwas erzählt habe und damit fertig war, wieder anfangen konnte! Dies zeichnet nicht nur einen selbstbezogenen Propheten aus, sondern auch noch einen Ignoranten!

Offenbarung durch die anderen Möglichkeiten zu empfangen, die ich aufgezeigt habe, ist ein Anfang. Aber sie sind nur Teile und Stücke. Was das Journaling macht, ist, das Hintergrundbild und jedes der einzelnen Objekte auf deinem Gemälde zu nehmen und diese in ein ganzes Bild zusammenzufügen. Hast du jemals einen Bruchteil eines Satzes, den jemand gesagt hat, aufgeschnappt und ihn total missverstanden?

Manchmal kann dies tatsächlich schlechte Gefühle hervorrufen, weil du vielleicht nur etwas, was die Person sagte, aufgeschnappt hast und nicht gehört hast, wie sie nachher ihre Aussage genau meinte. So wirst du weggehen und schlecht über diese Person denken. Nur Bruchstücke von Offenbarung vom Herrn aufzuschnappen, ist wie nur Phrasen zu hören, die jemand sagt. Wenn du diese Bruchstücke nicht in einen Satz, der Sinn macht, zusammenfasst, dann kannst du völlig missverstehen, was der Herr sagen möchte.

Es gab Momente, in denen der Herr mir einen Traum gab, eine Vision zeigte und mir dann noch eine Prophetie gab und all das schien überhaupt nicht zusammenzupassen. Aber als ich mich hinsetzte und journalte, brachte Er alles zusammen. Ich habe dies oft erlebt, als wir das Fundament für die Fivefold Ministry Schools legten. Ich bekam während mehreren Monaten kleine Offenbarungsteile. Ich lebte viele Dinge, wurde herausgefordert zu sterben, so viele Male, dass ich es an meinen Fingern und Zehen nicht mehr abzählen konnte und dann, als ich mich hinsetzte, um meine Predigt vorzubereiten, öffnete ich mein Tagebuch und fing an zu journalen.

Ich fragte: „Herr, was soll ich sagen? Was für eine Botschaft soll ich deinen Leuten bringen?" Und dann, als ich anfing zu tippen, kam all das aus mir heraus, was ich von Ihm empfangen hatte, manchmal über Monate hinweg. Viele anscheinend nicht zusammenhängende Offenbarungen kamen wie in einem Puzzle Stück für Stück zusammen und das gesamte Bild wurde offenbar. Ich bin immer noch erstaunt, wie der Herr alles perfekt zusammenbringt! Als ich dann dastand, um all diese Puzzlestücke zu predigen, kam noch zusätzliche Offenbarung und Inspiration hinzu.

Das Journaling rückt Dinge in die richtige Perspektive und du solltest es für dein eigenes geistliches Wachstum jeden Tag tun. Du solltest es vor jeder Predigt, die du gibst, tun, um klarzustellen, dass du wirklich die ganze Fülle dessen, was der Herr sagen möchte, hast. Schlussendlich solltest du auch journalen, bevor du dich mit jemandem triffst, um ihm persönlich zu dienen.

Wenn ich eine Verabredung mit jemandem habe, um ihm zu dienen, dann journale ich und frage den Herrn, was das Bedürfnis oder die Not der betreffenden Person ist und wo ich beginnen soll. Er wird mir dann genau aufzeigen, was ihr Problem ist, wo die Wurzel dafür zu finden ist und wie ich alles angehen soll. Wenn ich dann dieses Journal nehme und anwende, dann wird Er mir noch spontan zusätzliche Offenbarung geben, um das Gesagte zu ergänzen und darauf aufzubauen. Also journale, journale, journale! Verstehst du den Wink mit dem Zaunpfahl, dass ich hier versuche, einen Punkt zu machen?

Setze dich nieder mit einem weissen Blatt Papier (oder wie in meinem Fall mit einem neuen Textdokument auf deinem Computer) und fange an, dem Herrn dein Herz auszuschütten. Dann lass das herausfliessen, was Er dir zeigt. Es kann mit einer Vision beginnen oder du hörst ein paar Worte in deinem Geist. Es ist dem Prophezeien sehr ähnlich, aber dieses Mal tust du es auf dem Papier und du stellst dem Herrn spezifische Fragen. Je mehr du es tust, desto einfacher wird es werden und es beseitigt auch all den Müll, der deine geistliche Quelle blockiert.

Früher als du denkst und es weisst, wird die Offenbarung zu dir kommen und du kannst zuversichtlich sein, dass du diese 'Hotline' zu Gott jederzeit erreichen kannst, wenn du sie brauchst.

KAPITEL 08

# Prophetische Offenbarung beurteilen

*"Unterscheide die Geister
und vermeide die Fallen
der Verführung"*

# Kapitel 08 – Prophetische Offenbarung beurteilen

## Unterscheide die Geister und vermeide die Fallen der Verführung

An dieser Stelle im Buch ist dir Rebekah Jade Toach (kurz Ruby) und ihre Abenteuer, die Welt des Laufens zu entdecken und den verschiedenen Enttäuschungen im Leben zu trotzen, wohl bekannt. Es dauerte nicht lange, bis sie alle Hindernisse ihres Versagens überwunden hatte und laufen lernte. Tatsächlich hatte sie so gut laufen gelernt, dass sie sogar rennen konnte.

Sie wusste jetzt, wofür diese kleinen Hände waren und sie hatte keine Angst sie einzusetzen. Sie entdeckte auch, dass sie etwas genannt 'Wille' hatte und war nicht scheu, uns wissen zu lassen, dass SIE auch wusste, was es war! Nun, in ihren winzigen Kinderabenteuern lernte sie etwas über all ihre neu gefundenen Fähigkeiten und ihren Willen.

Als sie sich zuversichtlich genug fühlte, um sämtliche Hindernisse überwinden zu können, kam eines Tages etwas ganz Neues auf Ruby zu. Vor ihr war eine kurze Treppe. Wie faszinierend! Was war wohl auf der anderen Seite dieser Treppe? Sie konnte nicht warten, es herauszufinden. Sie wartete einen Moment ab, in dem mein wachsames Auge einmal nicht bei ihr war und lief schnurstracks auf die Treppe zu. Ihre Beine, ihr Wille und ihre kleinen Füsse waren auf ein neues Abenteuer eingestellt.

Bevor ich sie noch schnappen konnte, war sie schon vornüber gekippt und die Treppe heruntergefallen. Anstatt ein Abenteuer zu erleben, lag sie mit einer Beule am Kopf unten auf dem Boden. Was lief falsch? Ich konnte mir ihre Gedanken geradewegs vorstellen, als ich ihren fragenden Blick sah. Ich stellte mir vor, wie sie zu sich selber sagte: „Ich habe Hände, ich habe Füsse und ich hatte den Willen es durchzuziehen, also was lief falsch?"

Die Antwort ist einfach: Sie hat die Treppe falsch beurteilt! Sie war diesen Weg vorher noch nie gegangen und auch wenn sie mittlerweile gelernt hatte, wie sie laufen konnte, gab es doch noch ein paar neue Dinge da draussen 'in der grossen, weiten Welt', die sie noch lernen musste.

Dieses Bild ist so typisch für den Propheten, der gelernt hat, in den Gaben zu fliessen und angefangen hat zu dienen und dann das erste Mal der Verführung ausgesetzt ist und Fehler macht! Wenn du angefangen hast, die Stimme Gottes zu hören, dann ist dein Training nicht zu Ende, denn du musst lernen, die Offenbarung, welche du bekommst, zu beurteilen.

## Beurteile deine eigene Offenbarung

Es gibt eine Zeit im Leben eines jeden Propheten, in der er nicht sicher ist, ob das, was er empfangen hat, wirklich vom Herrn ist oder nicht. In diesen Zeiten musst du wissen, ob du es verpasst hast oder nicht. Wie kommst du also dahin, dass du weisst, ob die Offenbarung, die du empfangen hast, vom Herrn kommt oder nicht? Und um dem noch etwas hinzuzufügen, wie beurteilst du als der Wächter der lokalen Gemeinde die Offenbarung von anderen?

Ich habe hier drei sehr einfache Richtlinien für dich, denen du folgen kannst. Wenn du ihnen in deinem prophetischen Lauf folgst, dann musst du dich nicht darum sorgen, vom Weg abzukommen. Nun, bevor ich den ersten Punkt anschaue, gibt es etwas, das du bezüglich dem Empfangen und Weitergeben von Offenbarungen lernen musst. Erstens, eine klare Linie zu ziehen und zu sagen: „Diese Offenbarung ist von Satan." oder „Diese Offenbarung ist von Gott.", ist nicht immer nützlich.

Einige der Gründe dafür liegen in den folgenden Punkten.

### *Falsche Auslegung*

Es kann sein, dass ein Prophet wirklich eine Offenbarung von Gott bekommt, aber sie falsch interpretiert. Was dabei herauskommt, ist keine genaue Schilderung dessen, was Gott wirklich sagen will. Dies geschieht oft denjenigen, die in ihrem prophetischen Lauf noch jung sind und ist oft einfach ein Fall von Unreife und mangelndem Wissen des Wortes. Es geschieht oft bei Trauminterpretationen.

Ein Prophet, der nicht Weisheit empfangen hat oder gelernt hat, wie er korrekt auslegen kann, wird die Symbole völlig falsch interpretieren. Ich erinnere mich daran, wie ich einen solchen Traum auslegte. Eine Prophetin kam zu mir mit dem Traum ihrer Tochter. Ihre Tochter hatte geträumt, dass jemand ihr nahestehendes gestorben sei. Die Mutter war ausser sich und interpretierte es als einen Warntraum.

Als ich mir den Traum ansah und den Herrn betreffend Offenbarung suchte, kam dabei heraus, dass der Herr diesen Traum gebrauchte, um ihre Tochter wissen zu lassen, dass es da etwas in ihr gab, dass Er sterben lassen wollte. Etwas, das sie aufgeben musste. Als ich ihr meine Auslegung gab, passte diese genau zu den Dingen, die der Herr in der Zwischenzeit auch zu ihrem Herzen geredet hatte.

Nun, war die Mutter in Verführung? Nein, sie war einfach unwissend und musste zuerst ein paar Dinge lernen. So kann es sein, dass ein Prophet einen Traum oder eine Vision empfängt und sie missversteht. Deshalb ist es so wichtig, dass du andere Propheten um dich herum hast, denen du deine Offenbarungen und Auslegungen zur Prüfung geben kannst.

## *Vorgefasste Auslegung*

Der nächste Fehler ist einer, den ich schon vorher etwas angeschaut habe. Dieser Fehler ist, wenn ein Prophet wirklich eine Offenbarung von Gott bekommen hat, sie aber durch seine vorgefasste Meinung ansieht. Es kann sein, dass der Herr ihm eine

Vision zeigt, in der ein Gemeindegebäude in sich zusammenstürzt. Entsprechend seiner Sicht von Heiligkeit, würde er diese Vision dann so interpretieren, dass der Herr die Gemeinde zerstört wegen der Sünde in ihren Herzen. Dass Gott die Leute zerstreuen wird und die Salbung den Pastor verlässt.

In Tat und Wahrheit möchte der Herr sagen, dass Er das alte Fundament herunterbricht, damit Platz da ist für ein neues Fundament. Das ist der häufigste Fehler, der im prophetischen Dienst gemacht wird und einer, bei dem du dein Herz immer und immer wieder prüfen musst. Du kannst es dir nicht erlauben, die Reinheit von Gottes Wort mit deiner eigenen Leidenschaft für den Dienst und dem, was du gegenüber den Menschen in Autorität fühlst, zu vermischen.

Es ist ein trauriger Umstand, wenn ein Prophet in der lokalen Gemeinde seine Offenbarungen dazu benutzt, Gottes Volk zu ohrfeigen, damit sie hören, was er zu sagen hat. Ein solcher Prophet wird immer abgelehnt werden und niemand will ihm zuhören. Er denkt ein hartes, kritisierendes Wort wird das hervorbringen, was er sich wünscht.

Leider bringt das aber genau den gegenteiligen Effekt hervor. Anstelle von Veränderung, wirst du dich selber ausserhalb der Gemeinde wiederfinden! Die Herzen von Gottes Volk werden sich durch die Salbung, mit der du sprichst, verändern und nicht durch die Worte oder die Offenbarung, die du aussprichst. Eine Offenbarung, die durch deinen Verstand und dein ärgerliches Herz beschmutzt wurde, ist so gut, wie wenn du aufstehst und zitierst: „Mary had a little lamb..." (deutsche Übersetzung: Maria hat ein kleines Lamm ...) Denn es wird etwa eine so grosse Auswirkung auf das Herz des Hörer haben wie dieser kurze Reim ... nämlich keine! Es ist so, als ob du einen Zweig nimmst, der ganz verbogen ist und einen Pfeil daraus machen willst.

Sicher, es ist Holz und wenn du eine Kerbe hineinschneidest, dann würde es sogar einem Pfeil ähnlich sehen. Aber wenn du versuchst, diesen Pfeil zu gebrauchen, wird er jedes Mal das Ziel verfehlen! Das ist es, was du jedes Mal tust, wenn du eine Offenbarung mitteilst, die durch deinen Verstand und den falschen Geist dahinter beschmutzt wurde.

Vergiss nie, es ist die Salbung des Heiligen Geistes in deinen Worten, die Veränderung hervorbringen wird. Du kannst dastehen und herumstammeln. Du kannst sogar ein paar falsche Bilder haben, aber wenn du in der Autorität und der Kraft des Herrn sprichst, dann wird dein prophetisches Wort wie ein Pfeil sein. Gerade und scharf wird es jedes Mal, wenn du es aussendest, die Herzen der Hörer durchbohren!

### *Falsche und vermischte Offenbarung*

Es gibt nichts Verwirrenderes für einen Propheten, als wenn er die schreckliche Phase der 'prophetischen Verführung' auf seinem prophetischen Lauf zu durchleben beginnt. Mache dir selber nichts vor ... jeder Prophet wird mit Verführung konfrontiert! Tatsächlich ist es so, wenn du bis jetzt noch nie in die

Falle der Verführung gefallen bist oder es bereits zugegeben hast, dann hast du noch einen langen Weg in deiner Vorbereitung vor dir, bevor du dich überhaupt als für das intensive neunmonatige Training, das dich ins prophetische Amt freisetzen wird, bereit betrachten kannst. .

Die Art Offenbarung, von der ich hier spreche, kommt direkt vom Feind. Das Verwirrendste in dieser Zeit ist, zu versuchen die Dinge, die von Gott sind, von den anderen zu trennen. Was geschieht, ist, dass du dein Herz vielleicht jemandem gegenüber geöffnet hast, dem du es nicht hättest öffnen sollen oder du bist ins feindliche Lager gegangen, obwohl du dazu nicht angeleitet warst. Als Folge davon hast du eine Türe für Verführung geöffnet. Nun, als erstes musst du erkennen, dass die Verführung nicht offensichtlich ist (Könnte das der Grund sein, wieso es ... Verführung genannt wird?).

Du bist wie ein Feld voller reifem, gesundem Weizen. Der erste Samen der Verführung ist wie ein kleines Unkraut, mitten unter dem Weizen versteckt. Das Unkraut ist nicht offensichtlich und kann einfach übersehen werden. Aber wenn diesem Unkraut erlaubt wird zu bleiben, fängt es an, die falsche Frucht hervorzubringen und scheinbar über Nacht ist dein Feld mit Unkraut übersät. Du wachst plötzlich auf und schreist: „Woher kommt plötzlich all dieses Unkraut?" Es kam nicht plötzlich, es kam schleichend, es dauerte einige Zeit. Du hast es nur jetzt erst bemerkt.

Die einzige Art, dein geistliches Feld zu säubern, ist, diesen ersten Samen von Unkraut zu finden und ihn auszureissen. Wenn du das tust, werden die anderen mit ihm kommen. Wenn du von der Verführung fast erwürgt wirst, dann gehe dorthin zurück, wo alles anfing. Bitte den Heiligen Geist, dir zu helfen, damit du erkennst, wo du dem Feind gegenüber eine Türe geöffnet hast und er dir eine Offenbarung gegeben hat, die eine Verführung war. Du hast das vielleicht nicht gewusst, aber wenn du eine Offenbarung empfangen hast, die von Satan war und dabei dachtest, es sei ein Wort Gottes, dann hast du gesündigt!

Du musst diese Sünde bekennen und den Boden zurückerobern, den du dem Feind abgegeben hast. Wenn du diese Worte ablehnst, wirst du frei werden. Aber das Problem ist manchmal nicht so einfach gelöst. Mitten in diesem Chaos hast du weiterhin Offenbarung von Gott bekommen und so ist dein geistliches Feld in einigen Bereichen ein Gemisch aus Unkraut und Weizen. Es kann sein, dass es so vermischt ist, dass du nicht mehr sagen kannst, was von Gott ist und was nicht! Wo beginnst du daher?

Es ist leider so, wenn du dein geistliches Feld säuberst, dass ziemlich sicher auch Weizen herausgerissen wird und du musst alle Offenbarungen loslassen, die du während dieser Zeit deines prophetischen Laufes empfangen hast. Ja … jede einzelne Offenbarung! Behalte keine einzige zurück, egal wie stolz du darauf warst oder wie sicher du dir diesbezüglich warst. Dein Geist war während dieser Zeit beschmutzt und ich hasse es, dir das so klar sagen zu müssen, aber sogar deine Worte, die von Gott kamen, die du während dieser Zeit weitergegeben hast, waren mit deinem Fluch der Verführung beschmutzt. Du hast ein paar verbogene Pfeile abgeschossen und du musst sie alle zurücknehmen!

Schaue dir einmal dieses Bild an, das in der Schrift so gut dargestellt wird:

> *„Während aber die Menschen schliefen, kam sein Feind und säte Unkraut mitten unter den Weizen und ging weg. Als aber die Saat aufsprosste und Frucht brachte, da erschien auch das Unkraut.*
>
> *Es kamen aber die Knechte des Hausherrn hinzu und sprachen zu ihm: Herr, hast du nicht guten Samen auf deinen Acker gesät? Woher hat er denn Unkraut?"*
>
> *~ Matthäus 13,25-27*

Aber der Herr ist treu und zu Seiner Zeit wird Er in deinem geistlichen Leben den Weizen vom Unkraut trennen. Wenn du alle deine Offenbarungen abgibst, wird Er die Offenbarungen, welche von Ihm waren, im Feuer prüfen und Er wird sie dir wieder bestätigen, wenn Er es für richtig erachtet. Mache nun also diesen Schritt und 'schneide deine Verluste' ab, um es einmal so zu sagen. Lass alles los, was nicht von Gott war und selbst das, von dem du denkst, dass es von Ihm war. Wenn du deinen Offenbarungen abstirbst, wird der

Heilige Geist kommen und diejenigen Offenbarungen aus dem Feuer holen, die aus Gold sind und den Test der Zeit bestanden haben.

Wenn ich einen Punkt in diesem Kapitel herausheben möchte, dann ist es das, was Johannes sagt:

> *„Geliebte, glaubt nicht jedem Geist, sondern prüft die Geister, ob sie aus Gott sind! Denn viele falsche Propheten sind in die Welt hinausgegangen."*
>
> *~ 1. Johannes 4,1*

Beachte, dass er nicht sagt: „Prüfe jede Vision." oder: „Prüfe jede Prophetie." Er sagt: „Prüfe jeden Geist!" Die Macht liegt im Geist des Sprechers. Egal, ob das Wort von Gott ist oder nicht, wenn du mit einem Geist sprichst, der von einem falschen Geist beschmutzt ist, dann werden deine Worte Tod bringen. Aber wenn du ein Wort von Gott sprichst, das durchtränkt ist mit dem lebensspendenden Wasser des Heiligen Geistes, wird es Leben und gute Frucht hervorbringen.

## Drei Schritte, wie du Offenbarung beurteilen kannst

### Schritt 1: Die Frucht des Wortes

Wenn du immer noch mit mir bist, dann wirst du dich bis jetzt vielleicht fragen, wie genau man denn eine Offenbarung Beurteilt? Wie ich vorher bereits erwähnt habe, sind die Propheten die geistlichen Wächter der Gemeinde. Wenn ein Eindringling kommt und ein

Wort, das völlig ausserhalb der Ordnung Gottes ist, in der Gemeinde ausspricht, dann sollte der Prophet derjenige sein, der dies erkennt und Licht in die Sache bringt. Aber siehst du das in der heutigen Gemeinde? Leider nicht. Als ein Resultat davon haben viele Pastoren das Aussprechen von Prophetien ganz verboten!

Man kann sie dafür nicht richten, denn wer sonst würde seine Schafe durch eine falsche Offenbarung oder eine Offenbarung, die Zerstörung und Chaos in die Gemeinde bringt, schlagen und zerstören lassen? Würde ein Schafhirte aus dem Osten gedankenlos dastehen und zusehen, wie jemand zu seiner Herde läuft und anfängt, die Schafe zu schlagen, damit sie sich zerstreuen und verletzen?

Es liegt also an dir, der Prophet des Herrn zu sein, zu dem Er dich berufen hat, und damit der Wächter deiner Gemeinde zu sein. Nimm diese Position nie leichtfertig hin, weil beide, der Pastor und die Gemeinde deinen Schutz brauchen. Ohne ihn sind sie so verletzlich wie Schafe, die als Opfer ihrem Feind ausgesetzt werden. Lass uns sehen, wie die Propheten Gottes einen Standard in der Gemeinde setzen, der den Leib Christi erbaut, stärkt und Neues darin hervorbringt!

### *Bitter oder süss?*

Ich erinnere mich an eine Zeit, als wir in einem Haus auf dem Land lebten. Mein Vater hatte dort einen Gemüsegarten angepflanzt und ich weiss noch wie ich ihm als Kind dabei fasziniert zusah. Er kaufte viele kleine Säckchen voller Samen und setzte sie in die Erde. Nicht lange, nachdem er sie gepflanzt, bewässert und gedüngt hatte, sprossten kleine, grüne Triebe hervor.

Was für eine aufregende Zeit das für mich war! Es war mein kleines, eigenes Entdeckungsabenteuer. Als ich jedoch diesen kleinen Samen zusah, wie sie wuchsen, konnte ich nicht einen vom anderen unterscheiden! Für mich sahen sie alle gleich aus. Mein Vater musste kommen und mir die verschiedenen Pflanzen erklären. Erst als die kleinen Blümchen hervorbrachen und sich in Früchte verwandelten, konnte ich klar sagen, was jede war. Dann konnte ich eine nach der anderen dieser verschiedenen Früchte und Gemüse, die da wuchsen, identifizieren.

Dann kam der gute Teil an der ganzen Sache: Die Früchte ablesen und so viele davon essen, wie ich mochte. Aber ich hatte keine Ahnung, dass nicht jede Frucht auch wirklich zum Essen bestimmt war. So erinnere ich mich noch gut daran, dass ich eines Tages eine Hand voll herrlich aussehender, roter Beeren zu mir nahm! Nur ein paar Bissen und es dauerte nicht lange, bis mein Mund mit diesem schrecklich bitteren Geschmack erfüllt war! Es war das Schlimmste, was ich je geschmeckt hatte! Ich konnte diesen Geschmack für den Rest des Tages nicht loswerden. Gott sei Dank spuckte ich die Beeren sofort wieder aus, denn später fand ich heraus, dass diese spezifischen Beeren sogar giftig sind.

Waren diese Beeren Früchte? Aber sicher waren sie das! Wuchsen diese Beeren an einem echten Strauch? Ja, natürlich taten sie das. Ich würde richtig liegen zu behaupten, dass diese Beeren Früchte sind. Aber wer würde sie essen wollen? Ich lernte, dass nicht alles, was eine Frucht ist, gut für mich ist.

Nun, was will ich mit dieser kleinen Geschichte aussagen? Als Prophet bist du dazu berufen, Samen in die Herzen von Gottes Volk zu pflanzen und gesunde, süsse Frucht hervorzubringen. Nicht nur das, sondern deine Frucht sollte auch bleiben und weiterhin ihre Leben bereichern und nähren, und durch sie wiederum auch Frucht reproduzieren. Aber ich wage zu behaupten, dass es in der Gemeinde heute viele unreife Propheten gibt, die Samen pflanzen, welche Früchte hervorbringen, die wie diese schrecklichen Beeren schmecken!

Nun, wenn du irgendeine Offenbarung oder einen Samen beurteilen willst, der in die Herzen von Gottes Volk gepflanzt wurde, dann fängst du am besten damit an, die Frucht anzusehen, die das Wort produziert hat.

### Schlechte Frucht

Okay, beantworte mir diese Frage, ohne auf meine Antwort unten zu schielen:

> „Was sind die Merkmale einer bitteren Frucht? Wie würde ich identifizieren, dass eine Frucht bitter ist, wenn ich das nächste Mal eine Offenbarung empfange oder höre?"

Wenn du das Wort ein bisschen studiert hast, dann bist du wahrscheinlich mit diesen Schriftstellen vertraut: (Wenn nicht, schreibe dir die Stellen auf, schaue sie dir in einem ruhigen Moment an und bitte Gott um weitere Offenbarung.)

Du wirst deine Antwort genau hier finden:

> *„Offenbar aber sind die Werke des Fleisches; es sind: Unzucht, Unreinheit, Ausschweifung, 20 Götzendienst, Zauberei, Feindschaften, Hader, Eifersucht, Zornausbrüche, Selbstsüchteleien, Zwistigkeiten, Parteiungen, Neidereien, Trinkgelage, Völlereien und dergleichen. Von diesen sage ich euch im voraus, so wie ich vorher sagte, daß die, die so etwas tun, das Reich Gottes nicht erben werden."*
>
> *~ Galater 5,19-21*

> *„Wenn wir durch den Geist leben, so laßt uns durch den Geist wandeln! Laßt uns nicht nach eitler Ehre trachten, indem wir einander herausfordern, einander beneiden!"*
>
> *~ Galater 5,25-26*

Und dann für den Fall, dass du mir noch nicht geglaubt hast, sind hier noch ein paar weitere Verse, um dies zu bekräftigen:

> *„Der Dieb kommt nur, um zu stehlen und zu schlachten und zu verderben. Ich bin gekommen, damit sie Leben haben und es in Überfluß haben."*

*~ Johannes 10,10*

*„Und achtet darauf, daß nicht jemand an der Gnade Gottes Mangel leide, daß nicht irgendeine Wurzel der Bitterkeit aufsprosse und euch zur Last werde und durch sie viele verunreinigt werden."*

*~ Hebräer 12,15*

*„Denn wo Eifersucht und Eigennutz ist, da ist Zerrüttung und jede schlechte Tat."*

*~ Jakobus 3,16*

Hast du dir die Bibelstellen herausgeschrieben? Du wirst überrascht sein, was für eine Offenbarung und Einsicht dir der Heilige Geist geben wird, wenn du diese Verse genauer anschaust.

Was sind die Merkmale einer bitteren Frucht? Die Antwort auf deine Frage wäre:

Die Merkmale schlechter Frucht sind:

1. Diebstahl
2. Streit, Unfriede
3. Zerstörung
4. Angst
5. Lust
6. Verwirrung
7. Trennung
8. Rebellion
9. Bitterkeit

# Prophetische Offenbarung beurteilen

10. Verführung (Zauberei)
11. Streit, bringt den Hörer dazu stolz, arrogant und neidisch zu werden.

Das ist eine ziemlich lange Liste, nicht? Jede einzelne schlechte Frucht reflektiert jedoch Finsternis und das Gegenteil der Natur von Jesus Christus. Wenn die Offenbarung, die du weitergibst oder die Offenbarung, die du hörst, eine dieser Früchte trägt, dann lehne sie ab! Es spielt keine Rolle, was das Wort aussagte oder ob es Sinn machte. Es heisst nicht, nur weil etwas wie eine Frucht aussieht, dass es auch gut zu essen ist! Wenn du ein solches Wort empfängst, dann wirst du schlussendlich seinen bitteren Fluch in dein Herz aufnehmen und jede der Früchte ernten, die ich aufgelistet habe.

### *Gute Frucht*

Nun weisst du also, wie eine schlechte Frucht aussieht. Wie sieht denn eine gute Frucht aus? Die bittere Beere, die ich ass, hinterliess für einige Zeit danach einen sehr sauren Geschmack in meinem Mund, aber nicht alle Früchte, die ich ass, waren schlecht. Eine meiner Lieblingspflanzen, die wir aufzogen, war ein kleiner Cherry-Tomatenbusch. Dieser kleine Busch brachte die süssesten kleinen Tomaten hervor, die ich je geschmeckt hatte! Ich beobachtete ihn täglich, um zu sehen, ob neue Tomaten an seinen Zweigen gereift waren und damit ich keine einzige verpasste. Ich war begierig nach diesen Tomaten und verzehrte jede einzelne genüsslich!

Als ein Prophet kannst du hoffen, dass Menschen deinen Dienst so sehen. Könnte der Hauptgrund dafür sein, dass Menschen nicht empfangen, was du ihnen mitteilst, dass du bittere Frucht verteilst? Stelle dir einmal für einen Moment lang vor, dass du in ihnen Frucht produzieren würdest, wie dieser Cherry-Tomatenbusch! Du müsstest wie Jesus sein und den Leuten aus dem Weg gehen, weil sie in Scharen zu dir hinströmen würden, um noch mehr ... und mehr ... und mehr zu bekommen! Sie würden nicht eine einzige Sache, die du mitteilst, verpassen wollen.

Was produziert ein Dienst daher, wenn die Frucht gut ist? Schaue dir diese Richtlinien an: (Schreibe auch diese Bibelstellen heraus und sieh, ob du diese Früchte in deinem geistlichen Leben identifizieren kannst. Sei mit dir selber ehrlich, belehrbar und offen für Korrektur. Je schneller du willig bist, dich verändern zu lassen, umso schneller wirst du durch die prophetische Vorbereitung kommen!)

> *„Die Frucht des Geistes aber ist: Liebe, Freude, Friede, Langmut, Freundlichkeit, Güte, Treue, Sanftmut, Enthaltsamkeit. Gegen diese ist das Gesetz nicht gerichtet.*
>
> *Die aber dem Christus Jesus angehören, haben das Fleisch samt den Leidenschaften und Begierden gekreuzigt. Wenn wir durch den Geist leben, so laßt uns durch den Geist wandeln!"*
>
> *~ Galater 5,22-25*

> *„Das Endziel der Weisung aber ist Liebe aus reinem Herzen und gutem Gewissen und ungeheucheltem Glauben."*
>
> ~ 1.Timotheus 1,5

Was produziert also ein Dienst, wenn die Frucht gut ist?

Die Antwort zu dieser Frage wäre dann:

Die Merkmale einer guten Frucht sind:

1. Freude
2. Friede
3. Geduld
4. Freundlichkeit
5. Treue
6. Demut
7. Glaube
8. Hoffnung
9. Liebe

Wenn du in den kleinen Garten zurückgehen müsstest, den du in die Herzen von Gottes Volk gepflanzt hast, welche Frucht würdest du vorfinden? Würdest du vorfinden, dass Menschen, die dein Wort gehört haben, angesteckt werden, einander zu lieben? Brachtest du Frieden? Hat dein Wort in ihnen bewirkt, dass sie anfangen, miteinander zu argumentieren? Oder hat es sie dazu gebracht, dass sie ihre Herzen wie noch nie zuvor vereint haben?

Als ein Prophet hast du die Macht in deinen Worten, gute oder schlechte Frucht hervorzubringen. Welche wird es sein, Prophet Gottes?

*Einige Beispiele*

Es gab eine Situation bei AMI, in der uns eine Frau um Hilfe bat. Ihre Gemeinde hatte eine bestimmte Prophetin aufgenommen, die von sich behauptete, die Gabe zu haben, Gespräche anderer in der Gemeinde abzuhören. Diese Prophetin sagte, dass sie gewisse Gemeindemitglieder im Geist belauscht hätte, die negative Dinge über sie (die andere Frau) gesagt hätten. Der erschreckende Teil dieser Offenbarung war, dass sie korrekt war!

Du kannst dieses Wort also nicht nach seiner Genauigkeit beurteilen, nicht? Es war eine Frucht! Diese Offenbarung kam wirklich von einem Baum und sah aus wie eine Frucht. Leider war diese Frucht aber bitter, denn sie erzeugte in der Frau, dass sie gegenüber ihren Brüdern und Schwestern bitter wurde. Als diese dämonische 'Salbung' sich in der Gemeinde ausbreitete, kam es soweit, dass Mitglieder aus der Versammlung herumgingen und erzählten: „Du achtest besser gut darauf, was du über mich erzählst, weil Gott es mir sagen wird!"

So kam Angst in die Gemeinde hinein, denn jedermann war voller Furcht, dass vor allen Ohren aufgedeckt würde, was er in seinen eigenen vier Wänden reden würde.

Diese 'Salbung' war eine Verführung und ihre Frucht war wirklich sehr, sehr bitter. Sie riss diese Gemeinde auseinander! Das ist nicht Gott. Der Herr Jesus arbeitet nicht auf diese Art. Er bringt nie Zerstörung unter Seine Schafe und Er verabscheut Bitterkeit, weil es allem, was Er ist, vollkommen entgegengesetzt ist. Nun, wenn wir unsere Liste nehmen, die wir vorher angesprochen haben, welche Früchte brachte dieses Wort hervor?

(Hier ist noch einmal die Liste für dich, auf die du dich beziehen kannst: Die Merkmale von schlechter Frucht sind: Diebstahl, Streit, Zerstörung, Angst, Lust, Verwirrung und Trennung, Rebellion, Bitterkeit, Verführung (Zauberei), Streit – bringt den Hörer dazu stolz, arrogant und neidisch zu werden)

Dieses Wort produzierte:

1. Angst
2. Verwirrung
3. Trennung
4. Bitterkeit
5. Verführung (Zauberei)
6. Brachte den Hörer dazu, stolz und arrogant zu werden

Diese 'Offenbarungen' produzierten schlechte Frucht!

Nun gab es eine andere Situation, die vor mich gebracht wurde, die dieses Konzept aus einem anderen Blickwinkel betrachtet. Ich erhielt eine Prophetie zur Beurteilung, in der ein Prophet eine Vision sah. In dieser Vision wurde eine Welle von Herrlichkeit über die Erde ausgegossen. Dazu gab er eine Prophetie und sagte: „Der Herr giesst eine neue Salbung auf Seine Leute aus, aber sie fällt nur auf diejenigen, welche auserwählt und gerecht genug sind und in Amerika leben!"

Dieses Wort brachte Verwirrung und auch Verdammnis, weil die Hörer ihre Erlösung hinterfragten, indem sie sich wunderten, ob sie wohl für Gott gut genug seien, damit Er sie segnet. Nun, die Offenbarung war von Gott, aber der Prophet fügte dem ein paar Dinge hinzu, die er dachte, Gott hätte sie vergessen! So schade wie das auch ist, musste dieses Wort abgelehnt werden, auch wenn die Wurzel von Gott war. Indem der Prophet seine eigenen voreingenommenen Ideen hinzufügte, befleckte er die gute Frucht und so wurde sie sauer.

Welche Art von Frucht produzierte diese Offenbarung?

1. Verwirrung und Trennung
2. Es brachte die Hörer dazu, stolz und arrogant zu werden, falls sie ein Teil 'der Auserwählten' waren.

Nun, nicht jede Frucht, die gesät wird, ist schlechte Frucht! Überhaupt nicht, es gibt wirklich viele Propheten, die es richtig machen und hoffentlich bist du daran, einer von ihnen zu werden! Hier ist ein Beispiel von jemandem, der es richtig machte.

Wir unterhielten uns mit einem anderen befreundeten Apostel über eine Offenbarung, die wir für ihn empfangen hatten. Wir teilten ihm mit, dass Gott ihn berufe, in lokale Gemeinden zu gehen, um ihnen die Wahrheit zu bringen. Wir sahen den Schuss einer Schleuder im Geist und teilten ihm mit, wie er von Gott benutzt werden würde, um andere Dienste auszusenden. Wir sagte ihm auch, dass er Widerstand erfahren würde, aber dranbleiben solle.

In den Bereichen, in denen dieser Apostel vorher zu schüchtern war, um herauszutreten, war dies nun die Bestätigung, die er brauchte. Nicht lange nachdem er dieses Wort empfing, ging dieser Apostel in lokale Gemeinden in verschiedenen Gegenden und als er dort hinging, predigte er die Wahrheit und brachte sehr viel Segen in diese Gemeinden. Dann sandte Gott ihm andere Menschen, die er trainieren und aussenden konnte.

Er war also nicht nur motiviert, hinauszugehen und die Arbeit zu tun, sondern er produzierte weitere Frucht in den Menschen, denen er diente.

Er gab ihnen Hoffnung, identifizierte ihre Berufungen und konnte ihnen Richtungsweisung geben. Er fing an, Einheit und Richtungsweisung in den Gemeinden hervorzubringen, in die er ging.

Nun, was für eine Frucht produzierte dieses Wort?

(Lass mich dir hier noch einmal die vollständige Liste der guten Früchte geben. Die Merkmale einer guten Frucht sind: Freude, Friede, Geduld, Freundlichkeit, Treue, Demut, Glaube, Hoffnung, Liebe.)

Dieses Wort produzierte:

1. Liebe
2. Freude
3. Treue
4. Glaube
5. Hoffnung

**Beurteile also die Frucht!** Sieh, welche Auswirkung diese Samen, die du in deinem eigenen Leben und im Leben anderer pflanzt, haben. Wenn du in den Menschen, denen du dienst, eine Fülle von Glaubens-, Hoffnungs- und Liebesbäumen hervorsprossen siehst, dann freue dich, weil du wirklich ein guter Verwalter bist und das prophetische Mandat, das Gott dir gegeben hat, erfüllst!

## *Schritt 2: Die Frucht im Propheten*

Als ich noch zur Schule ging, hatte ich eine Lehrerin, die bekannt dafür war, eine Rassistin zu sein. Sie lehrte mich Afrikaans (Afrikaans war zu der Zeit eine der zwei Hauptsprachen in Südafrika). Was mich immer wieder erstaunte, war ihre Fähigkeit, in alles, was sie uns lehrte, ihre falschen Ansichten hineinzusäen.

Ich denke, die meiste Zeit merkte sie es gar nicht, als sie das tat. Ihr Herz war einfach so voller Bitterkeit, dass du nur mit ihr reden musstest und es kam sofort heraus. Sogar in einem harmlosen Fach wie Afrikaans verseuchte sie die Lektionen mit ihrer verzerrten Ideologie.

# Prophetische Offenbarung beurteilen

Wenn wir jetzt das Beispiel dieser Lehrerin nehmen, können wir uns fragen, ob ihre Ideologie die Regeln von Afrikaans verändert hat? Hat ihre Bitterkeit die Sprache oder die Grammatik verändert? Nein, überhaupt nicht. Die Prinzipien, die sie uns über diese Sprache lehrte, waren einwandfrei und auch gemäss dem Lehrplan. Aber ihre Sicht der Dinge und ihre schlechte Haltung machten es schwierig, ihre Lektionen durchzustehen und zu empfangen.

Einige Propheten sind genau so. Sie haben die Fähigkeit, vom Herrn zu hören und haben vielleicht sogar die Wahrheit weitergegeben, aber ihre Herzen sind voller Bitterkeit und Sünde und so wird das, was sie von Gott empfangen haben, verfärbt. Erinnerst du dich an die Liste, die ich dir über die Merkmale der schlechten Frucht gegeben habe? Nun, ich habe eine schwierige Frage an dich: „Welche dieser schlechten Früchte siehst du in deinem Leben?"

Du bist der Einzige, der diese Frage beantworten kann und wenn du willig bist, dich verändern zu lassen, dann bitte den Heiligen Geist darum, dass Er dir die Augen für die Wahrheit öffnet. Wenn schlechte Früchte in deinem Herzen sind, dann müssen sie ausgerissen werden und zwar schnell! Warum ist das so? Spielt es wirklich eine Rolle, ob da Dinge in deinem Leben vorhanden sind, die falsch sind?

Kommt es darauf an, ob du in Sünde lebst? Wie kann dein Problem mit Bitterkeit oder Lust die Offenbarungen, die du bekommst, beeinträchtigen?

Was du wissen musst ist, dass das Problem nicht das Empfangen von Offenbarungen ist, sondern das Weitergeben der Offenbarung. Es ist diese schlechte Frucht in deinem Herzen, die die Samen, die du in die Herzen von anderen pflanzt mit Dingen verunreinigt, die nicht von Gott sind.

### *Äpfel oder saure Trauben?*

Eine Prophetin teilte uns einmal ihre Offenbarung mit, die sie von Gott für jedes apostolische Teammitglied von AMI bekommen hatte. Das Wort war einwandfrei und so nahmen wir es an. Nur einen Tag später stritten wir alle miteinander und niemand wusste genau wieso. Es begannen auch Dinge in unseren Leben falsch zu laufen und wir hatten plötzlich finanzielle Verluste. Dies blieb so, bis wir alle innehielten und den Herrn fragten, was da los war.

Der Herr erinnerte uns an die Offenbarung, die wir von dieser Prophetin empfangen hatten. Wir trennten die geistliche Verbindung zu ihr und lehnten die Worte ab, die sie über uns ausgesprochen hatte. Der Fluch verschwand sofort, es kehrte wieder Frieden ein und unsere Finanzen waren innerhalb der nächsten Stunden freigesetzt!

Die Worte, welche diese Frau ausgesprochen hatte, waren wirklich echte Offenbarungen von Gott gewesen, aber leider hatte diese Prophetin vielen verschiedenen Menschen gegenüber eine Menge Bitterkeit in ihrem Herzen und stand auch in Rebellion gegenüber der Autorität, die zu dieser Zeit über sie gesetzt war. Die schlechte Frucht in ihrem Leben brachte einen Fluch hervor, der auf uns kam, als sie das Wort über uns aussprach. Plötzlich machte der Bibelvers Sinn, den ich vorher schon einmal erwähnt habe!

> *„Und achtet darauf, dass nicht jemand an der Gnade Gottes Mangel leide, dass nicht irgendeine Wurzel der Bitterkeit aufsprosse und euch zur Last werde und durch sie viele verunreinigt werden."*
>
> *~ Hebräer 12,15*

Wir verstanden plötzlich sehr wohl, wie man von einer bitteren Wurzel verunreinigt werden kann. So macht es auch vollkommen Sinn, wenn Paulus zu Timotheus sagt:

> *„Die Hände lege niemand schnell auf, und habe nicht teil an fremden Sünden! Bewahre dich selbst rein!"*
>
> *~ 1. Timotheus 5,22*

Noch einmal, kannst du erkennen, dass es nicht die Worte sind, die du sprichst, sondern der Geist, in dem du sprichst? Mir werden oft prophetische Worte geschickt, um sie zu beurteilen und das Erste, auf das ich dabei achte, ist: „Welche Frucht produziert dieses Wort?" und dann: „Welche Frucht sehe ich in diesem Propheten?"

Wenn ich das Wort des Propheten lese und mich motiviert und inspiriert fühle, dann weiss ich, dass er unter der Salbung des Heiligen Geistes gesprochen hat. Und wenn der Heilige Geist seine Worte salbt, dann spricht der Prophet für Ihn! Der Geist dieser Offenbarung ist der Geist Christi.

Wenn ich eine Salbung auf seiner Prophetie wahrnehme, dann heisst das auch, dass sein Geist richtig ist vor Gott. Ich bin sehr sensibel, wenn es darauf ankommt, die Geister zu unterscheiden und ich kann den Geist auf den Worten einer Person sofort erkennen, bevor ich einen Blick darauf werfe, was die eigentliche Aussage ist.

Wenn ich Bedrückung spüre, dann weiss ich, dass etwas im Leben dieser Person falsch ist und egal wie genau ihr Wort auch sein mag, ich rate ihr, es abzulehnen und ihr Herz aufzuräumen, bevor sie es das nächste Mal versucht.

Ich folge nur dem Beispiel, das Jesus uns in Matthäus 7,15-20 zeigt:

> *„Hütet euch vor den falschen Propheten, die in Schafskleidern zu euch kommen! Inwendig aber sind sie reissende Wölfe.*
>
> *An ihren Früchten werdet ihr sie erkennen. Liest man etwa von Dornen Trauben oder von Disteln Feigen? So bringt jeder gute Baum gute Früchte, aber der faule Baum bringt schlechte Früchte.*

> *Ein guter Baum kann nicht schlechte Früchte bringen, noch kann ein fauler Baum gute Früchte bringen. Jeder Baum, der nicht gute Frucht bringt, wird abgehauen und ins Feuer geworfen. Deshalb, an ihren Früchten werdet ihr sie erkennen."*

Du wirst eine Person an ihrer Frucht erkennen und nur schon durch diese Einschätzung wirst du wissen, ob du solch ein Wort annehmen oder ablehnen sollst. Wenn ein Prophet in Sünde lebt, dann sollte ihm nicht erlaubt werden, aufzustehen und für Gott zu sprechen! Ich weiss, dass das für viele hart klingen mag, aber du musst verstehen, dass die Leben von Gottes Volk auf dem Spiel stehen.

Was erhoffst du dir, als Prophet zu erreichen? Falls du bis jetzt in diesem Buch drangeblieben bist, dann bist du der Typ Prophet, der sich wünscht, die Gefangenen freizusetzen und Worte auszusprechen, die Ketten sprengen und Leben bringen! Aber bevor du die Ketten von anderen sprengen kannst, musst du selber freigesetzt sein. Fühle dich nicht als Versager, wenn du um Hilfe bitten musst oder wenn du zu deinem Pastor oder Mentor gehen musst, um im Gebet all diese inneren Konflikte anzugehen und sie zu bewältigen.

Ich empfehle dir, die Serie *The Crucified Life* anzuhören. (erhältlich im AMI-Bookshop: www.ami-bookshop.com) Diese Botschaften werden dir Schritt für Schritt helfen, all diese Bereiche und Verletzungen in deinem Leben zu überwinden. Gehe diese Themen wie Bitterkeit, Rebellion und Ärger in deinem Leben an, bevor du zu dienen beginnst. Du sollst wirklich an deiner Frucht erkannt werden und so wie du dich dem Kreuz unterordnest, bete ich, dass du in deinem Geist gute und gesunde Erde schaffst, so wie Jesus das in Lukas 8,15 sagt:

> „Das in der guten Erde aber sind die, welche in einem redlichen und guten Herzen das Wort, nachdem sie es gehört haben, bewahren und Frucht bringen mit Ausharren."

### Schritt 3: Frucht des Erlösers

Das Leben ist nicht immer voller wunderbarer Erfahrungen und als ich ein Kind war, lernte ich, dass Leute ihre eigenen Pläne und Motivationen haben. Craig und ich waren durch eine schwierige Übergangszeit in unserem Dienst hindurchgegangen, in welcher der Herr uns führte, auf der ganzen Welt zu dienen. Dies bedeutete, dass der Herr einige Personen von uns trennen musste, die diesen neuen Schritt nach vorne ablehnten.

Es war eine schwierige Zeit für mich und ich hatte diese E-Mail nicht erwartet, in welcher stand, was für eine schreckliche Person Craig war. Sie sagten, dass er arrogant und dominant war und dass er versuchte, das Rampenlicht und die Ehre für das zu erhalten, was ihnen zustand.

Ich war am Boden zerstört! Kannten diese Personen meinen Ehemann nicht? Wie konnten sie sagen, dass sie ihn kannten und solche Lügen über ihn erzählen?

Alle, die Craig so kennen, wie ich ihn kenne, wüssten, dass er der fürsorglichste Vater und Ehemann auf der ganzen Welt ist!

Ich bin nicht wirklich der Typ Person, die „lebt und andere leben lässt". (Ja ... ich bin ein Prophet!) Ja, ich wandelte wahrscheinlich nicht im Geist, als ich meine Antwort schrieb, aber ich musste dies richtigstellen! Wussten sie nicht, welchen Preis er bezahlt hatte, um das Werk des Herrn zu tun? Konnten sie nicht sehen, dass er sein Leben immer und immer wieder für Gottes Familie hingegeben hatte?

Ist es nicht komisch, wie Menschen andere falsch einschätzen können? Sie hatten meinen Ehemann schon während vielen Jahren gekannt, aber sie hatten ihn nicht wirklich kennengelernt. Ihre Gedanken waren so voll von ihrer eigenen Bitterkeit und ihren vorgefassten Meinungen, dass sie die Wahrheit nicht erkannten, sondern ihn nach ihrer inkorrekten Einschätzung beurteilten.

Wir können das von Menschen, die in der Welt leben, fast erwarten, aber weisst du, dass Christen ihren Herrn genauso behandeln? Wie lange bist du schon errettet? Kannst du wirklich sagen, dass du Jesus kennst? Ich bin immer wieder erstaunt darüber, dass Propheten zu uns kommen, die schon über 20 Jahre errettet sind, aber wenn sie sprechen, erkennst du, dass sie Jesus nicht kennen.

Klar, sie kennen ihn vom Wort her und sie kennen ihn durch ihre Bekehrung, aber sie kennen ihn nicht auf eine vertraute Weise und haben Seine zarte Stimme für sich selber nicht gehört. Der dritte Schritt, um ein prophetisches Wort zu beurteilen ist, dir selber folgende Frage zu stellen:

„Würde Jesus so etwas zu mir sagen?"

Wenn du diese Frage nicht ehrlich beantworten kannst, dann musst du vielleicht damit anfangen, Ihn besser kennenzulernen. Wenn du in deinem Leben Seine Stimme nicht einfach erkennen kannst, Seinen Charakter und die Art, wie Er spricht, nicht kennst, dann kannst du auch Offenbarungen nicht korrekt beurteilen.

### *Seine Stimme kennen*

Wenn wir in einer grossen Masse von Menschen sind, dann ist es einfach für mich, meinen Mann darunter ausfindig zu machen.

Er ist die Person mit dem südafrikanischen Akzent und dem herzlichen Lachen. Er ist der, der normalerweise herumalbert und grundsätzlich Leben und Stimmung in jede Party bringt. Ich kenne den Ton seiner tiefen Stimme und alles, was ich tun muss, wenn ich ihn in der grossen Masse suche, ist, dem Klang seiner Stimme zu folgen. Ich weiss, wie er sich anhört und wie er spricht. Craig ist auch der Typ, der nie schwierige Sprache und komplizierte Ausdrücke verwendet. Er liebt es, Dinge einfach zu erklären und lehrt Kinder mit grosser Weisheit. Deswegen benutzt er immer einfaches Englisch.

Manchmal spricht Craig auch in verschiedenen Akzenten, wenn er herumalbert. Wenn er das tut, dann weiss ich, dass er vorgibt, jemand anderes zu sein, weil der Craig, den ich kenne, Südafrikaner ist und mit einem südafrikanischen Akzent spricht.

Wenn nun ein Prophet aufsteht und spricht, kannst du die Stimme des Herrn hören? Kennst du die Stimme Jesu persönlich gut genug, dass du weisst, wie Er sprechen würde? Wenn ich jemanden in dieser Gruppe in kompliziertem Englisch oder mit russischem Akzent sprechen hören würde, dann wüsste ich, dass das nicht Craig ist. Warum? Nun, ganz einfach ... Craig spricht nicht so!

Wie kommst du an den Punkt, die Stimme des Herrn so gut zu kennen? Ich werde dich in den nächsten Kapiteln an den geheimen Ort führen. Aber lass mich dir nun zuerst einmal ein paar praktische Tipps geben, wie du die Stimme des Herrn kennenlernen kannst und herausfindest, wann Er durch eine andere Person spricht.

### *Das Wort*

Als erstes, lies die Bibel! Ich weiss, dass Propheten es schwierig finden, genug lange auf die Erde herunterzukommen, um sich ins Wort zu vertiefen. Aber entscheide dich dazu, das Wort täglich zu lesen. Eine gute Übung dazu könnte sein, ein Kapitel der Sprüche und fünf Kapitel der Psalmen zu lesen. Lies das Kapitel der Sprüche, das dasselbe Datum hat, wie der Tag, an dem du beginnst.

Wenn du zum Beispiel am 21. Tag des Monats hinsitzt, um zu lesen, dann schlage deine Bibel bei den Sprüchen 21 auf.

Dann tust du dasselbe mit den Psalmen. Lies Psalm 21 und wenn du ihn gelesen hast, überspringe 30 Psalmen und du landest bei Psalm 51. Wenn du diesen gelesen hast, dann überspringe wieder 30 Psalmen und lies dann denjenigen. Das wäre dann Psalm 81. Mache weiter, bis du das letzte Kapitel von den gesamt 150 Psalmen erreichst. In diesem Fall wäre das Psalm 141. Am nächsten Tag beginnst du dann damit, Sprüche 22 und Psalm 22 zu lesen. Wenn du das jeden Tag tust, braucht es dich 30 Tage, um die ganzen zwei Bücher durchzulesen und es wird dein geistliches Leben bereichern.

Wenn du genügend Zeit zur Verfügung hast, dann ist eine andere Übung, die Evangelien fünf Mal in einem Monat durchzulesen. Diese Übung revolutionierte mein geistliches Leben und bei dir wird dasselbe passieren. Es ist ziemlich viel zum Lesen, aber wenn du es durchziehst, wird die Belohnung für immer mit dir sein. Das kann bedeuten, bis zu 13 Kapitel pro Tag zu lesen und somit bis zu zwei Stunden Zeit pro Tag zu investieren. Wenn der Herr dir die Wichtigkeit des Neuen Testaments aufgezeigt hat und du den Eindruck hast, dich darin vertiefen zu müssen, dann entscheide dich dazu, diese Übung zu machen. Ich verspreche dir, dass du nicht enttäuscht wirst.

Wenn du dein Herz mit Gottes Wort füllst, wirst du anfangen, Seinen Charakter zu spüren. Erinnerst du dich daran, als du das erste Mal verliebt warst und du die kleinen Liebesbriefe, die dir dein Freund oder deine Freundin geschrieben hat, immer wieder gelesen hast? Ich erinnere mich, dass ich Craig ganz viele davon schrieb und ich behielt alle Gedichte auf, die er mir schrieb. Wenn ich über diesen Gedichten und Liebesbriefen nachsann und sie immer wieder durchlas, fielen mir Dinge an ihm auf, von denen er nicht den Mut hatte, sie zu sagen.

Wenn du erst am Anfang einer Beziehung stehst und ihr die ersten Male miteinander ausgeht, dann bist du unsicher und ängstlich, nicht zu schnell zu viel von dir preis zu geben. Aber in diesen Gedichten von Craig sah ich, was er wirklich dachte und fühlte. Das Wort zu lesen ist genau so. Wenn du den langen Liebesbrief vom Herrn an dich liest, dann wirst du Ihn auch auf eine intime Weise kennenlernen.

## Praktiziere Seine Gegenwart

Es ist auch wichtig, die Stimme des Herrn jeden Tag neu zu hören. Es ist nicht gut genug bis Sonntag zu warten, um in den Geist zu kommen. Ich habe bereits die Vorzüge vom Journaling angepriesen, aber ich werde sie hier noch einmal anpreisen. Journale täglich! Wenn du an den Punkt kommst, an dem du Ihn immer hörst, dann wirst du Ihn auch erkennen, wenn Er ruft.

Eine andere praktische Übung, die dir helfen wird, ist eine Übung, die ich 'Praktiziere Seine Gegenwart' nenne. Die Übung ist einfach, aber sehr effektiv! Wenn du durch den Tag gehst, nimm Jesus mit. Sei dir einfach immer Seiner Gegenwart bewusst. Er weicht nie von deiner Seite und begleitet dich zur Arbeit, hilft dir die Kinder zu versorgen und schaut sich deinen neuen Kleiderwunsch an, auf den du ein Auge geworfen hast. Also sei nicht ängstlich, Ihn in alles miteinzubeziehen.

Ich erinnere mich, als mich dieses Konzept das erste Mal faszinierte. Ich schleppte Jesus überall hin mit! Ich zeigte Ihm das neue Kleid, das ich mir kaufen wollte und bat Ihn darum mir zu helfen, die Kinder ins Bett zu bringen, damit ich ein wenig Ruhe hatte. Weisst du was? Es wurde Ihm dabei nie langweilig, sich meine Ideen und Wünsche anzuhören.

Ich lief nicht herum und quengelte Ihm die ganze Zeit die Ohren voll oder bat Ihn um etwas. Ich behandelte Ihn einfach wie meinen besten Freund, der mich an diesem Tag begleitete. Ich teilte Ihm meine Ängste mit und sagte Ihm, wie ich mich fühlte, wenn mich jemand zurechtwies. Ich erzählte Ihm lang und breit, wie ich mich fühlte, als ich auf einmal bemerkte, dass ich die pfirsichfarbenen Tücher anstatt der grünen hätte kaufen sollen. Klingt das nicht verrückt? Nein, überhaupt nicht, es war der Anfang einer wundervollen, intimen Freundschaft mit Ihm.

Indem ich lernte, mir Seiner Gegenwart bewusst zu sein, fand ich heraus, was für eine Person Er war.

Wenn nun ein Prophet aufsteht und sagt: „Gott ärgert sich über dich und Er wird dich richten.", dann sage ich: „Wie ich sehe, kennst du meinen Vater nicht. Weil wenn du Ihn kennen würdest, dann wüsstest du, dass Er der liebevollste Vater der Welt ist, der sich um mich kümmert!" Es ist wirklich so einfach und Offenbarung zu beurteilen ist so einfach.

## Schritt 1-2-3

Lass und also kurz die Hauptpunkte anschauen. (Fühle dich frei, diese Punkte abzuschreiben oder auszudrucken und sie zur Hand zu haben, damit du dich daran erinnern und dich in Zukunft darauf beziehen kannst).

Die Merkmale **schlechter Frucht** sind:

1. Diebstahl
2. Streit
3. Zerstörung
4. Angst
5. Lust
6. Verwirrung
7. Trennung
8. Rebellion
9. Bitterkeit
10. Verführung (Zauberei)
11. Streit, bringt den Hörer dazu, stolz, arrogant und neidisch zu werden

Die Merkmale einer **guten Frucht** sind:

1. Freude
2. Friede
3. Geduld
4. Freundlichkeit
5. Treue
6. Demut
7. Glaube
8. Hoffnung
9. Liebe

*Schritt 1*

a) Schreibe die Offenbarung auf oder liste die Hauptpunkte auf.
b) Wenn du die Liste der guten und schlechten Früchte anschaust, frage dich selber: „Welche Frucht produzierte diese Offenbarung?"

*Schritt 2*

Indem du dich auf die Liste der guten und schlechten Früchte beziehst, frage dich selbst:

a) Welche Frucht sehe ich in diesem Propheten?
b) Spüre ich Bedrückung, wenn dieser Prophet spricht oder spüre ich die Salbung?
c) Wenn du selber der Prophet bist, dann überprüfe dein Herz und wenn du noch neu darin bist, bitte einen reiferen Propheten oder deinen Pastor um Hilfe, den Geist zu unterscheiden wenn du etwas mitteilst. Sei offen für Korrektur und erlaube dem Heiligen Geist dich zu verteidigen, wenn du falsch

beurteilt wurdest, denn Sein Wort wird ganz sicher wie Gold im Feuer stehen!

## *Schritt 3*

Frage dich schlussendlich:

a) Stimmt dies erstens mit dem Wort überein?
b) Zweitens, da du Ihn persönlich kennst, würde Jesus so etwas sagen?

Denke immer daran, wie stark du auch immer mit deinem Verstand analysieren kannst, nichts ist genauer als die Gabe der Geisterunterscheidung und die Stimme des Heiligen Geistes.

Was spürst du in dir drin? Was sagt dein Urim und Thummim? Hast du zusätzliche Offenbarung durch eine Vision erhalten? Fühlst du dich betreffend dieser Offenbarung in deinem Geist gut?

Sei also bereit, zu jeder Zeit der Wächter zu sein, zu dem dich Gott berufen hat! Gebrauche diese Prinzipien für dich selber und dann gib sie anderen in der Gemeinde weiter. Ganz sicher solltest du dieses Buch deinem Pastor zeigen, wenn du nicht selber Pastor bist. Damit auch er die prophetischen Gaben in seinem Leben entwickeln kann.

Zusammenfassend, wenn du dir diese vier einfachen Fragen stellst, wirst du fähig sein, eine schnelle Einschätzung zu machen, wohin eine bestimmte Offenbarung gehört ...

## Kapitel 08

*In die Herzen von Gottes Volk*

**ODER**

vom Feuer verzehrt!

Colette Toach

TEIL 02 – PRAKTISCHE PROPHETISCHE REIFE

KAPITEL 09

# Die Liebe im Herzen des Propheten

*"Der Schlüssel zur prophetischen Reife"*

# Teil 02 – Praktische prophetische Reife

# Kapitel 09 – Die Liebe im Herzen des Propheten

## Der Schlüssel zur prophetischen Reife

Es gab Tage, an denen es schien, dass Mutter zu sein einfach bedeutet, eine Aufgabe nach der anderen zu erledigen. Zwischen Windeln wechseln, Essen geben und für jedes Rufen und Wollen da zu sein, kannst du deinen klaren Verstand verlieren bei all den Forderungen, die an dich gestellt werden. Aber dann kam ein Tag, an dem mein kleines Mädchen sich nicht gut fühlte und einfach nur zu mir gekrochen kam, um bei mir zu kuscheln und sich auf meinem Schoss für einen Moment geborgen zu fühlen.

In diesem kurzen Moment schmolz all die Arbeit, die ich für sie erledigt hatte, einfach dahin und alles, was ich sah, war ihr engelhaftes, kleines Gesicht. Es war in dem Moment, als unsere Augen sich trafen, als ich realisierte, dass sie mich als mehr wahrnahm, als nur ihren Windel-Wechsler und Fläschchen-Auffüller. Sie sah mich als Mutter, sie sah mich als jemanden, den sie liebte. Als ein natürlicher Elternteil gibt es keinen grösseren Lohn im Leben! Als ich so in ihr kleines Gesicht schaute, das mit solch einem Blick von Vertrauen und Bewunderung zu mir hochsah, spürte ich, wie der Herr sich fühlen muss, wenn wir Ihn so ansehen.

Ich konnte mir gut vorstellen, wie es dem Herrn ergeht, wenn Er manchmal hinter so vielen geistlichen und prophetischen Babys her rennt! Schon früh am Morgen ist alles, was Er zu hören bekommt: „Herr, ich will die Gaben! Herr, ich brauche mehr Salbung! Herr, ich habe eine Not! Herr, bitte gib mir den Wunsch meines Herzens!", und so wie der Herr gütig in Liebe gibt, kann ich mir vorstellen, dass auch Er auf diese kurzen Momente wartet, in denen du einfach als das kleine Kind auf Seinen Schoss gekrochen kommst und Ihn mit Vertrauen und Bewunderung anschaust und nichts anderes tun willst, als zu kuscheln!

Paulus erkannte das auch. Er schreibt wie wir ernstlich die Gaben begehren sollen und wie wir in ihnen funktionieren sollen, aber dann sagt er weiter:

> *„Eifert aber um die grösseren Gnadengaben! Und einen Weg noch weit darüber hinaus zeige ich euch."*
>
> *~ 1. Korinther 12,31*

Es ist genial die Gaben zu begehren - genau wie mein Baby - wenn sie nicht schreien würde, dann würde ich ihr Bedürfnis nicht kennen. Darum ja, es gibt eine Zeit, um zum Herrn zu schreien, aber dann gibt es auch eine

Zeit, damit aufzuhören und einen besseren Weg kennenzulernen. Als meine Kinder älter wurden, erkannten sie, dass sie nicht jedes Mal losschreien mussten, wenn sie etwas wollten. Tatsächlich wurde Jessica eine Meisterin in dem. Ich erinnere mich, als Craig die Mädchen einmal schalt, weil sie sich nicht gut benahmen und er ihnen deshalb nicht das gab, was sie wollten.

Sie schaute zu ihm auf mit ihren grossen blauen Augen und den langen Wimpern, klimperte mit ihren Augenlidern und sagte mit der Unschuld eines Engels: „Du hast Recht, Papi. Ich war falsch und du bist richtig." Diese klimpernden Augenlider und diese paar Worte nahmen Craig gleich den Wind aus den Segeln! Was konnte er noch sagen? Sie hatte das Trumpf Ass ausgespielt – sie zeigte Liebe! Unnötig zu sagen, dass Craig zum Opfer ihres Charmes wurde und sie es fertig brachte, dass der Wille ihres grossen, starken Vaters zu ihren Gunsten erschüttert wurde. Jessica war reifer geworden. Sie hatte gelernt, dass weinen und herumschreien nichts mehr nützten – sie hatte einen besseren Weg gefunden.

An diesem Tag hatte sie gelernt, dass sie, wenn sie etwas braucht oder etwas von uns möchte, es nicht durch Weinen oder Fordern bekommt, sondern in dem sie uns in Liebe bittet. Dies ist eine Lektion, die ein kleines Kind lernen kann, aber ich sage dir, es gibt viele Propheten in der Gemeinde, die immer noch wie Babys herumjammern und den mächtigsten Schlüssel, um im prophetischen Dienst funktionieren zu können, noch nicht kennengelernt haben. Dieser eine einfache Schlüssel ist das, was einen unreifen von einem reifen Propheten unterscheidet. Paulus sagt es so:

> *„Wenn aber das Vollkommene (das Reife) kommt, wird das, was stückweise ist, weggetan werden."*
>
> ~ *1. Korinther 13,10*

Was ist diese Reife, von der er spricht? Nun, wenn du den 1. Korinther 13 kennst, dann weisst du, dass die Reife, von der er spricht, die Liebe ist. Es gibt also noch einen Weg, wie wir die Stimme Gottes hören können und das ist ein ganzes Kapitel für sich. So werde ich jetzt dieses Kapitel mit einem mächtigen Konzept einführen. In diesem Konzept geht es darum, welche Rolle die Liebe in der Funktion des Propheten spielt.

Damit die Liebe die Art von Kraft hat, die dir als Prophet zur Verfügung steht, musst du zuerst Mauern wegschaffen. Einige dieser Mauern sind etwas, das zwischen dir und anderen Menschen steht. Und dann gibt es die Mauern, die du herunterreissen musst, die dich vor Gott verborgen haben. Beide Phasen können schmerzvoll sein, aber beide bringen solch eine Freiheit und Reife in deinen prophetischen Dienst. Renne also mit Eifer los und erlaube dem Heiligen Geist, dir alles in Erinnerung zu rufen, das Er aus dir herausnehmen möchte, wenn wir zuerst die Schutzmauern anschauen, die du aufgerichtet hast, um andere von dir fern zu halten.

## Die Liebe im Herzen des Propheten

Bevor du überhaupt das 'Unser Vater' lernst, ist einer der ersten Sätze, die du als Christ lernst, „Gott ist Liebe". Tatsächlich wird dieser Satz so oft gebraucht und gesagt, dass ich mich frage, ob überhaupt jemand seine wahre Bedeutung kennt. Denke darüber nach – was heisst er für dich? Ist es einfach ein Satz unter vielen oder berührt diese Aussage einige Herzenssaiten in dir?

Vielleicht bist du jetzt gerade in deinem Leben an einem Punkt angelangt, an dem der Herr dich näher zu sich ruft. Vielleicht führt dich der Herr immer wieder zu dem Punkt hin, dass du dein Herz anderen gegenüber öffnest. Das klingt erschreckend, nicht? Vollkommene Liebe treibt alle Angst aus und Gott ist Liebe. Angst kann nicht mit Liebe zusammen existieren. Angst kann nicht mit Gott zusammen existieren. Daher ist der erste Schritt, den du auf dieser Strasse machen wirst, loszulassen.

Du bist bis jetzt durch das Leben gegangen und hast immer auf eine gewisse Art und Weise auf bestimmte Dinge reagiert. Etwas ganz Wichtiges war für dich in diesem lebenslangen Plan, dass du geschützt warst, damit andere dich nicht verletzen. Du bist durch ein Leben mit so viel Schmerz und Leiden gegangen, dass du sehr gut gelernt hast, diesen Schmerz auszuschalten. Den Schmerz auszuschalten, der von anderen ausgelöst wurde.

Das Problem ist, indem du diese Mauern aufgerichtet hast, hast du auch den Herrn ausgeschlossen. Bevor der Herr also überhaupt an dein zartes Herz herankommt, muss Er zuerst ein bisschen von dieser Mauer abbröckeln, damit Er hineinkommt und Veränderung bringen kann. Bis diese Mauern nicht fallen, wirst du den besseren Weg nicht finden.

Um das Haus herum, in dem wir zurzeit wohnen, ist eine Mauer gebaut und wenn einmal ein Besucher kommt, dann können wir wegen der Mauer nicht einmal sehen, wer vor der Türe steht. Wir müssen zum äusseren Tor gehen und sehen, wer an die Türe klopft. Dasselbe ist mit den Mauern, die du um dein Herz herum gebaut hast, dein geistliches Zuhause. Wenn du nicht einmal andere hereinlassen kannst, wie kannst du dann erkennen, wenn der Herr an die Türe klopft?

Bis diese Mauern nicht eingestürzt sind, kannst du den Herrn nicht sehen. Alles, wozu du fähig bist, ist, über diese Mauer zu Ihm zu schreien und dann zu hören, was Er zurückschreit. Aber wie ich schon sagte ... es gibt einen besseren Weg!

Ich möchte jetzt das bekannteste Kapitel der Liebe Gottes anschauen, das wir vorher kurz angesprochen haben. Wenn ich damit fertig bin, hoffe ich, dass ich dir ein klares Bild gegeben habe, wie du zu diesem Ort der Weichheit und Zugänglichkeit kommst. Ich hoffe, dass ich dich dann ermutigt habe, an diesen speziellen Ort zu gehen, den der Herr für dich in deinem Dienst hat.

> *„Wenn ich in den Sprachen der Menschen und der Engel rede, aber keine Liebe habe, so bin ich ein tönendes Erz geworden oder eine schallende Zimbel.*
>
> *Und wenn ich Weissagung habe und alle Geheimnisse und alle Erkenntnis weiss und wenn ich allen Glauben habe, so dass ich Berge versetze, aber keine Liebe habe, so bin ich nichts."*
>
> ~ *1. Korinther 13,1-2*

Ich bin sicher, dass du bist jetzt mit all den Lehren über Glaube und Hoffnung vertraut bist. Glaube gibt dir die Macht freizusetzen und Hoffnung hält deinen Blick auf das Endresultat fixiert. Aber Liebe ist grösser als diese beiden. Warum? Warum wird Gott als ein Gott der Liebe angesehen? Wusstest du, dass es Seine Liebe war, die den Menschen am Anfang erschaffen hat? Er hauchte Sein Leben in ihn. Er gab dem Menschen einen Teil Seines Geistes. Er gab dem Menschen einen sehr speziellen Teil Seiner Selbst. Der Herr hat jedem von uns einen Teil Seines grossen Geistes der Liebe gegeben. Es war schon immer Sein Plan, dass wir diese Kraft in uns nutzen. Und dennoch tun es nur wenige. Die meisten fürchten sich.

Nun, ich kann mir vorstellen, wie du mir von der grossen Liebe erzählen wirst, die du für den Herrn hast. Klar, das bezweifle ich keinen Moment. Es ist einfach, Gott zu lieben. Er sagt dir nette Dinge. Er ermutigt dich, wenn du am Boden bist. Er ist immer für dich da. Aber das ist nicht die einzige Liebe, von der Er hier spricht. Die Liebe, von der der Herr hier spricht, ist auch unsere Liebe zu anderen. Ich kann dir gerade jetzt sagen, wenn du nicht eine ernsthafte Liebe für die Herde Gottes in deinem Herzen hast, dann wirst du in deinem Dienst nicht effektiv sein. Du wirst eine schallende Zimbel, ein tönendes Erz sein. Es wird nichts als nur leerer Lärm ohne Vollmacht in den Worten deiner Prophetien sein.

Deshalb wird jeder Gläubige, der zum Dienst berufen ist, mit dem Aufruf zur Liebe konfrontiert. Dem Aufruf, sich selber abzusterben. Vor allem im prophetischen Amt ist das erforderlich. Du kannst so lange prophetische Worte bringen, bis du blau im Gesicht bist, aber wenn hinter diesen Worten keine Agape Liebe von Gott ist, dann werden deine Worte in der Wüste austrocknen und fortgeblasen werden.

Wenn du in den Gaben und in Offenbarung gewirkt hast, wenn du gut im Geist geflossen bist und plötzlich austrocknest, dann sind die Chancen gross, dass du deine Seele mit der Liebe Gottes bewässern solltest. Siehst du, ohne Liebe, die mit Glaube und Hoffnung zusammen funktioniert, wirst du nur bis zu einem bestimmten Punkt auf deiner Kletterpartie kommen. Aber dann bleibst du stecken. Du magst vielleicht Glauben haben, der Berge versetzt, wie die Bibelstelle sagt, aber wenn du an diesen Punkt kommst, an dem du merkst, dass du ohne Liebe Nichts bist, dann wirst du zur Startlinie geführt. Willst du zum Gipfel gelangen? Willst du über die Norm hinausgehen und

Dinge im Königreich Gottes tun, vor denen andere zurückschrecken? Gehe zurück zur Liebe. Gehe zur wirklichen Wurzel aller Kraft und Macht, aller Stärke – gehe zum Herzen Jesu.

> *„Doch liebt eure Feinde, und tut Gutes, und leiht, ohne etwas wieder zu erhoffen! Und euer Lohn wird gross sein, und ihr werdet Söhne des Höchsten sein; denn er ist gütig gegen die Undankbaren und Bösen."*
>
> *~ Lukas 6,35*

Ich denke, viele Male übersiehst du diese Stelle einfach. Ich meine, du weisst, dass Gott uns geboten hat, das zu tun und du weisst, dass es das Richtige ist. Hey, manchmal beisst du sogar einfach die Zähne zusammen und zwingst dich selber dazu. Manchmal nimmst du dir so fest vor, diese schreckliche Person zu lieben, dass du dich fast selber davon überzeugt hast, dass du sie 'liebst'. Warum erwartet das der Herr von uns? Hat Er diese schreckliche Sache vielleicht von uns verlangt, um uns demütig zu halten? Vielleicht sagte Er das, um unsere Hingabe zu testen? Egal, Er hat es gesagt und wir gehorchen lieber! Ist dies die Art und Weise, wie du es siehst?

Gott hat immer einen Grund, wenn Er uns anweist, gewisse Dinge zu tun. Gott ist Liebe. Gott tut alle Dinge in Liebe, sei es im Segnen oder im Richten derjenigen, die gegen Sein Volk aufstehen. Immer mit einem Herzen voller Liebe. So hat uns Jesus auch gesagt, dass wir diese abscheulichen Leute lieben sollen, weil Er uns so sehr liebt. Was? Wie bitte? Nun, wie sonst denkst du, wirst du den Hass und die Dunkelheit im Leben der Menschen, die dich verfolgen, überwinden? Durch Gericht? Durch Verdammnis? Nein, davon haben sie schon selber genug. Du musst Dunkelheit mit Licht und Hass mit Liebe bekämpfen.

Jedermann kann auf Hass reagieren, jeder Feind kann gegen harsche Worte und strikte Anweisungen reagieren, aber es gibt niemanden, der gegen Liebe reagieren könnte. Liebe hat eine einzigartige Kraft, mit der sie an Orte kommt, an die keine andere Macht hinkommt. Sie kann an Orte gehen, wo der Teufel nicht hinkommt. Sie kann in solch tiefe Ebenen des menschlichen Herzens vordringen, ohne dass sie bemerkt wird. Indem du die, welche dich hassen, liebst und liebst und liebst, pflanzt du Samen in ihre Herzen. Und wenn du diese bewässerst, werden sie wachsen und die Personen können sich nicht helfen, sie werden davon beeinflusst!

Aber das ist erst der Anfang! Wenn du liebst, so wie Jesus liebt, dann wird dein Leben verändert. Es gibt keine Fessel mit der dich Satan binden könnte, die die Liebe nicht überwindet. Wenn du anderen mit Liebe begegnest, setzt dies deinen Geist auf eine Art und Weise frei, wie du es dir nie hättest vorstellen können. Du wirst freigesetzt und kommst einen Schritt vorwärts im Königreich, wirst effektiver in deinem Dienst, mächtiger in Prophetie, Zungensprache und Offenbarung.

> *„Die Liebe ist langmütig, die Liebe ist gütig; sie neidet nicht; die Liebe tut nicht gross, sie bläht sich nicht auf, sie benimmt sich nicht unanständig, sie sucht nicht das Ihre, sie lässt sich nicht erbittern, sie rechnet Böses nicht zu, sie freut sich nicht über die Ungerechtigkeit, sondern sie freut sich mit der Wahrheit, sie erträgt alles, sie glaubt alles, sie hofft alles, sie erduldet alles."*
>
> ~ 1. Korinther 13,4-7

Das sieht wie eine lange Liste aus von 'Du sollst' und 'Du sollst nicht', die niemand erfüllen kann! „Herr, ich weiss, dass du uns geboten hast, so zu sein, aber es scheint mir unmöglich. Weisst du denn nicht, wie schrecklich diese Menschen sind?" Stoppe genau hier. Ich habe eine Neuigkeit für dich. Du wirst es nie schaffen. Versuche es dein ganzes Leben lang, wenn du willst, aber du wirst es nie erreichen, du wirst immer wieder versagen. Bin ich nicht ermutigend? In diesem Abschnitt sind die Früchte der Liebe aufgeschrieben. Mit anderen Worten, wenn du in der Agape-Liebe Gottes läufst, dann werden sich diese Früchte in deinem Leben zeigen.

Vergiss es, diese Früchte in deiner natürlichen Stärke produzieren zu wollen. Dein Ausgangspunkt ist auf den Knien zu den Füssen Jesu. Er wird dir diesen jungen Baum in dein Herz einpflanzen, der zu seiner Zeit diese Früchte hervorbringen wird. Du musst Zeit in der Gegenwart von jemandem verbringen, der weiss, wie man liebt. Ein Kind lernt, indem es seinen Eltern zusieht und so müssen wir dem Herrn zusehen. Du musst Zeit mit Ihm verbringen, damit du lernst, wie Er Dinge tut. Du musst Ihn bitten, dass Er dir zeigt, wie Er die Menschen sieht. Stelle Ihm Fragen, lies Seine Gedanken im Wort. Und schon bald werden Bilder in deinem Herzen entstehen. Positive Bilder und du kannst dir nicht helfen, aber du fängst an die Liebe zu spüren, mit der du dich selber umgeben hast.

Siehst du, es liegt keine Leistung darin, zu lieben. Du musst es nicht 'versuchen'. Du brauchst nur den Fussspuren des Meisters zu folgen. Ehe du dich versiehst, wirst du Ihn nachahmen. Wie ein Kind wirst du lernen, die Dinge so zu tun, wie sie der Vater tut. Du wirst so gefüllt und durchtränkt von Seiner Liebe sein, dass es sich in deinem Leben zeigen wird. Es wird nicht mehr länger etwas sein, von dem du 'hoffst, es eines Tages zu erreichen', sondern etwas, in dem du jederzeit läufst. Die Welt wird sehen, was in dein Herz gepflanzt wurde und jetzt reiche Frucht hervorbringt.

> *„Die Hoffnung aber lässt nicht zuschanden werden, denn die Liebe Gottes ist ausgegossen in unsere Herzen durch den Heiligen Geist, der uns gegeben worden ist."*
>
> *~ Römer 5,5*

Ich bin sicher, dass all das bis jetzt sehr überwältigend für dich erscheint. Du hast jetzt eine Idee davon, was du tun sollst und was deine Verantwortungen sind, aber du wunderst dich in deinem Herzen, ob du jemals fähig sein wirst, diesem Ruf zu entsprechen. Ich habe einmal eine ziemlich gute Beschreibung von Hoffnung gehört. Sie lautete etwa so:

> *"Hoffnung entsteht durch Ausdauer in Bedrängnis."*

Mit anderen Worten, wenn du durch Zeiten der Prüfung gehst, wird Hoffnung in dein Herz gebaut. Jedes Mal, wenn dich der Herr in einen Tod ruft und du dir selbst abstirbst, wächst du und Hoffnung wird in dir wachsen für das nächste Mal, wenn du wieder mit Bedrängnis konfrontiert wirst.

Der Herr wird dich nie zu etwas beauftragen, wofür Er dich im Voraus nicht vorbereitet hat. Er hat möglicherweise dein Herz schon darauf vorbereitet. Jedes Mal wenn du mit einer Bedrängnis konfrontiert warst, bereitete Er dich vor. Nun ruft Er dich also in einen weiteren Tod, einen Tod in Scham. Dass du vorbereitet bist, all deine Scham für Ihn zu entblössen. Dein Innerstes aufzudecken, damit Er dich gebrauchen kann.

Wenn du an diesem Punkt der Hingabe angelangt bist, wird der Herr fähig sein, deine Scham mit Seiner Liebe zuzudecken. Die Ausdauer in Bedrängnis, die du erlangt hast, damit du transparent sein kannst, wird dich nicht beschämt dastehen lassen, weil die Liebe Gottes dich bedeckt. Seine Gnade schmückt dich. Du wirst zu einer Schönheit gemacht werden und die Welt wird es sehen.

> *„Denn wir erkennen stückweise, und wir weissagen stückweise; wenn aber das Vollkommene kommt, wird das, was stückweise ist, weggetan werden."*
>
> ~ 1.Korinther 13,9-10

Der Herr ist jetzt gerade daran, diese Mauer zu zerbröckeln, die du so sorgfältig um dich herum aufgebaut hast. Und ich bin sicher, dass du gerade jetzt sehr verängstigt bist. Vielleicht würdest du dich jetzt viel lieber vor all dem verstecken und auf die Art und Weise weitermachen wie zuvor. Aber kannst du nicht sehen, dass du erst einen Teil von dem hast, was Er dir geben möchte? Es gibt so viel mehr!

Als ein Prophet Gottes wirst du nie Verstecke in dir haben können. Es wird dir nie erlaubt sein, dich an einem inneren Ort zu verbergen. Gott wird deine Burg sein, Er alleine wird dein verborgener Ort sein. Jesus hat für jeden von uns Seine Scham entblösst, damit Er unsere bedecken kann. Der Herr erwartet von dir diesen Glauben, der Ihm gefällt. Glaube, der sagt:

„Vater, ich gebe dir meinen tiefst verborgenen Ort, damit du ihn der Welt zeigen kannst, im Wissen darum, dass du mich bedecken wirst."

Alles, was du als ein Prophet zu tun hast, wirst du im Glauben tun. Jedes Wort, das du als ein Prophet sprechen wirst, muss in Liebe geschehen. Wenn du sprichst und keine Liebe in deinem Herzen hast, dann wird es den Worten an Kraft fehlen. Prüfe alles, was du aussprichst, anhand dieser Richtlinie. Auch Worte des Gerichts oder der Korrektur sollten in Liebe ausgesprochen werden – da gibt es keine Ausnahme.

Kannst du nun sehen, wieso dich der Herr an diesen Punkt der Transparenz bringen muss? Warum es so wichtig ist, dass du effektiv bist in dem Ruf, den der Herr auf dein Leben gelegt hat? Schaue dir einmal König David an. Er war noch ein Kind, als der Herr ihn zum ersten Mal rief. Sein Training fing an dem Tag an, als Samuel ihn salbte. Er verbrachte Zeit zu den Füssen des Herrn und lernte zu lieben. Während er ein kleiner Niemand war und auf die Schafe aufpasste, konnte der Herr Mauern in ihm herunterreissen und neue Mauern der Liebe und Zartheit in ihn bauen.

Als er Goliath entdeckte, war sein erster Gedanke nicht: „Nun, was werden meine Brüder von mir denken? Ich hoffe, sie sagen keine unangenehmen Dinge!" Nein, sondern er dachte: „Wie kann er es wagen, gegen den Gott Israels zu reden.", den Gott, den er liebte. Bist du heute bereit, Goliath zu konfrontieren um der Liebe willen, die du für Jesus hast? Bist du bereit, diesen Stein um dein Herz herum herunterzuschlagen, damit dich der Herr in einem grösseren Mass gebrauchen kann?

Wenn du dich dazu entscheidest, kannst du von der Hand Gottes nicht nur einen Teil dessen, was Er für dich hat, nehmen, sondern alles. Wenn du bereit bist, dich selber hinzugeben, so wie Jesus sich selber für dich hingab, dann wirst du in eine Einheit mit Gott hineinkommen, die du bis jetzt noch nie gekannt hast. Denn bis jetzt prophezeist du stückweise und du bekommst stückweise Offenbarung, aber wenn du dich der zarten Hand des Herrn unterordnest und Ihm erlaubst, dich an den geheimen Ort zu führen, dann wirst du Seine Gedanken zu jeder Zeit kennen. Denn Er ist wahrlich ein Gott der Liebe und wenn du in dieser Liebe läufst, wirst du Sein Herz, Seinen Willen und Seine Kraft zu jeder Zeit kennen.

KAPITEL 10

# Den geheimen Ort betreten

*"Eine innig vertraute Bekanntmachung mit Jesus"*

# Kapitel 10 – Den geheimen Ort betreten

## Eine innig vertraute Bekanntmachung mit Jesus

Du brauchst deinen Wunsch nur zu flüstern und der Herr wird dich an den geheimen Ort führen, an den du dir wünscht hinzugehen. Der geheime Ort ist der stetige Aufenthaltsort des Propheten. Hier wirst du die Liebe des Herrn erfahren und kennenlernen. Hier wirst du den 'besseren Weg' finden, von dem ich im vorherigen Kapitel gesprochen habe. Du hast das in dir angesprochen, was andere von deinem Herzen ferngehalten hat, aber nun ist die Zeit da, die Schleier, die zwischen dem Herrn und dir sind, herunterzulassen.

Lass mich dich also an einen Ort führen, wo das Unmögliche möglich erscheint und all deine Herzenswünsche nur darauf warten, erfüllt zu werden. Es ist ein verborgener Ort. Ein spezieller Platz. Es ist der geheime Ort.

## Den geheimen Ort betreten

Was für ein Bild kommt dir in den Sinn, wenn du an das Wort 'geheimer Ort' denkst? Wenn ich an solch einen Ort denke, kommt mir ein Brautpaar in den Sinn, das das Hochzeitszimmer betritt. Ich sehe ein grosses, gemütliches Bett aus Holz vor mir mit Satinkissen darauf, die mit Jasmin, Myrrhe und Rosenduft parfümiert sind. Ich sehe Kerzen, die im ganzen Raum angezündet sind und goldene Gegenstände, die das Flackern der Kerzen reflektieren.

In diesem Raum ist eine Atmosphäre der Ruhe und der Intimität, in der du nichts sagen musst, weil die Worte deines Herzen verstanden werden. An diesem Ort musst du nicht versuchen, etwas zu sein oder jemanden beeindrucken zu wollen. Es ist dir erlaubt, einfach dich selber zu sein! Dann in der Mitte des Raumes sehe ich Jesus mit einem Lächeln dastehen. Er wartet geduldig darauf mit dir zu reden und Sein Herz mit dir zu teilen.

Vielleicht kommt dir ein anderes Bild in den Sinn, wenn du an einen 'geheimen Ort' denkst, aber den Eindruck, den ich hier erwecken wollte, ist, dass dies ein besonderer Anlass ist. Wie viele Male kannst du die Hochzeitsnacht erleben? Es ist das erste intime Erlebnis, das du mit deinem Ehepartner/deiner Ehepartnerin hast. Es ist etwas sehr, sehr Besonderes an diesem ersten Zusammentreffen und es ist ein Moment, der dir für den Rest deines Lebens bleiben wird.

Du wunderst dich vielleicht, was so wichtig daran sein soll, dieses Erlebnis mit Jesus zu haben, wenn du dazu berufen bist, ein Prophet zu sein. Auch wenn viele das nicht wissen – der Prophet ist verantwortlich dafür, Jesus der Gemeinde vorzustellen. Aber du kannst nicht jemanden vorstellen, den du nicht kennst! Wenn wir zu der Schriftstelle gehen, als Johannes der Täufer voll und ganz in seinem Dienst funktionierte, wirst du etwas sehr Interessantes sehen, das er zu sagen hatte:

> *„Und ich kannte ihn nicht; aber der mich gesandt hat, mit Wasser zu taufen, der sprach zu mir: Auf welchen du sehen wirst den Geist herabfahren und auf ihm bleiben, dieser ist es, der mit Heiligem Geist tauft.*
>
> *Und ich habe gesehen und habe bezeugt, dass dieser der Sohn Gottes ist. Am folgenden Tag stand Johannes wieder da und zwei von seinen Jüngern; und hinblickend auf Jesus, der umherging, spricht er: Siehe, das Lamm Gottes!"*
>
> *~ Johannes 1,33-36*

Was sagt Johannes hier genau? Er sagt, dass der Herr ihm gesagt hat, dass Er ihm den Messias zeigen und offenbaren würde, indem Er auf ihn hinabkommen würde. Als Johannes diese Offenbarung empfing und Jesus kennenlernte, begann er sofort auszusprechen, dass Jesus der Messias sei und sandte Ihm sogar seine eigenen Jünger nach und sagte nachher: „Er muss zunehmen, ich aber muss abnehmen."

Genau wie Johannes eine Offenbarung von Jesus brauchte, bevor er Ihn den Menschen vorstellen konnte, braucht auch der Prophet eine Offenbarung von Jesus und muss Ihn kennenlernen, damit er Jesus den Menschen vorstellen kann.

Es erscheint logisch, dass du jemanden, den du nicht kennst, nicht deinen Freunden vorstellen kannst. Du schnappst dir nicht einen Mann von der Strasse und sagst zu deinem Freund: „Hier ist ein Mann, den ich auf der Strasse sah. Ich habe ihn zu dir gebracht, damit du ihn treffen kannst!" Das klingt ziemlich absurd, nicht? Aber wie viele Propheten tun genau das? Wie viele Propheten stehen auf und proklamieren, was der Herr zu Seinem Volk sagt, aber sie selber kennen den Herrn gar nicht persönlich?

Sie geben das weiter, was sie intellektuell von Ihm wissen, aber sie geben nicht das weiter, was sie in ihren Herzen und ihrem Geist von Ihm kennen. Kannst du dir Johannes den Täufer vorstellen, wie er alle, die um ihn herum sind, anschaut und inspiziert und dann den Gerechtesten aus der Menge herauspickt und sagt: „Dieser Typ hier sieht gut aus, er kann der Messias sein – hey Leute – folgt ihm nach!" Sein Dienst hätte versagt, wenn er das getan hätte!

Und doch tun viele Propheten genau das, weil sie diese intime Erkenntnis von Jesus nicht haben. Sie denken sich: „Nun gut, das ist es, was ich weiss, was ich fühle und was andere darüber predigen, daher muss es richtig sein!" Aber sie haben den Herrn nicht selber gehört oder Ihn persönlich erfahren.

## Es ist nicht ein "Ich muss" - es ist ein "Ich will"

In einigen Kulturen gibt es heutzutage noch arrangierte Ehen. Von einer westlichen Gesellschaft kommend, klingt so eine Sache wie eine schreckliche Anordnung! Kannst du dir vorstellen, dass du jemanden heiraten musst, den deine Leute um dich herum für dich ausgewählt haben? Kannst du dir vorstellen, dass du zum Heiraten gedrängt wirst? Ich danke dem Herrn, dass wir in einer Zeit leben, in der wir die Freiheit haben, uns selbst zu verlieben und selber auszuwählen!

Wenn wir diese Illustration auf unsere Lektion hier anwenden, kommt alles für dich zusammen und ergibt einen Sinn. Seit Jesus am Kreuz für uns gestorben ist, umwirbt Er uns, eine Beziehung mit Ihm zu haben. Im Alten Testament waren die Israeliten verpflichtet, dem Gesetz zu gehorchen und wenn sie versagten, brachten sie sich dadurch selber unter einen Fluch!

Aber Jesus starb, um uns vom Fluch zu erlösen und jetzt heisst es anstatt "ich muss" Seinen Geboten gehorchen und "ich muss" in eine Beziehung mit Ihm treten, "ich will". Jesus sagte es auf solch eine wundervolle Art:

> *„Wer meine Gebote hat und sie hält, der ist es, der mich liebt; wer aber mich liebt, wird von meinem Vater geliebt werden; und ich werde ihn lieben und mich selbst ihm offenbaren."*

*~ Johannes 14,21*

Jesus kam auf die Welt, um uns die Liebe des Vaters zu zeigen. Er kam, um uns zu offenbaren, dass der Vater nicht Gehorsam möchte aus Angst vor dem Fluch, sondern aus Liebe und Anbetung. Er möchte, dass wir ihn erwählen. Er möchte, dass wir ihn wollen.

Welche Frau oder welcher Mann würde nicht dasselbe wollen? Kannst du dir vorstellen, dass dein Partner bei dir bleibt, weil er muss? Auf keinen Fall! Du möchtest, dass dein Partner bei dir bleibt, weil er mit dir zusammen sein will, weil er dich liebt und dich besonders findet. Der Herr Jesus denkt genau gleich und das ist der Schwerpunkt, den Er Seiner Gemeinde weitergeben möchte.

Aber wie sonst wird diese Botschaft gehört, wenn nicht der Prophet aufsteht und das proklamiert und Sein Mundstück ist? Wenn du den Herrn nicht auf diese intime liebende Art kennst, wie willst du dann diese Beziehung anderen weitergeben?

Wie mit allem anderen im geistlichen Leben beginnt dieser Schritt mit Begehren. Wenn du begehrst, den Herrn zu lieben, dann wird Er sich dir ganz sicher offenbaren. Wenn du dich entscheidest, ihn zuerst zu lieben, wird diese Offenbarung kommen und du wirst zum ersten Mal an den geheimen Ort kommen.

Sagte Jesus nicht in der Stelle, die ich oben erwähnte: *„... wer aber mich liebt, wird von meinem Vater geliebt* *werden; und ich werde ihn lieben und mich selbst ihm offenbaren."* ~ Johannes 14,21

Zuerst musst du dich entscheiden, den Herrn zu lieben und wenn du diese Wahl getroffen hast, dann gibst du Ihm deine Liebe, deine Anbetung und dein Leben. Dann wird Er sich dir offenbaren und dich im Gegenzug auch lieben. Du kannst die Liebe des Herrn nur persönlich erfahren, wenn Er sich dir offenbart hat. Du kannst nur wissen, wer Er ist und Seine zarte Stimme kennen, wenn du zum ersten Mal an den geheimen Ort gekommen bist.

## Ein geheimer Ort ohne Geheimnisse

Wenn du dir nochmals das Bild des geheimen Ortes, das ich für dich gemalt habe, in Erinnerung rufst, dann wunderst du dich vielleicht, wieso einige nicht dorthin gehen möchten – oder sogar noch schlimmer, wieso einige diesen Ort geradezu fürchten. Der Grund dafür ist, dass am geheimen Ort kein Platz für Geheimnisse ist!

Es macht dich sehr verletzlich, wenn du intim bist und dieses Hochzeitszimmer betrittst. Es ist etwas sehr Offenbarendes, wenn du nackt vor einer anderen Person stehst. Wenn du nackt bist, kannst du keine Schwäche von dir verstecken und auch nicht deine 'Eigenheiten', die dir an dir nicht gefallen.

Um jedoch in diese Beziehung mit dem Herrn zu kommen, verlangt Er von dir, dass du geistlich gesehen nackt vor Ihm stehst! Ich erinnere mich daran, als mich der Herr erstmals in diese Beziehung rief. Er sagte zu mir: „Bis du nicht nackt vor mir stehen kannst, mit nichts anderem als meiner Hand, die dich bedeckt, wirst du nicht in die Fülle hineinkommen, die ich für dich habe."

Es brauchte eine Zeit der Vorbereitung und des Trainings, bis ich ganz verstand, was der Herr sagte.

Aber ich begann zu verstehen, dass ich, bevor ich in die Fülle der Autorität, die Er mir gegeben hat, hineinkommen konnte, bereit sein musste, meine Schuld, meine Angst, meine Bitterkeit und meine Unsicherheiten abzulegen, damit Er mich auf den nächsten Level bringen konnte. Nun, es könnte sein, dass der Herr deine Einsetzung ins prophetische Amt hinauszögert. Der Hauptgrund ist wahrscheinlich, dass du noch nicht nackt bist!

Bis du nicht willig bist, all deine eigenen Fähigkeiten, all deine Schwächen, all deine Stärken, das, was du erreicht hast und dein Versagen loszulassen, bist du nicht bereit, als ein Prophet für den Herrn zu stehen. Denn der Prophet muss nackt dastehen, nur mit der Hand und der Gnade Gottes, die ihn bedeckt!

Denn in deiner Schwachheit wird Er verherrlicht! Paulus kannte dieses Prinzip nur zu gut, nicht wahr?

> *„Deshalb habe ich Wohlgefallen an Schwachheiten, an Misshandlungen, an Nöten, an Verfolgungen, an Ängsten um Christi willen; denn wenn ich schwach bin, dann bin ich stark."*

~ 2. Korinther 12,10

Wenn du an den Punkt kommst, an dem du abgenommen und Er zugenommen hat, dann bist du bereit, als ein Prophet für Gott zu funktionieren!

## Ins Hochzeitszimmer hineinkommen

Ich werde jetzt dieses Kapitel damit beenden, dass ich dich wieder an den Anfang zurückführe. Wenn du das erste Mal dieses Hochzeitszimmer betrittst, in dem Jesus ist, wirst du für immer verändert sein. Es wird dir helfen, dass du Seine Gemeinde und Sein Volk auf eine Art und Weise siehst, wie du sie noch nie zuvor wahrgenommen hast!

Hast du den Herrn um ein grösseres Mass an Offenbarung gebeten? Hast du den Herrn um eine Beförderung im Geist gebeten? Hast du Ihn gebeten, dir mehr Autorität zu geben oder die Fähigkeit, Leben für Ihn zu verändern? Dann ist es an diesem geheimen Ort, an dem du die Antworten für diese Dinge finden wirst. Wie weiss ich das? Schaue dir einmal diese Schriftstelle an:

> *„Denn wir erkennen stückweise, und wir weissagen stückweise; wenn aber das Vollkommene kommt, wird das, was stückweise ist, weggetan werden."*
>
> *~ 1.Korinther 13,9-10*

Die Reife, von der hier gesprochen wird, ist die Erkenntnis der Liebe! Wenn du Gottes Volk mit Liebe begegnest, dann wird Er dir alles geben was du brauchst, um ihren Nöten begegnen zu können. Die ganze Motivation unseres Herrn ist Liebe. Er starb am Kreuz aus Liebe. Seine Auferstehung geschah aus Liebe und Er gab die Propheten als Gabe für Seine Braut aus Liebe!

Wenn du nach der nächsten Stufe in deinem Dienst Ausschau hältst, dann wirst du sie nicht finden, wenn du versuchst, aus der Sicht der Menschen etwas zu erreichen. Du wirst sie nicht an irgendeinem Trainingsinstitut finden – du wirst sie an diesem geheimen Ort finden.

Der geheime Ort kostet dich den Preis aller deiner eigenen Werke und Errungenschaften, deiner Schwächen und Stärken. Aber wenn du bereit bist für Veränderung, dann richte deine Augen gerade jetzt zum Himmel empor und lege alles auf die Seite, was dich noch hindert, an diesen Ort zu kommen und gib dich selber dem Herrn hin.

Wenn du in dieses Hochzeitszimmer eintrittst, wirst du den süssen Duft von Rosen wahrnehmen und die Wärme Seiner Berührung erfahren. Und wenn du das tust, dann wirst du Ihn im Geist und in der Wahrheit erkennen und du wirst wirklich bereit sein, Ihn Seiner Braut vorzustellen, die leidenschaftlich darauf wartet, Ihn zu treffen!

KAPITEL 11

# Von Angesicht zu Angesicht mit Jesus - Schritt 1

*"Nach Gott hungern"*

# Kapitel 11 – Von Angesicht zu Angesicht mit Jesus - Schritt 1

## Nach Gott hungern

Hungert dein Herz danach, Jesus auf diese intime Art und Weise zu sehen, von der ich im letzten Kapitel gesprochen habe? Es ist gut und recht zu wissen, dass du diesen Ort aufsuchen musst, aber wie kommst du dorthin? Wie kommst du durch deine Schwächen und Stärken hindurch, um an diesen Ort zu gelangen? Bereite dein Herz vor, damit du empfangen kannst, was der Herr Jesus für dich hat.

Er will dir ein Geschenk geben, das viel grösser ist als jedes andere geistliche Geschenk. Er will dir etwas geben, das sogar noch mächtiger ist als die Gabe des Glaubens. Er hat für dich etwas, das kostbarer ist als alles andere in dieser Welt. Denn gerade jetzt hat der Herr Jesus dir Seine Hand entgegengestreckt und in ihr hält Er Sein Herz, welches Sein kostbarstes Geschenk an dich ist.

Wenn du Ihn jetzt anschaust, wird Er es in dich hineinlegen und mit ihm werden sich all die Antworten und Wünsche erfüllen, nach denen du dich gesehnt hast.

Lass mich dir also den Liebhaber deiner Seele vorstellen. Lass mich dir deinen Ehemann vorstellen - deinen Retter Jesus Christus. In diesem Kapitel werde ich deine Hand nehmen und dich dahin führen, dass du das Angesicht und die Stimme Jesu für dich selber entdeckst!

> *Es gibt einen klaren Unterschied zwischen: Von der Liebe Christi zu wissen und die Liebe Christi persönlich kennengelernt zu haben.*

Es gibt drei einfache Schritte auf dieser Reise und wenn dein Herz Ihm gegenüber offen ist, dann kannst du Intimität mit Ihm erfahren. Wenn du zuvor schon ins Hochzeitszimmer eingetreten bist und dich danach sehnst, dort zu bleiben, dann sei herzlich willkommen, mich dabei zu begleiten, wenn wir mit Schritt eins beginnen.

## Schritt 1: Wünsche es dir!

So gehe ich mit dir durch drei Schritte auf dieser Reise hindurch. Der erste Schritt ist der Schritt des Begehrens. Wenn du dir diese Liebe wünschst, dann geschieht es, dass du deine Augen von dir selber wegnimmst und sie auf Jesus richtest.

Wenn du ein Begehren gegenüber jemandem hast, dann sind deine Augen sofort auf diese Person gerichtet. Erinnerst du dich daran, als du das erste Mal eine Verabredung hattest und all diese Schmetterlinge in deinem Bauch waren, wenn du an deinen Freund oder deine Freundin dachtest?

Alles, was du machen musstest, war, an diese Person zu denken und du wurdest ganz aufgeregt. Du hast dich nicht mehr darum gekümmert, was sonst noch alles an diesem Tag geschah. Du hast dich nicht um den Stress um dich herum gekümmert. Deine ganze Sicht gehörte einfach nur dieser Person, in die du verliebt warst und für die du Gefühle hattest. Das war alles, an das du denken konntest.

Deine Augen und deine ganze Sicht sind mit dieser Person gefüllt und alles andere verschwand daneben. Nur wenn du diesen Wunsch nach Jesus hast, kannst du wirklich deine Augen auf Ihn richten.

Lass mich dir meine Lieblingsbibelstelle zeigen:

> *„Wir alle aber schauen (kontinuierlich) mit aufgedecktem Angesicht die Herrlichkeit des Herrn an und werden so (kontinuierlich) verwandelt in dasselbe Bild von Herrlichkeit zu Herrlichkeit, wie es vom Herrn, dem Geist, geschieht."*
>
> *~ 2. Korinther 3,18*

Dieser Abschnitt zeigt auf, wie du wie in einen Spiegel schaust und das Bild Christi siehst und so in dieses Bild verwandelt wirst. Aber wie kommst du an diesen Punkt, dieses Bild anzuschauen? Indem du es dir wünschst, denn wenn du es dir wünschst, dann wirst du das Bild Christi sehen. Du schaust Ihn an und deine Augen sind auf Ihn gerichtet.

## Barrieren entfernen

Und was geschieht dann? Wenn du anfängst, Jesus anzuschauen, wird der Heilige Geist über dich kommen und beginnen, einige Dinge von dir wegzumeisseln, die nicht zu Seinem Bild passen. Das ist der ungemütliche Teil. Zuerst kommt das Begehren und dann kommt der Tod.

Ich beginne hier mit dem Tod und werde danach zur Auferstehung übergehen. Wenn wir Christus anschauen, dann merken wir, dass es Barrieren gibt. Selbst wenn du in eine eheliche Beziehung eintrittst, dann gibt es einige Dinge, die du an dir selber verändern musstest, damit du mit deinem Partner zusammenpasst.

Wenn du zwei Menschen zusammenbringst und sie zusammenleben sollen, dann braucht es eine Veränderung in ihrem Leben. Du kannst die Dinge nicht mehr so machen, wie du es dir gewohnt bist. Wenn du ein Mann bist, dann kannst du deine Socken nicht mehr auf dem Boden liegen lassen. Du musst sie nun aufheben und in den Wäschekorb werfen! Du kannst einige Dinge einfach nicht mehr wie früher tun.

Du musst dich verändern. Ihr müsst beginnen, miteinander zu verschmelzen. Vielfach wirst du erleben, dass es im ersten oder zweiten Ehejahr viele Konflikte gibt, denn ihr lernt, zusammen zu leben.

Ich erinnere mich daran, als Craig und ich anfingen, miteinander auszugehen. Jeder von uns hatte seine eigenen Probleme und Craig kämpfte wirklich damit, mir seine Probleme anzuvertrauen. Er war immer schon diese Art von Person, die ihre Probleme einfach selber löst. Wenn er ein Problem hatte, dann fand er sich einfach damit ab und versuchte es zu lösen.

Er konnte Schwierigkeiten haben, aber er wäre nie zu mir gekommen und hätte mir dies mitgeteilt. Aber siehst du, was geschah? Es brachte Barrieren zwischen uns, weil ich dann dachte: „Ich frage mich, ob ich ihn verärgert habe? Sehr wahrscheinlich ist er wütend auf mich. Ja, sicher, ich habe etwas gemacht, dass ihn verärgerte!"

Ich fing an, mir Gedanken darüber zu machen und mein Verstand fing an, verrückt zu spielen und ich dachte: „Ich frage mich, was es war? Vielleicht war es das? Vielleicht war es jenes?"

In der Zwischenzeit zog er sich einfach in sich selbst zurück, weil er damit beschäftigt war, sein Problem zu lösen. Das war aber überhaupt nicht das, was ich wahrnahm. Ich dachte, dass er vielleicht wütend auf mich sei und ich vielleicht etwas falsch gemacht hatte.

Von meiner Seite her versuchte ich also, ihn wieder fröhlich zu stimmen und er versuchte auf seiner Seite sein Problem zu lösen. Wir waren beide so sehr mit uns selber und unseren eigenen Situationen beschäftigt, dass eine Barriere zwischen uns entstand. Es gab keine Kommunikation, keine Einheit und keine Einigkeit im Geist mehr.

# Von Angesicht zu Angesicht mit Jesus 1

Weisst du, wir behandeln den Herrn auf die gleiche Weise. Wir sind so sehr mit unseren eigenen Problemen beschäftigt und wir haben so viele emotionale Durchhänger, dass wir gar nicht mit Ihm kommunizieren können. Vielleicht sind wir es gewohnt, Dinge selbst in die Hand zu nehmen und zu erledigen. Der Herr sitzt dort und wartet, aber wir sind so sehr damit beschäftigt, diese Sache zu erledigen, dass keine Kommunikation zustande kommt. Es gibt keine Einheit im Geist.

## Die Schleier herunterziehen

So muss der Herr uns diese Dinge wegnehmen. Es sind Schleier, wie der Schleier, den Mose trug, als er nach der Begegnung mit Gott vom Berg hinunterkam. Es gibt Schleier vor unseren Augen, die verhindern, dass wir Ihn so sehen, wie Er wirklich ist. Also fängt Er an, diese wegzunehmen. Er lehrt dich und sagt zu dir: „Hey, wenn du ein Problem hast, dann komm zu mir." Es war genau wie bei Craig und mir. Wir lernten, dass wenn er ein Problem hatte, er zu mir kommen und mir erzählen musste, was ihm auf dem Herzen lag und dann konnten wir das Problem zusammen angehen. Dies brachte eine Einheit und Liebe zwischen uns beide. Mit dem Herrn ist es das Gleiche. Wir müssen zu dem Punkt kommen, an dem wir unsere Schleier, die verhindern, dass wir ihn wirklich wahrnehmen, abnehmen.

Jeder von uns hat verschiedene Schleier. Vielleicht bist du dir gewohnt, Dinge selber in die Hand zu nehmen.

Vielleicht hast du ein Problem mit Angst. Vielleicht bist du dir nicht sicher, ob du diesen grossen Gott wirklich ansprechen kannst. Vielleicht siehst du Ihn wie deinen Vater, dominant und kontrollierend und du hast Angst davor, was du sehen könntest. Aber der Herr muss das wegnehmen, denn es ist nicht das, was Er wirklich ist. Du siehst Ihn durch den falschen Schleier. Du siehst Ihn nicht von Angesicht zu Angesicht. Du siehst Ihn verzerrt durch deine Angst, deine Vorurteile und deine eigenen Werke.

## Gehe die Dinge an

Vielleicht hast du ein Problem mit Bitterkeit. Der Herr musste dieses Thema auch bei mir angehen und bevor ich in eine Angesicht-zu-Angesicht-Beziehung mit Jesus hineinkommen konnte, musste Er mit all dieser Bitterkeit in meinem Leben aufräumen. Bitterkeit ist wahrscheinlich der dickste Schleier, denn Christus ist Liebe. Er ist die Essenz des Lebens und Bitterkeit ist so weit entfernt von Liebe wie der Osten vom Westen. Du kannst nicht einmal eine Nuance Seines Glanzes auf deinem Gesicht haben, wenn du Bitterkeit in deinem Herzen hast. Es ist total fremd gegenüber allem, was Er ist.

Daher war die erste Sache, die der Herr bei mir angehen und bewältigen musste, die Bitterkeit in meinem Herzen gegenüber den Menschen, die mich verletzten, als ich heranwuchs. Da war meine ganze Kindheit, Freunde, Lehrer ... du kennst das! Es fühlte sich so an, als ob mit mir am einen Tag noch alles in

Ordnung war und schon am nächsten hatte ich all diesen Müll vor mir.

> **Ich sagte:** „Oh Herr, befreie mich davon!"

> **Er sagte:** „Du bist bitter gegenüber dieser Person. Du bist bitter gegenüber jener Person. Da ist Bitterkeit in deinem Leben. Du hast ein Problem."

Es schien, als ob plötzlich so viel Dreck in meinem Leben hervorkam und ich wusste nicht, was ich damit machen sollte.

> **Du denkst:** „Herr, ich habe dich darum gebeten, dass ich in eine tiefere Beziehung mit dir komme, aber alles, was ich vor mir sehe, ist dieser Abfall. Alles, was ich sehe, ist mein Versagen, meine Schwächen und alles, was nicht richtig läuft bei mir."

Es ist so, als ob du dich immer weiter weg fühlst vom Herrn, je näher du versuchst an Ihn heranzukommen.

> **Du denkst:** „Ich werde das nie schaffen. Ich komme nie in diese Beziehung hinein!"

Es scheint so, als ob Er immer weiter weg geht von dir, je mehr du dich Ihm zuwendest. Wenn dir dies geschieht, dann geht es darum, dass der Herr all diese Schleier von dir wegnimmt. Einen nach dem anderen. Er sagt zu dir: „Du denkst, du bist 'dort', aber eigentlich stehst du 'hier'. Du denkst, du bist mir nahe, aber da sind in Wahrheit so viele Dinge zwischen uns, die verhindern, dass wir uns gegenseitig sehen können. Damit du mich von Angesicht zu Angesicht wahrnehmen kannst, muss ich diese Schleier entfernen."

Und so bist du diese Verpflichtung eingegangen und hast gesagt: „Okay Herr, das ist es, was ich mir wünsche. Ich wünsche mir dies wirklich von ganzem Herzen." Dann kommt der Heilige Geist und Er sagt: „Erinnerst du dich an das kleine Problem, das du da hattest und die kleine Bitterkeit, die du hier hattest?"

> **Du sagst:** „Oh Herr, das ist nicht Bitterkeit. Sie haben mich verletzt!"
>
> **Er sagt:** „Nein, es ist Bitterkeit. Es tut mir leid, aber du musst dieser Person vergeben."
>
> **Du sagst:** „Aber Herr, das ist ungerecht. Sie missbrauchte mich. Sie hat mich verletzt. Es ist mein Recht, wütend auf sie zu sein."
>
> **Er sagt:** „Vielleicht hast du recht, aber die Vergeltung ist mein. Bis du diesen kleinen Schleier nicht loswirst, kannst du mich nicht sehen."

Du kannst Christus nicht mit Augen voller Bitterkeit anschauen. Er versteht Bitterkeit nicht. Du kannst Ihn nicht mit Augen voller Eifersucht oder Ärger oder Schuld oder Angst anschauen. Er ist keines dieser

Dinge. Wenn du Ihn anschaust, dann musst du Ihn so ansehen, wie Er ist.

## Opfere deine Rechte

So stehst du heute hier mit einer Waage in der Hand und du sagst: „Okay, auf der einen Seite der Waage habe ich meine Bitterkeit. Auf der anderen Seite habe ich Christus."

Was wirst du opfern? Ist dir deine Bitterkeit so wichtig, dass du die Liebe Christi dafür aufgeben würdest? Ist es dir so wichtig, an deinen Rechten festzuhalten, dass du die Beziehung mit Jesus dafür opferst? Was wiegt schwerer auf der Waage für dich? Wenn du wirklich diese Beziehung mit Christus haben willst, und die Waage wirklich zu Seinen Gunsten ausschlägt, dann bist du willig, alles andere dafür aufzugeben. Jeder kann seine materiellen Dinge aufgeben.

> **Du sagst:** „Herr, ich werde alles aufgeben. Alles!"
>
> **Du erwartest, dass Er sagt:** „Gib dein Haus und dein Auto auf."

Das könntest du sehr wahrscheinlich, aber ...

> **Er sagt zu dir:** „Ich möchte gerne deine Verletzungen und deine Bitterkeit. Ich möchte gerne deine Schuld. Ich möchte deine Angst. Ich möchte deinen Stolz. Das sind die Dinge, die ich

gerne von dir möchte – all die Werke des Fleisches. Diese möchte ich gerne."

Sind sie dir so wichtig, dass du an ihnen festhalten willst? Warum sind die Dinge, an denen unser Herz am meisten festhält, solche, über die wir am meisten stolpern? Jemand gibt seine Liebe auf und hält an seiner Bitterkeit fest. Jemand gibt seine Freude auf und hält an seiner Depression fest. Jemand gibt seine Freiheit auf und hält an seiner Schuld und Verdammnis fest.

Wir würden es mit unserem Leben bezahlen und sagen: „Ich habe es verdient, mich schuldig zu fühlen. Ich verdiene es, ängstlich zu sein. Ich verdiene es, bitter zu sein. Es ist mein Recht, bitter zu sein und ich werde jeden Preis dafür bezahlen, bitter zu sein! Ich bezahle dafür mit meiner Freude. Ich bezahle dafür mit meiner Liebe. Ich bezahle dafür mit meiner Beziehung zu Christus, nur damit ich an meiner Bitterkeit festhalten kann."

Klingt das weit hergeholt? Und doch, wie viele Male schützen wir Dinge mit unserem Leben, die uns im Wege stehen, um in eine Beziehung zu Christus zu kommen? Du musst dem Heiligen Geist erlauben, dass Er dir diese Dinge aufzeigen kann.

Manchmal ist dieser Meisselhieb, mit dem Er die Dinge hervorbringt, nicht angenehm. Er legt Seine Finger auf Dinge, von denen es dir lieber wäre, dass Er sie nicht dort darauf legt. Er geht mit dir in Erinnerungen zurück, die du lieber vergessen würdest und Er bringt sie wieder hervor und sagt: „Das, das und das. Ich muss mich darum kümmern. Ich muss diese Verletzung ansprechen, die du hattest, als du ein Kind warst. Ich muss diese Verletzung angehen, die von deinem Vater stammt, von deiner Mutter und von deiner Schwester. Ich muss diese Dinge angehen und sie bewältigen, denn da ist Bitterkeit. Hier befindet sich Schuld und Angst."

## Höre auf, dich abzumühen

Es ist eine gute Sache, wenn Er das in deinem Leben tut. Es fühlt sich nicht wie eine gute Sache an, wenn dieser Meissel auf dich herunterkommt, aber es ist dennoch eine gute Sache. Denn wenn der Heilige Geist kommt und diese Dinge wegmeisselt, diese Stücke, die nicht Jesus sind, dann fängst du an, in Sein Bild verwandelt zu werden. Wenn diese Schleier, einer nach dem anderen, weggenommen werden, dann fängst du an, Jesus vor deinen Augen zu sehen. Es ist nicht so weit entfernt. Du brauchst nicht in einem abgehobenen geistlichen Zustand zu sein, um Christus sehen zu können. Du musst dich nicht abmühen und dafür arbeiten und versuchen, es zu erreichen. Du musst nicht jeden Tag deine Bibel lesen und jeden Tag eine Stunde beten oder sagen: „Um Christus sehen zu können, muss ich diesen Lauf mit Eifer rennen. Ich muss dranbleiben, um Christus sehen zu können."

Nein, du musst keine dieser Dinge tun. Wir können Christus anschauen, Sein Bild betrachten und in dieses Bild verwandelt werden, von Herrlichkeit zu

Herrlichkeit, allein aus einem einzigen Grund: Weil wir 'bluterkauft' sind. Wir sind durch Seine Gnade und Seine Barmherzigkeit errettet. Wir sehen in Sein Angesicht durch Seine Gnade, Seine Barmherzigkeit und Sein Blut, nicht durch unsere Werke, unsere Taten oder unsere Fähigkeiten.

Es ist etwas, das du heute haben kannst. Es ist nicht etwas, das weit weg und in der Zukunft liegt, und du Ihn vielleicht einmal eines Tages sehen wirst. Nein, es ist etwas, was du heute haben kannst, denn alles, was du tun musst, ist, es zu begehren und dem Heiligen Geist zu erlauben, diese Schleier wegzunehmen, damit du Ihn von Angesicht zu Angesicht sehen kannst. Nicht wie Moses, sondern als 'bluterkaufter' gläubiger Christ, ihn anschauend und wissend: „Das ist derjenige, der für mich starb. Das ist der, mit dem ich den Rest meines Lebens verbringen will."

## Den Duft Christi haben

Du kannst mit Jesus heute eine Beziehung haben. Du musst nicht warten. Weisst du, der Heilige Geist macht dich zu etwas Wunderhübschem, um dich dem Bräutigam präsentieren zu können. Als ich den Herrn bat, dass Er mir darüber noch mehr zeigen solle, gab Er mir diesen schönen Abschnitt aus dem Buch Esther 2,12. Dort steht:

> „Wenn nun die Reihe an ein jedes der Mädchen kam, zum König Ahasveros hineinzugehen, nachdem es gemäss der Vorschrift für Frauen zwölf Monate lang behandelt worden war - denn

> *so wurden die Tage ihrer Schönheitspflege voll, nämlich sechs Monate mit Myrrhenöl und sechs Monate mit Balsamölen und mit anderen Schönheitsmitteln für Frauen."*

Diese Frauen verbrachten ein ganzes Jahr in Vorbereitung, um dem König präsentiert werden zu können. Sie wurden sechs Monate mit Parfums vorbereitet und sechs Monate mit Ölen und Myrrhe geschmeidig gemacht, damit ihre Haut weich war und sie rein waren. Geht es bei dem ganzen Prozess, wenn der Heilige Geist allen Dreck aus deinem Leben entfernt, nicht um das?

Was geschieht, wenn der Heilige Geist allen Dreck und Müll herausnimmt? Christus ist da in dir, aber manchmal ist es schwierig, Ihn in dir zu sehen, wenn du so viel Müll mit dir herumträgst. Was Er also tut, ist, alles wegzunehmen. Wenn das geschieht, wird Jesus Christus offenbart und verherrlicht. Er ist offenbart und in der Minute, in der Er offenbart ist, bringt Er einen süssen Duft mit sich, den jedermann um dich herum riechen kann. Wenn du gereinigt bist, kommt Christus heraus.

Es ist so, als ob eine Frau das schönste Kleidungsstück trägt und darin wie eine 'wirkliche Dame' aussieht, aber dann all ihre dreckigen Lumpen über dieses schöne Kleidungsstück anzieht. Sie zieht all diesen Schmutz an. Das ist es, was diese Schleier sind. Sie sind der Schmutz, den du anziehst. Wenn der Heilige Geist sie auszieht, dann kommt darunter etwas

Wunderschönes und Herrliches hervor, das die ganze Zeit schon da war, aber niemand, nicht einmal du, konntest es sehen, weil du mit all diesen anderen Dingen bedeckt warst.

Der Heilige Geist nimmt all den Müll weg, damit du zu Christus kommst und Ihm begegnen kannst wie Königin Esther ihrem König. Du bist schön, süss duftend, weich und geschmeidig. Du bist wunderschön anzuschauen. Dann und nur dann kannst du wahrhaftig beginnen, Jesus kennenzulernen.

## Die Veränderung

> *„Und wandelt in Liebe, wie auch der Christus uns geliebt und sich selbst für uns hingegeben hat als Opfergabe und Schlachtopfer, Gott zu einem duftenden Wohlgeruch!"*
>
> *~ Epheser 5,2*

Christus in dir ist ein duftender Wohlgeruch, aber Christus in dir muss offenbar werden und um Ihn zu offenbaren, müssen wir alles Fleisch und all die anderen Dinge wegnehmen. Christus selber ist der duftende Wohlgeruch. Wir denken, dass wir uns anstrengen müssen und uns selber in diesen duftenden Wohlgeruch verwandeln müssen. Wir denken, wir müssen hart an uns arbeiten, an unseren Sünden und unserem Fleisch. Wir denken, dass wir kontinuierlich daran arbeiten müssen. Nein, Christus ist der duftende

Wohlgeruch. Alles was wir tun müssen, ist, den Müll loszuwerden und dann wird der Duft sich überall hin verbreiten. Jeder kann es riechen.

Wir müssen uns nicht darum bemühen, fein zu duften. Wir haben das Parfum bereits in uns. Wir müssen nur den Gestank loswerden. Denn wenn du diesen Gestank loswirst, der dein Fleisch und all diese Bereiche ist, werden die Süsse und das Parfum automatisch den Raum erfüllen. Das Parfum hast du bereits. Du hast schon, was es braucht. Du hast alles, was du brauchst, in dir. Du musst einfach den Müll loswerden und der Duft wird sich automatisch überallhin verteilen.

KAPITEL 12

# Von Angesicht zu Angesicht mit Jesus - Schritt 2

*"Strecke dich aus, um Jesus zu berühren"*

# Kapitel 12 – Von Angesicht zu Angesicht mit Jesus - Schritt 2

## Strecke dich aus, um Jesus zu berühren

Der nächste Schritt, um in diese intime Beziehung zu Jesus zu kommen, ist der Lobpreis. Ich brauche hier noch eine weitere Schriftstelle aus dem Buch Esther und ich möchte, dass du dir das Bild vor deinen inneren Augen vorstellst. Ich möchte, dass du Königin Esther siehst. Lass uns Esther 5,1 und 2 lesen:

> *„Und es geschah am dritten Tag, da kleidete sich Esther königlich ..."*

Stelle dir vor, wie sie wohl ausgesehen hat?

> *„... und trat in den inneren Hof des Königshauses, dem Haus des Königs gegenüber. Und der König sass auf seinem königlichen Thron im königlichen Haus, dem Eingang des Hauses gegenüber.*
>
> *Und es geschah, als der König die Königin Esther im Hof stehen sah, erlangte sie Gunst in seinen Augen, und der König reichte Esther das goldene Zepter entgegen, das in seiner Hand war. Da näherte sich Esther und berührte die Spitze des Zepters."*

Kannst du all diese Bilder sehen? Da ist der König, er sieht auf und erblickt diese umwerfende Frau, die am anderen Ende des Raumes steht. Sie ist gekleidet in all ihrer Pracht. Ihre Haare sind schön gemacht. Er konnte sie sehr wahrscheinlich von seinem Sitzplatz aus riechen, sie duftete so gut. Nach einem harten Tag Arbeit ist das ein sehr schöner Anblick. Er konnte sich nicht helfen, er war bewegt davon und so streckte er sein Zepter aus. Es wird uns gesagt, dass Esther, als er sein Zepter ausstreckte, sich ihm näherte und es berührte.

Du musst lernen, so zum Herrn zu kommen. Wie viele Male kommen wir zum Herrn und nörgeln herum und sagen: „Oh Herr, bitte gib mir das. Bitte, Herr."

Ich kann mir vorstellen, dass der Herr denkt: „Weisst du was? Ich brauche eine Pause!"

Ich verbringe viel Zeit mit meinen Kindern und ich habe nur drei. Denke einmal darüber nach, wie viele Kinder der Herr hat. Nach einem Tag voll von Verpflichtungen, das und jenes muss gemacht werden, ihre Haare bürsten, die Kleider bereit legen, das Mittagessen fertig machen, höre ich:

„Mami, kann ich spielen gehen?"

„Ja, mein Liebling, du kannst gehen."

„Mami, kann ich das machen? Mami ..."

Am Ende des Tages bin ich bereit zu explodieren. Ich will einfach nur wegrennen. Wie denkst du, muss sich der Herr die ganze Zeit mit diesem Herumnörgeln fühlen? Aber weisst du was? Wenn wir zum Herrn kommen würden wie Königin Esther zu König Ahasveros, dann denke ich, würden wir viel mehr Aufmerksamkeit bekommen. Jeder Mann würde eine umwerfend, schöne Frau einem nörgelnden Kind vorziehen. Er würde alles stehen und liegen lassen für sie.

Der Herr kennt keine Begünstigung und Er liebt uns, egal ob wir nörgeln oder ob wir hübsch sind. Aber weisst du was? Ich möchte lieber, dass der Herr mich mit Gunst ansieht, und dass Er, wenn ich in Seine Gegenwart komme, zu mir sagt: „Wow!", und Seine Augen immer grösser werden.

## Mache es zu einem Rendezvous!

Wenn du dich für ein Rendezvous mit deinem Ehemann oder deiner Ehefrau schön machst und dich hübsch anziehst, dann möchtest du, dass er oder sie von dir beeindruckt ist. Du möchtest, dass er oder sie stolz auf dich ist. Speziell eine Frau – du machst dich schön und möchtest, dass dein Ehemann sagt: „Oh, du siehst bezaubernd aus!" Oder wenn du ein Mann bist, dann willst du, dass deine Frau sagt: „Ich bin stolz darauf, neben dir zu stehen. Du siehst so gut aus."

Niemand ist hier ausgeschlossen. Jeder braucht diese Art Lob und möchte begehrt werden. Weisst du was?

Ich möchte, dass der Herr auf diese Art fühlt, wenn ich in Seine Gegenwart komme.

Aber wie kleiden wir uns selbst mit dieser königlichen Kleidung? Das Parfum haben wir bereits. Wir sind bereits duftend. Aber lass uns jetzt die Kleider anschauen und uns mit dem Äusserlichen befassen.

Wie gelangst du an den Punkt, an dem du dem Herrn äusserlich gefällst? Geht es darum, wie vielen Leuten du diese Woche Geld gegeben hast? Geht es darum, wie viele Stunden du diese Woche deine Bibel gelesen hast? Ist es das, wie hart du daran gearbeitet hast, deine Geduld mit den Kindern nicht zu verlieren, wenn du etwas zum fünfzehnten Mal gesagt hast? Ist es das, was dir die schöne Kleidung verleiht? Jesaja 61,3 sagt:

> *„... den Trauernden Zions Frieden, ihnen Kopfschmuck statt Asche zu geben, Freudenöl statt Trauer, ein Ruhmesgewand statt eines verzagten Geistes, damit sie Terebinthen der Gerechtigkeit genannt werden, eine Pflanzung des HERRN, dass er sich durch sie verherrlicht."*

Nun, wie kommst du in die Gegenwart des Herrn und siehst dabei so umwerfend aus wie Königin Esther? Du ziehst die Kleidung des Lobpreises an, denn wenn du mit Lobpreis vor den Herrn kommst, kleidest du dich in Königlichkeit. Du kleidest dich in violett, gold und scharlachrot, versprühst den Duft Christi, und Er kann nicht anders, Er wird dich vom anderen Ende des Raumes aus wahrnehmen. Er kann sich nicht helfen, Er wird dich beachten, denn wenn du dich in Lobpreis und Leidenschaft dem Herrn hingibst, dann berührt das Sein Herz. Sein Herz ist im Lobpreis Seines Volkes. So wird das Herz Christi berührt.

So beginnst du zuerst mit dem Begehren und dann gibst du dich Christus im Lobpreis hin. Du gibst ohne Zurückhaltung. Du sagst nicht: „Ich gebe dir mit dieser Hand und mit der anderen fordere ich wieder zurück." Nein, gib einfach von dir und lobe Ihn. Denn wenn du in dieser Haltung kommst, einfach aus Leidenschaft zu geben, wird Christus aus dem Himmel auf dich herabschauen und Er sieht durchs Himmelsgewölbe diese umwerfend aussehende Braut in ihrem Brautkleid, ohne Flecken und Runzeln. Das ist es, was Er sieht, und das ist, was Er sich von uns allen wünscht. Er wünscht sich nicht Asche, sondern Schönheit. Er sagt, dass Er die Asche hinwegnehmen wird und dir dafür Schönheit gibt. Das ist es, was Er will. Er will Königlichkeit, weil es unser Erbe ist und Christus ist unser Erbe.

## Lebe es und liebe es!

In Römer 12,1 heisst es, dass wir uns selber als ein lebendiges Opfer darstellen sollen. Es kann sein, dass du die Worte zu einem bestimmten Lied nicht kennst und vielleicht auch nicht weisst, wie du ihn loben sollst. Du sagst vielleicht: „Wirklich, ich fühle mich nicht nach Lobpreis. Ich fühle mich nicht nach singen." Und sogar wenn du die Lieder kennst, sitzt du da und murmelst die Worte und denkst: „Oh Herr, ich wünschte, das würde einfach aufhören."

Das ist nicht Lobpreis. Manchmal ist es sogar schwierig, wenn du ein Lied kennst, die Worte darin wirklich zu spüren. Sie werden nach einer Weile langweilig und du scheinst sie nicht mehr ausdrücken zu können. Aber wie auch immer, wenn du anfängst deinen Körper zu bewegen, dann kannst du dir nicht helfen, aber deine Gefühle folgen dir nach. Ich rede nicht davon, einfach nur zu klatschen, so wie es jeder tut. Ich rede davon, dich wirklich zu bewegen und alles zu geben. Weisst du, wenn du diese Entscheidung triffst und deinen Körper Ihm als ein lebendiges Opfer im Lobpreis hingibst, kommen dein Verstand, deine Emotionen und dein Wille sofort in die richtige Haltung und du fängst an zu geben. Wenn du anfängst, deinen Fuss zum Rhythmus der Musik zu bewegen, dann fängst du an die Musik zu fühlen.

Tanzen ist einfach etwas Fröhliches. Wenn du das ganze Alte Testament liest, dann wird dir auffallen, dass die Frauen, wann immer etwas Bedeutsames passierte, ihre Tamburine nahmen und anfingen zu tanzen. Warum? Weil im Lobpreis durch Tanz etwas Herrliches vorhanden ist. Es sagt aus: „Hier bin ich, nicht nur mit meinen Lippen, nicht nur mit meinen Taten, sondern mit meinem ganzen Körper und allem was ich bin."

## Ja … Aber

Aber siehst du, wir haben diese kleine Komfortzone. Wir sagen: „Okay Herr, ich bin bereit, dir diesen Teil meines Lebens zu geben, oder jenen Teil meines Lebens, aber diesen Teil meines Lebens berührst du nicht."

„Ja, Herr, ich bin bereit, dir Lob mit meinen Lippen zu geben. Ich bin sogar bereit, dich vor anderen zu bekennen, aber mein Körper gehört mir."

Jeder von uns wünscht sich von Gott gebraucht zu werden. Wir wünschen uns, von Ihm in Macht und Herrlichkeit und Pracht gebraucht zu werden. Ich will, dass die Herrlichkeit fällt. Ich will die Salbung. Ich will den Fluss, das Feuer, den Wind. Ich will alles!

> **Du sagst:** „Herr, gebrauche mich!"

Du willst, dass der Heilige Geist auf dich kommt und diesen Körper übernimmt und ihn in Macht und Herrlichkeit gebraucht. Du möchtest aufstehen und die Massen geheilt und errettet sehen. Du willst einfach sehen, wie Dinge geschehen. Das ist grossartig, aber bist du bereit, Ihm deinen Körper im Tanz hinzugeben? Denn das ist der erste Schritt. Du willst dort hinausgehen und mit deinem Körper die Massen heilen, aber bist du wirklich bereit Ihm deinen Körper zu geben, damit Er damit arbeiten kann? Bist du bereit, diesen Schritt des Glaubens zu tun? Denn es ist ein Glaubensschritt! Du sagst: „Ja, Herr, ich will, dass du meinen Körper auf diese Art gebrauchst, aber nicht auf jene Art."

Jesaja und die früheren Propheten hatten es hart. Sie mussten verrückte Dinge im Geist tun. Dankt dem Herrn, dass alles, was wir heute als Propheten wirklich Verrücktes tun, das Tanzen ist. Kannst du dir vorstellen, für so und so viele Monate auf deiner einen Seite zu liegen und dann auf deiner anderen Seite und dann dein Brot über Kameldreck zu essen? Es war ekelhaft! Sie mussten einige verrückte Dinge tun - wie nackt durch die Strassen zu rennen. Und du redest davon, dass dein Körper vom Herrn übernommen wird? Sie mussten wirklich komische Dinge tun.

Der Herr verlangt von uns nicht, dass wir nackt durch die Strassen rennen, Gott sei Dank! Er fragt dich einfach, ob du Ihm deinen Körper gibst. Denn wenn du bereit bist, das zu tun, dann weiss Er, dass Er dich nehmen und einsetzen kann und was auch immer Er für dich bereithält, mit dir tun kann. Seine Herrlichkeit wird anfangen durch dich zu fliessen. Dann wird es keine Einschränkung mehr geben. Du bist bereit, alles für Ihn zu tun. Und so wird Er dich brauchen können.

Du siehst, das reisst all diese Schleier herunter. So wirst du all deine Masken und alle deine Hemmungen los. So wirst du das „Ja, ... aber" los. Dinge, wie wenn du sagst: „Ja, Herr, ich werde das tun. Aber ...". Vielleicht liebst du es zu tanzen, aber du singst nicht gerne. In diesem Fall wird der Herr sagen: „Sing!" Er will alle „Ja, ... aber" loswerden und alle Ängste, denn wenn du in völliger

Hingabe vor Ihm bist und Ihm diesen Lobpreis gibst, dann wirst du in Seinen Augen ein wunderschöner Anblick sein. Das ist der Moment, in dem Er fähig ist, in Seiner Herrlichkeit zu kommen und sie auf dich auszugiessen und dir Seine Herrlichkeit zu geben. Zuerst musst du Ihm deine Herrlichkeit geben, und wenn du sie Ihm gegeben hast, wird Er dir dafür Seine Herrlichkeit geben.

Alle von uns wollen aber immer sofort ans Ende gelangen. Wir sagen: „Ich will mich nicht mit den versteckten Dingen auseinandersetzen. Ich will mich nicht mit der Angst auseinandersetzen und der Bitterkeit und all diesen Dingen. Ich will nichts machen müssen, das ausserhalb meiner Komfortzone ist. Ich will nicht aufstehen und sprechen. Ich will nicht tanzen müssen und ich will nicht singen. Ich will sicher nicht vor andere Leute hingestellt werden, aber Herr, ich will zu deiner Verherrlichung gebraucht werden!"

Nun, was wirst du dann tun? Wirst du hinten in der Kirche sitzen und von dort auf die Leute hinweisen? Ich hasse es, dir das klar machen zu müssen, aber wenn du zu Seiner Verherrlichung gebraucht werden willst, dann sind die Chancen gross, dass Menschen dich sehen werden. Es wird geschehen. Du musst dich daran gewöhnen. Sie werden diesen Körper, indem du lebst, sehen. Also fange damit an, dass du ihn dem Herrn gibst und lass Ihn dich leiten, wie Er will. Wenn du dann vor anderen stehst und ihnen Christus präsentierst, wirst du vertraut damit sein, weil du dich bereits Christus präsentiert hast.

## Gib alles

Beginne mit dem, was du hast. Gib Ihm deine Herrlichkeit und dann wird Er dir Seine Herrlichkeit geben. Aber Ihm deine Herrlichkeit zu geben, muss zuerst kommen. Ich rede nicht davon, nur mit den Lippen und in Worten zu geben. Ich meine von Herzen, mit deiner ganzen Seele, in Taten und mit jeder Faser deines Seins. Gib Ihm echte Ehre und echten Lobpreis im Geist und in Wahrheit. Mit anderen Worten, es werden nicht Worte sein, die du in deinem Verstand kreierst. Sie müssen aus deinem Geist kommen. Sie müssen von tief innen kommen. Sie müssen so intim sein, wie wenn du jemandem etwas Besonderes erzählst.

Wir sagen oft zu denen, die uns etwas bedeuten: „Ich liebe dich."

Hast du in deinem Leben je solch oft verwendete Worte gehört? Wie viele Male wurden sie gesagt, immer und immer wieder? Aber weisst du was? Wenn mein Ehemann zu mir sagt: „Ich liebe dich", dann sind es nicht mehr einfach nur Worte. Es sind Taten und es sind Gefühle und sie sind für mich.

Der Herr möchte, dass du zu Ihm sagst: „Ich liebe dich". Aber Er will nicht, dass es einfach nur Worte sind. Er möchte, dass es ein Ausdruck deines Herzens ist. Das ist damit gemeint, wenn wir davon sprechen, Christus Herrlichkeit zu geben. Du willst Ihm die Ehre geben.

Jeder sagt: „Gib Gott die Ehre. Gott sei die Herrlichkeit."

Das ist schon gut, aber wie steht es damit, Ihm diese Herrlichkeit von deinem Geist zu geben und von deinem Herzen, mit deinen Taten und mit jedem Bisschen, das du bist. Das ist Christus deine Herrlichkeit geben. Das ist es, in den Thronsaal einzutreten, königlich gekleidet. Das gefällt Seinem Auge und so beginnst du, in diese Beziehung hineinzukommen.

Kapitel 13

# Von Angesicht zu Angesicht mit Jesus - Schritt 3

*"Erlebe Jesus´ Berührung"*

# Kapitel 13 – Von Angesicht zu Angesicht mit Jesus - Schritt 3

## Erlebe Jesus´ Berührung

Als Königin Esther im Thronsaal stand, streckte der König sein Zepter aus und sie berührte es. Da sagte er zu ihr: „Bitte mich um was du willst, Esther. Bis zur Hälfte meines Königreiches will ich dir geben."

Sie berührte sein Herz so sehr, dass er willig war, ihr alles zu geben. Vielleicht verhalten sich alle Männer bei einer schönen Frau so, das weiss ich nicht. Aber ich weiss, dass Gott so ist. Er wird dir alles geben, wenn du Sein Herz berührst.

Jetzt ist die Zeit, um zum Herrn zu gehen und zu sagen: „Herr, das ist es, was ich mir wünsche." Jetzt ist die Zeit da, um zu sagen: „Das ist meine Bitte. Das ist meine Anfrage."

Aber siehst du, wir wollen zum Herrn kommen und Ihn mit all den Dingen, die wir wollen, bedrängen, ohne Ihm zuvor unsere Ehre zu geben. Ich sage nicht, dass wir ein Ritual daraus machen sollen. Sondern ich meine einfach, dass du Christus deine Ehre geben sollst und dann wird dir Herrlichkeit gegeben. Lass Ihn Sein

Zepter zu dir ausstrecken und sagen: „Was ist es, dass du dir wünschst?"

Dann kannst du sagen: „Okay Herr, das ist es."

## Die Realität des Erlebens

Das reale Erleben kommt jedoch, wenn du Seine Antwort hörst. Dann lernst du Jesus wirklich kennen. Du kennst Ihn, nicht vom Namen her, nicht durch Werke und durch das, was du gelesen hast, sondern so, wie Er ist. Du lernst Ihn als eine Person kennen, wenn du Seine Antwort hörst. Darum geht es in der Anbetung. Anbetung ist, Ihn sprechen zu hören und Ihn dir dienen zu lassen.

Wenn du den Herrn lobst, siehst du Ihn. Aber wenn du Ihn anbetest und Seine Worte hörst, das ist der Moment, in dem du Ihn kennenlernst. Es gibt einen klaren Unterschied, denn das ist der Teil, worauf wir hinauswollen: das Kennen. Wie hast du deine Freunde, deinen Ehemann oder deine Ehefrau kennengelernt? Du hast ihnen zugehört, nicht? Sie haben dir alles über ihr Leben mitgeteilt. Sie haben dir all ihre Probleme erzählt. Sie teilten ihr Herz mit dir und dadurch hast du sie als Person kennengelernt.

Der Herr begehrt unsere Herrlichkeit und unseren Lobpreis, aber nur wenn wir Seine Antwort hören, lernen wir Ihn wirklich kennen. Das ist der Grund, wieso Anbetung so wichtig ist. Aber sie wird vernachlässigt. Oft sind wir viel zu beschäftigt mit dem Loben und Ehre geben. Schlussendlich sagt der Herr:

„Würdest du bitte ruhig sein, damit ich zu dir sprechen kann? Könntest du bitte einfach ruhig sein? Denn du kennst mich nicht! Du denkst, dass du mich kennst. Du kennst mich durch das, was du siehst, aber du kennst mich nicht durch das, was du erlebt hast."

Wir spüren die Herrlichkeit. Wir spüren die Salbung wie Königin Esther, als sie in den Thronsaal kam. Ich bin sicher, dass es beeindruckend war. Kannst du dir die Spannung in der Luft vorstellen, als sie in den Thronsaal eintrat? Kannst du dieses Gefühl von Reichtum und Herrlichkeit und den König visualisieren? Es muss ein gewaltiges Erlebnis gewesen sein, in diesen Thronsaal zu kommen und diese Atmosphäre zu spüren.

**ABER es ist eine Sache, die Atmosphäre zu spüren und eine andere, den König zu kennen.**

Wir mögen die Atmosphäre der Salbung in unserem Loben wahrnehmen und es kann ein herrliches Erlebnis sein, aber es ist eine andere Sache, den König wirklich zu kennen und Ihn zu dir sprechen zu hören. Das ist Anbetung. Anbetung ist eigentlich, zum Herrn zu kommen und Seine Stimme für dich zu hören. Wenn du Ihm zuhörst, lernst du Ihn kennen. Nun, wie hörst du Ihm zu?

Du sagst: „Obwohl ich dazu berufen bin, ein Prophet zu sein, habe ich immer noch Mühe, Ihn zu hören!"

## Sein Wort für Dich!

Du hörst Ihn durch Sein Wort. Wenn du mit diesem Wunsch im Herzen an das Wort herangehst, dann wirst du Ihn durch diese Seiten zu dir sprechen hören. Ich weiss nicht, wie viele Male ich das Wort genommen habe und in den Evangelien oder dem Alten Testament gelesen habe. Ich habe diese Worte schon oft gelesen und doch ist es, als ob Er sie nur zu mir sprechen würde und ich kann Seine Stimme darin hören. Es ist nicht nur einfach das Wort lesen, denn ich lese das Wort nicht wie eine Studie. Ich lese Seine Liebesbriefe und höre, was Er mir zu sagen hat.

Menschen haben diese Vorstellung, dass die Bibel da ist, um sie zu studieren und zum täglichen Gebrauch, und ja, das ist sie. Aber weisst du was? Der Herr schrieb diese Bibel für dich. Es sind Seine Worte an dich, nicht Seine Worte an den Pastor, der einige Strassen weiter unten wohnt. Es sind nicht Seine Worte an jeden, zu dem du predigst. Es sind Seine Worte an dich. Wenn du also die Bibel öffnest, schaue sie in diesem Zusammenhang an: „Hey, Jesus sagte das nicht nur zu Seinen Jüngern. Er hat es auch zu mir gesagt. Der Herr hat das zu mir gesagt."

Du musst es persönlich nehmen und plötzlich öffnet sich das ganze Wort vor dir, denn dann ist es intim. Es ist ein Zwiegespräch zwischen dir und Ihm.

Dann ist es wichtig, dass du Seine Stimme durch Inspiration hörst. Es ist nicht genug, einfach das Wort zu lesen. Du musst Ihn auch im Geist kennen, damit du fähig wirst, Ihn zu hören. Ich habe bereits eine ganze Lehre über Träume und Visionen herausgegeben, in der erläutert wird, wie du fähig bist, Visionen zu sehen und Ihn zu hören. Aber es muss nicht einmal durch Träume und Visionen geschehen. Es kann ganz einfach auch durch den Mund von jemand anderem kommen.

## Das sagt der Herr ...

Wir dienen viel prophetisch und sprechen für den Herrn, aber manchmal musst du dich einfach einmal setzen und jemand anderem zuhören. Höre einfach zu, was Er dir durch einen anderen Propheten zu sagen hat. Ich spreche nicht von diesen voraussagen Worten, wie zum Beispiel: „Ich werde dir ein Auto geben und ein Haus und du wirst Zwillinge haben."

Nein, das ist nicht das Beispiel, das ich meine. Ich spreche davon, wenn jemand aufsteht und sagt: „Der Herr sagt: Er liebt dich. Er hat Freude an dir."

Wenn du jemanden für Ihn sprechen hörst, ermutigend und ermahnend, wie das ein Prophet tun sollte, dann hörst du die Stimme Gottes. Es kann sein, dass es nicht immer hundert Prozent richtig ist, aber du hörst zumindest Seine Stimme und bekommst ein Empfinden davon, wie Er ist. Du bekommst einen Eindruck davon, welche Art von Typ Er ist. Du lernst: „Hey, Er hat ein bisschen Humor." Du bekommst einen Eindruck von Seiner Persönlichkeit, was Er gerne hat und was Er nicht mag. Du bekommst einen Eindruck nicht nur von dem, was du in deinem Kopf studiert hast, sondern von dem, was du zu erleben beginnst.

Du kannst viele Eindrücke von jemandem via Internet erhalten oder nur schon, wenn du eine Fotografie anschaust, aber wenn du die Person dann triffst und sie spricht, bekommst du ein viel genaueres Bild davon, wer sie wirklich ist. Du siehst, was für eine Persönlichkeit sie hat, was sie gerne hat und was für Erfahrungen sie im Leben gemacht hat. Indem du ihr zuhörst, lernst du sie wirklich kennen.

## Ihn zu kennen ist Ihn zu lieben

Wenn wir an den Punkt kommen, an dem wir Ihn anbeten und Ihm zuhören und hören, was Er zu sagen hat, dann lernen wir Ihn wirklich kennen. Wenn jemand sagt: „Ich kenne Jesus und Er sagt: ‚Er wird dich für die Sünde in deinem Leben richten'", können wir sagen: „Nein, das würde Er nicht tun! Jesus würde so etwas nie sagen! Ich kenne Ihn. Er würde das nie sagen."

Das ist so, wie wenn jemand zu mir kommen und sagen würde: „Schau, wusstest du, dass Craig das und das über dich sagte? Hast du gewusst, dass Craig mit einer anderen Frau abgehauen ist?" Ich würde sagen: „Du kennst Craig nicht wirklich, oder? Ich kenne ihn und er würde so etwas niemals tun." Ich kenne ihn so intim.

Daher müssen wir an den Punkt gelangen, an dem wir Jesus innig und vertraut kennen, damit du, wenn jemand sagt: „Ich habe diese grossartige Offenbarung", oder: „Jesus sagte folgendes zu mir", erwidern kannst: „Das würde Jesus nicht sagen. Ich kenne Ihn und Er würde so etwas nie sagen. Er arbeitet nicht auf diese Art."

Ich kenne Ihn persönlich durch Sein Wort und durch Erfahrung. Ich weiss, wie Er ist und Er würde das nicht tun. Er würde Menschen nicht krank machen, nicht nur weil es das Wort so sagt, sondern auch weil ich es aus Erfahrung weiss. Ich kenne Ihn.

Du kommst nur an diesen Punkt, wenn du hörst, wie Er zu dir spricht. Das ist der Grund, wieso das Journaling so wichtig ist. Du solltest jeden Tag journalen, auch wenn es um nichts anderes geht, als dass du einfach Seine Stimme hörst. Du hörst Ihn sprechen und gewöhnst dich an den Klang Seiner Stimme.

Erinnerst du dich daran, wie es ist, wenn du eine Freundschaft beginnst? Das erste Mal, wenn er dich anruft, erkennst du seine Stimme am Telefon nicht und du musst sagen: „Entschuldige, wer ist dran?" Aber dann, wenn er ein paar Mal angerufen hat, dann brauchst du nur noch das Telefon abzunehmen und er sagt: „Hallo", und du kannst sagen: „Oh, Hallo, wie geht's dir?" Du kennst ihn ganz genau.

Mit dem Herrn ist es dasselbe. Die ersten paar Male, wenn du Seine Stimme hörst, musst du noch genau hinhören. Es ist noch nicht so klar für dich, aber dann nach einer Weile ist es, als ob du den Telefonhörer abnehmen würdest und sagst: „Hallo". Du kennst Seine Stimme sofort und du weisst: „Hey, das ist der Herr", oder: „Nein, das ist Er nicht! So spricht der Herr nicht." Je mehr du Ihn hörst und je mehr du diese Telefongespräche mit Ihm hast, umso klarer wird Seine Stimme für dich werden.

Jeder von uns muss an diesen Punkt kommen, an dem er Seine Rhema-Worte hört. Ich habe der englischen Strongs-Konkordanz die Definition von Rhema entnommen. Dort heisst es:

> *Das, was durch die lebendige Stimme ausgesprochen wird oder ausgesprochen wurde; ausgesprochene Dinge; ein Wort; jeglicher Klang, der durch die Stimme produziert wird und eine klare Bedeutung hat.*

Mit anderen Worten, es ist etwas, das genau jetzt ausgesprochen wird. Was Menschen hören, wenn ich live spreche, ist das Rhema. Wir müssen dieses Rhema die ganze Zeit vom Herrn hören, nicht nur einmal in der Woche, wenn du zur Kirche gehst. Du musst es die ganze Zeit vom Herrn hören, jeden Tag. Du musst Seine Stimme hören.

Am Anfang ist es wie dieses Telefongespräch, bei dem du die Stimme deines neuen Freundes noch nicht richtig erkennst und du hörst ihn nicht richtig. Aber nach einer Weile gewöhnst du dich an den Klang seiner Stimme.

Es ist dasselbe mit dem Herrn. Wenn du einfach zu Ihm kommst und journalst, sind die ersten paar Male ein bisschen steinig, aber allmählich wirst du anfangen, dich wohl zu fühlen, bis du Seine Stimme so klar hörst, wie die jeder anderen Person.

## Schritt 1-2-3

Das bedeutet es also, in eine Beziehung mit Christus hineinzukommen. Es geht nicht darum, wie hart du arbeitest. Es liegt nicht an den Dingen, die du für Ihn tun kannst, sondern du brauchst einfach diese drei einfachen Schritte: Begehre es, gib Ihm deinen Lobpreis und dann komme in Anbetung zu Ihm, empfange von Ihm und höre Seine Stimme für dich. Das sind drei sehr einfache Schritte. Da ist nichts Kompliziertes und du bist fähig, dies zu tun.

Der Herr sagt nicht: „Erklimme den höchsten Berg oder schwimme durch den tiefsten Ozean." Er sagt das nicht. Er sagt: „Begehre es, gib mir deinen Lobpreis und dann werde ich dir meine Herrlichkeit geben."

Das sind drei sehr einfache Schritte, aber siehst du, der schwierige Teil kommt im Abgeben der verschiedenen Schleier. Das ist wirklich der schwierigste Teil in diesem ganzen Prozess. Es ist gut möglich, dass du auf verschiedene Stufen des Gebens und Nehmens dieser Herrlichkeit kommst und dann ein nächster Schleier entfernt wird, bis du Ihn wirklich von Angesicht zu Angesicht siehst.

Es ist ein fortlaufender Prozess und es ist einer, in dem jeder Prophet leben und nach dem er sich ausstrecken sollte. Denn wenn du an diesen Punkt kommst, wirst du so werden, wie es diese Stelle im Epheser 5,25-27 beschreibt:

> *„Ihr Männer, liebt eure Frauen! Wie auch der Christus die Gemeinde geliebt und sich selbst für sie hingegeben hat um sie zu heiligen, sie reinigend durch das Wasserbad im Wort damit er die Gemeinde sich selbst verherrlicht darstellte, die nicht Flecken oder Runzel oder etwas dergleichen habe, sondern dass sie heilig und tadellos sei."*

Diese Schriftstelle rundet diese drei Schritte ab. Es geht darum, als eine Braut ohne Flecken und Runzeln Christus präsentiert zu werden, nicht darum, wie gut du bist. Du versuchst nicht heilig zu sein, um zu Ihm zu kommen. Es heisst nicht: „Du musst versuchen, heilig zu sein." Es heisst im letzten Vers: „Dass sie heilig und tadellos sei."

Das ist das Endresultat. Du wäschst nicht dein Kleid und versuchst, heilig zu werden. Du wirst heilig und tadellos durch das Gewaschen-Werden des Heiligen Geistes, indem du durch Sein Rhema-Wort gereinigt wirst und indem du Seine Stimme hörst. Jedes Mal, wenn du Seine Stimme hörst, werden deine Makel weggewaschen.

Ich hatte Tage, an denen ich depressiv war. Ich hatte einen schlechten Tag. Ich war frustriert und wollte einfach allein gelassen werden und dann setzte ich mich hin und journalte ein bisschen. Es hat etwas am Hören der Stimme des Herrn, das deine grossen

Probleme einfach so klein erscheinen lässt. Hast du Tage, Wochen oder sogar neun Monate (wenn du im prophetischen Training bist), an denen alles falsch zu laufen scheint und die Welt schwerer auf dir lastet, als du zu tragen vermagst? Doch dann kommst du in Seine Salbung und hörst Seine Stimme und es ist so, als ob diese Dinge nicht mehr zählen würden. Sie schmelzen einfach dahin.

Dies geschieht, wenn du das Rhema-Wort hörst. Du kommst in Seine Gegenwart, bekleidet mit all deinem Schmutz und Dreck der Woche, aber wenn Er Seine Rhema-Worte ausspricht, dann wird das alles von dir abgewaschen, bis du ohne Flecken und Runzeln vor Ihm stehst. Du bist tadellos, schön und heilig. Heilig sein heisst, du bist abgesondert für Ihn, Ihm hingegeben, dich Ihm selber im Lobpreis präsentierend, damit du kommst und eins wirst mit Ihm - Braut und Bräutigam in Anbetung vereint. Du kommst an diesen intimen Ort.

Du kannst diesen innig vertrauten Ort heute betreten. Du musst nicht zuerst eine geistliche Stufe erklimmen. Du musst nicht ans andere Ende der Erde laufen, um das zu finden. Du musst nicht einen Propheten oder einen Apostel oder irgendjemanden finden, um diese Beziehung zu bekommen. Du hast es heute gerade jetzt bereits in dir. Begehrst du das? Gibst du dein Lobpreis dafür? Und bist du dann bereit, zurückzutreten und zu empfangen? Manchmal ist es vielleicht schwieriger zu empfangen, verletzlich zu sein, einfach da zu sitzen und dich von Ihm beschenken zu lassen und dabei selber überhaupt nichts zu tun.

Ich sagte vorher schon einmal, wie wir unsere Bitterkeit mit unseren Leben verteidigen. Ich denke, dass die Menschen genauso ihre eigenen Werke mit ihren Leben schützen. Wir lieben es, in Kontrolle zu sein und alles selber machen zu können. Bist du bereit, das einfach alles gehen zu lassen und Seine Anbetung zu empfangen?

Das ist der Punkt, an den dich der Herr heute hinbringen möchte, und es ist eine Reise, die du gerade jetzt beginnen kannst, wenn du es nur begehrst.

Aber wenn du berufen bist, ein Prophet zu sein, dann endet es hier nicht für dich. Diesen Prozess wirst du immer und immer wieder durchleben und mit einem Aspekt wirst du sehr vertraut werden, nämlich dem des Ausziehens und Ablegens. Denn mit was andere noch durchkommen mögen, geht bei dir nicht mehr. Diese ungemütliche Phase nennt sich prophetische Vorbereitung und es ist das Training, durch das der Heilige Geist einen Propheten nimmt, um ihn bereitzumachen, um im Amt stehen zu können.

Also, schnalle dich an, wenn du ins nächste Kapitel übergehst, denn diese Fahrt wird ein bisschen holperig. Sie bringt dich zu einer Kurve auf deiner Strasse, die nur wenige Menschen nehmen. Ich habe solche gesehen, die sich selber als Propheten anpriesen, aber bei dieser Kurve aus dem Auto ausgestiegen sind. Aber dann sah ich auch jene, von denen ich es zuletzt erwartet hätte, die den plötzlichen Wechsel annahmen, in diesem Ereignis aufstanden und hindurchgingen und dann vollständig im prophetischen Amt stehen konnten.

TEIL 03 – PRAKTISCHE PROPHETISCHE LEITERSCHAFT

KAPITEL 14

# Schwanger sein und es lieben!

*"Deinen prophetischen
Dienst gebären"*

# Teil 03 – Praktische prophetische Leiterschaft

# Kapitel 14 – Schwanger sein und es lieben!

## Deinen prophetischen Dienst gebären

Ich erinnere mich daran, als ich mit Jessica schwanger wurde und Deborah gerade einmal drei Monate alt war! Ich weiss nicht, wer von uns beiden, ob Craig oder ich, mehr überrascht war über dieses unerwartete Geschenk vom Herrn. Es dauerte eine Weile, bis ich mich an diesen Gedanken gewöhnte. Nachdem ich damit fertig war, mich darüber zu beklagen, dass ich meine Figur nur für einige Wochen wieder zurückbekommen hatte und sie nun wieder von neuem verlieren würde, kam ich zum Schluss, dass der Herr Seine Hand im Spiel hatte und Er wusste, was Er tat – auch wenn ich es nicht wusste!

Aber ich sage dir, diese unerwartete Schwangerschaft anderen verständlich zu machen, war viel schwieriger, als es das für uns selber war! Ich kann dir nicht sagen, wie viele Male Leute uns fragten: „Warum kriegt ihr so schnell nach dem ersten Baby bereits wieder eines?" Woraufhin wir immer antworteten: „Nun, wir hatten in diesem Fall eigentlich keine Wahl, aber abgesehen davon glauben wir, dass der Herr damit einen Plan hat."

Für uns war dieses Konzept sehr einfach zu begreifen, doch für die anderen schien es unmöglich zu sein! Vielleicht war es so, weil wir die Zusicherung des Herrn hatten und sie nicht. Sogar nach der Geburt blieben die Fragen mit den komischen 'guten' Ratschlägen nicht aus: „Ihr hättet ein bisschen länger warten sollen", oder: „Es ist wirklich keine gute Idee, ein Baby nach dem anderen zu haben, weil es die Aufmerksamkeit vom ersten Kind wegnimmt."

Die ganze Zeit waren Craig und ich innerlich am Schreien: "Wir hatten keine andere Wahl! Denkst du, wir haben es auf diese Art geplant?" Aber wer kann dem Herrn sagen, wie Er unsere Herzenswünsche erfüllen soll? Während meiner ganzen Jugendzeit hatte ich Ihn um ein blauäugiges, blondes Kind gebeten und so gab Er mir eines in Form von Jessica, zu Seiner Zeit und auf Seine Art.

Den prophetischen Dienst zu gebären ist dem sehr ähnlich. Du hast zum Herrn geschrien mit dem Wunsch, die zerbrochenen Herzen zu heilen und so wurdest du schnell mit dem prophetischen Dienst schwanger. Es geschah nicht zu der Zeit, in der du es erwartet hättest und auch nicht auf die Art, wie du dir das vorgestellt hättest. Du dachtest, andere würden sich mit dir über deine Empfängnis freuen. Was für dich ein Geschenk war, schien für andere ein Hindernis zu sein!

Aber was tust du nun? Gibst du vor, nicht schwanger zu sein? Nein, was mit dem Propheten geschieht, sobald er empfangen hat, ist, dass der Herr ihn zur Seite nimmt, damit das Baby umsorgt wird, bis es bereit ist, geboren zu werden. Hätten Craig und ich den Stimmen um uns herum Gehör geschenkt, hätten sie uns die Freude an unserem neuen Kind geraubt. Aber stattdessen zogen wir uns für eine Zeit lang zusammen zurück und der Herr gab uns Stärke, um hindurchzugehen.

So ist es auch mit dem Propheten, der zu einer Phase von neun Monaten des intensiven Trainings gerufen wird, das ihn direkt ins prophetische Amt hineinführen wird (Nicht zu verwechseln mit den Jahren der prophetischen Vorbereitung, die davor kommen!). Damit der prophetische Ruf in ihm wachsen kann, muss er zum Bach Krith gehen, bis das Baby bereit ist, geboren zu werden. Unter der Aufsicht und der Lehre des Heiligen Geistes wird das Kind versorgt und beschützt.

Wenn dieser Prophet unter der Kritik und den Fragen der anderen bleiben müsste, würde das Kind sicher zerstört werden und er würde nie die Freiheit haben, ganz ins Amt hineinzuwachsen. Folglich würde er eine frühzeitige Geburt haben und das, was der Herr geplant hatte, verlieren. Der Heilige Geist wird also solch einen Propheten zu einem verborgenen Ort führen, um dieses Kind zu füttern, bis es alleine stehen kann.

In der Tat, bis ein Prophet nicht einen solchen Ruf, abseits zum Bach Krith zu gehen, empfangen hat, ist er noch nicht in die Trainingsphase hineingekommen, die erforderlich ist, um seinen Dienst vollständig in ihm zu gebären. Doch wenn dieses Baby geboren wird und erstarkt ist, wird es wieder zurück in die Gemeinde geleitet werden, um in der Herrlichkeit dazustehen, in die es hineingewachsen ist.

Schaue einmal Johannes den Täufer an. Bei seiner Geburt prophezeite sein Vater, dass er ein Prophet sein würde und berufen sei, vor dem Retter herzugehen. Aber danach hörst du nichts mehr von ihm. Das nächste, was du von ihm hörst, ist: *„Das Kind aber wuchs und erstarkte im Geist und war in der Einöde bis zum Tag seines Auftretens vor Israel."*
~ Lukas 1,80

Erst als er im Geist erstarkte, war er bereit, seine Funktion als Prophet wahrzunehmen. Also gib dem Kind in dir Zeit, um zu wachsen und verachte die nicht, die dazu angeleitet werden, ihren prophetischen Dienst in der Stille der Einöde zu gebären. Denn wenn das Kind in ihnen erstarkt ist, wird es wieder in die Gemeinde zurückgeführt werden, um in der Macht und Autorität, für die es bestimmt ist, zu dienen!

Aber lass uns für einen Moment zum Anfang gehen und die Empfängnis anschauen und was von dort aus geschieht. Ein Baby zu haben bedeutet nicht einfach, schwanger zu sein. Nein, es gibt etwas grundlegendes, das du konfrontieren musst, bevor du ein Prophet wirst, und dieser Prozess wird Arbeit genannt!

## Ein 'Katze im Sack'-Dienst

Den prophetischen Dienst das erste Mal zu erleben, ist dem 'Kauf einer Katze im Sack' sehr ähnlich, denn du weisst einfach nicht, welche Überraschung dich erwartet. Ich kann dir nicht sagen, wie viele Leute ich schon getroffen habe, die stolz ihren prophetischen Dienst ankündigten, dann aber zurückschreckten, als ich ihnen sagte, was es genau bedeutet, ein Prophet zu sein!

Jeder würde gerne Titel tragen und jeder möchte gerne 'Prophet' genannt werden, aber weisst du, was dieser Titel dich kosten wird? Viele würden gerne glauben, dass das gekaufte Studienmaterial sie zu einem Propheten macht. Ich kann dir nicht sagen, wie viele Studenten in unserer ersten Prophetenschule das Material kauften und sich nicht einmal die Zeit dazu nahmen, es zu lesen!

Sie dachten, wenn sie einen gewissen Betrag bezahlen, würde es sie zu einem Propheten machen. Oh, was für ein Irrtum! Genau wie als ich schwanger war. Da waren die Arztrechnungen und die Spitalkosten, aber der wahre Preis, den ich für dieses Baby bezahlen musste, kam mit den ersten Wehen.

Erst als ich die Wehen erduldete und bis zum Ende - bis zur Geburt - weiterging, empfing ich meinen Lohn. Nun, ich hätte diesem Arzt Tausende von Dollars bezahlen können, aber dadurch hätte ich mein Baby nicht bekommen! Es führt kein anderer Weg daran vorbei. Wenn du dir wünschst, ein Prophet zu werden, musst du die Schmerzen der Wehen und der Geburt konfrontieren. Bis du sie nicht konfrontiert hast, kannst du kein Prophet sein.

Bevor du also überhaupt weitergehst mit dieser Idee, ein Prophet zu werden, lass mich diese 'Katze im Sack' für dich herauslassen und dir all die Überraschungen, von denen du nichts wusstest, aufzeigen.

Der Ruf des Propheten bedeutet nicht, einen Titel zu tragen, sondern es ist ein Ruf zum Sterben. Zum Absterben von jedem einzelnen Ding, das du bist. Wenn du einen starken Willen hast, wird er gebrochen werden. Wenn du überemotional bist, werden diese Gefühle niedergeschlagen werden. Wenn du ein Denker bist, wirst du ratlos und verwirrt werden. Wenn du gerne alleine bist, wirst du dahin gebracht werden, in einer Gruppe zu stehen. Wenn du unsicher bist, wirst du mit deiner Schwäche konfrontiert und dazu gebracht werden, sie zu überwinden. Wenn du ein starker Leiter bist, wirst du zu einem Diener gemacht werden.

Denn jede deiner Stärken wird ans Kreuz gerufen werden. Und es kommt noch schlimmer, all deine Schwächen und Unsicherheiten werden ans Kreuz gerufen werden. Es kann nicht sein, dass ein Prophet in der Öffentlichkeit unsicher ist. Es darf nicht sein, dass ein Prophet Menschenfurcht hat. Du musst sprechen, wenn Gott es will und wie Er es will.

Es geht nicht, dass ein Prophet aus seinem Verstand heraus spricht. Denn der Prophet trägt einen schweren Mantel, wenn er für Gott spricht. Würdest du dich wagen, die Arroganz zu haben, die Leben von Gottes Volk in deine Hand zu nehmen und dann aus deinem menschlichen Verständnis heraus zu ihnen zu sprechen?

Der Ruf ein Prophet zu sein, ist kein Spiel und es ist auch keine Freizeitbeschäftigung, die du noch irgendwie in deinen Terminkalender einbauen kannst. Es ist etwas, das du lebst, atmest und wirst. Du wirst verändert, gemeisselt und in das Bild Christi umgestaltet. Du wirst lernen, deine Mauern und Masken zu überwinden, um das Gesicht Jesu Seinem Volk zu zeigen. Es wird dir nicht erlaubt sein, dich hinter deinen eigenen Spielzeug-Doktrinen und deiner Bitterkeit zu verstecken. Wenn es Zeit ist, Busse in der Versammlung zu tun – wird sie bei dir beginnen!

Schaue dir einmal Daniel an, der für Israel Busse tat. Er lag Tag und Nacht in den Wehen für sein Volk. Er war jedoch einer der unglaublichsten Propheten seiner Zeit mit einer Weisheit, die damals jeden weisen Mann übertraf. Wenn es einen Gerechten gab, dann war er es, und doch war er der erste, der zur Busse gerufen wurde.

Der Ruf zum prophetischen Dienst ist ein Ruf zum Tod. Doch solange du dort am Kreuz hängen bleibst, wird der Herr Jesus selber vom Kreuz herunterkommen und Sein Leben durch dich leben. Denn es heisst im Wort:

> *„Ich bin mit Christus gekreuzigt: und nicht mehr lebe ich, sondern Christus lebt in mir; was ich aber jetzt im Fleisch lebe, lebe ich im Glauben, und zwar im Glauben an den Sohn Gottes, der mich geliebt und sich selbst für mich hingegeben hat."*
>
> *~ Galater 2,20*

So wie das Kreuz jetzt vor dir steht, stelle dir vor, dass du wie Jesus damals daran angenagelt bist. Wenn du dann an diesem Kreuz bleibst, sieh wie Jesus vom Kreuz hinunterkommt und durch dich lebt. Das illustriert auf eine sehr einfache Art das Leben des Propheten. Innerlich dem Fleisch abgestorben, im Blut Christi gekleidet, äusserlich die Herrlichkeit Christi ausstrahlend in allem, was du sagst und tust. Aber das Problem ist, dass du immer wieder vom Kreuz heruntersteigst, um dem Herrn ein bisschen nachzuhelfen! Das ist der Grund, warum der Tod immer und immer wieder kommt, um dich daran zu erinnern, deinen Platz auf Golgatha einzunehmen!

Sicherlich, der Siegespreis ist herrlich, aber bist du bereit, diesen Preis für den Siegespreis zu bezahlen? Ist das Gold in dir echt oder ist es Schlacke? Denn wenn du ins Feuer der prophetischen Vorbereitung steigst, wirst du schnell genug herausfinden, ob da irgendwelches Gold in dir ist!

## Die flackernden Flammen

Einmal fragte mich ein Mann: „Haben sie keine Angst vor Menschen, die sich selber Propheten nennen und nicht ihr Material lesen und ihre Schule besuchen?"

Ich antwortete: „Nun, wenn diese Leute nichts Besseres zu tun haben, als sich selber zum Sterben aufzurufen, dann sollen sie das tun! Denn das Wort sagt, dass wir Gott nicht versuchen sollen. Entweder meinst du es ernst oder nicht. Wenn du dich selber Prophet nennen willst, dann sei gefasst darauf, dass der Heilige Geist das Feuer bringen wird, das dich zu einem macht. Du wirst schnell genug herausfinden, ob dein Ruf echt ist oder nicht!"

Irgendwo auf der Strecke wird solch eine Person entweder zur Besinnung kommen und der Herr macht sie wahrhaft zu einem Propheten oder sie bleibt am Wegrand liegen. Wie viele, die sich selber Propheten nennen, haben diese Art von Feuer erlebt? Hast du dieses Feuer erlebt? Bist du bereit, dich diesem Feuer zu stellen?

Wirst du wie die Kinder der Hebräer sein?

„Da wurde Nebukadnezar voller Wut, und der Ausdruck seines Gesichts änderte sich gegenüber Schadrach, Meschach und Abed-Nego. Er begann und **befahl, den Ofen siebenmal mehr zu heizen**, als es ausreichend war." Daniel 3,19

Sie stellten sich dem Feuer mit Zuversicht, wissend, dass sie aus ihm herauskommen würden, ohne von seinen Flammen verbrannt zu werden. Denn im Feuer begegneten sie dem Herrn. So wird es auch bei dir sein, wenn du ins Feuer trittst. Du wirst Gott dort in einer mächtigen, intimen Art antreffen. Aber es beginnt mit einer Entscheidung.

Bist du nun schwanger? Hast du einen prophetischen Dienst empfangen? Bist du bereit, die Wehen zu ertragen? Wagst du dich ins Feuer zu stehen, um zu sehen, wie dein Eifer wirklich aussieht? Bist du bereit, in die Flammen zu treten und zu sagen:

> *„Ob unser Gott, dem wir dienen, uns erretten kann - sowohl aus dem brennenden Feuerofen als auch aus deiner Hand, o König, wird er uns erretten - oder ob nicht: es sei dir jedenfalls kund, o König, dass **wir deinen Göttern nicht dienen und uns vor dem goldenen Bild, das du aufgestellt hast, nicht niederwerfen werden.**"*
>
> *~ Daniel 3,17-18*

Der Herr hält nichts vor dir zurück und Er wird deinen Wunsch erfüllen, aber tritt nicht leichtsinnig in den prophetischen Dienst ein, denn es ist ein schwerer Ruf.

Und doch ist nichts auf dieser Welt mit dem Siegespreis vergleichbar! Wenn du wirklich den Ruf in den prophetischen Dienst hast, dann wird dich deine innere Leidenschaft geradewegs ins Feuer bringen! Du wirst diese Empfängnis mit Eifer annehmen und du wirst jede Wehe willkommen heissen. Denn jede Wehe bringt dich näher an dein Ziel.

Ich sage dir, dass durch das Feuer das wertvollste Geschenk entsteht! Wenn einmal die Wehen überstanden sind und du wieder nach Luft schnappen kannst, siehst du nach unten und erkennst ein neugeborenes Baby in deinen Armen, das mit Hingabe zu dir hochblickt. Dann weisst du, dass sich alles gelohnt hat. Denn wie das Feuer und die Wehen plötzlich über dich kamen, so schnell werden sie auch wieder verschwinden und du wirst die Schmerzen vergessen haben.

Erst *dann* beginnt dein prophetischer Lauf wirklich.

... Aber das ist eine völlig andere Geschichte.

KAPITEL 15

# Arbeite, stirb und sei ausdauernd

*"Das Geheimnis, schnell durch die Vorbereitung zu kommen"*

# Kapitel 15 – Arbeite, stirb und sei ausdauernd

## Das Geheimnis, schnell durch die Vorbereitung zu kommen

Ich werde die Dinge nie vergessen, die mir aufgingen, als der Herr uns anleitete, Südafrika zu verlassen und an dieses Ende der Welt zu ziehen. Ich lernte schnell, dass es in Amerika immer einen einfacheren Weg gibt, wie du die Dinge tun kannst. Ich entdeckte, dass ich Pfannkuchen einfach als Fertigprodukt kaufen konnte, statt alles von Grund auf zuzubereiten. Etwas Milch beifügen und fertig! Meine Backresultate sahen jetzt immer etwa gleich aus. Ich hatte vorher Stunden damit verbracht, all die verschiedenen Zutaten zusammenzumischen und jetzt goss ich einfach nur noch Milch dazu und vermischte alles.

Was hat denn nun mein Abenteuer in der Küche mit dem Ruf in den Dienst gemeinsam? Nun, ich glaube, weil Dinge für uns in vieler Hinsicht einfacher geworden sind, nehmen wir an, dass es im geistlichen Bereich auch so ist. Die Erlösung war gratis, die Gaben des Geistes waren gratis, warum also sollten wir jetzt eine Anstrengung unternehmen, um die Titel und die Leiterschaftspositionen in der Gemeinde tragen zu können?

Warum kann es nicht so einfach sein, wie 'gib einfach Milch dazu, vermische und serviere es'? Warum müssen wir durch diesen langanhaltenden Prozess gehen? Was das Ganze noch schwieriger macht, ist, wenn du siehst, dass andere dich dabei noch überholen. Du hast dieses Drängen in dir, 'aufholen' zu müssen. Du hast dieses schreckliche Gefühl, ausgelassen zu werden und du willst an vorderster Stelle stehen. Anstatt dass du dir die Zeit nimmst, die du brauchst und dir die Anstrengung machst, die einzelnen Zutaten zusammenzumischen, eine nach der anderen, kippst du einfach alles auf einmal hinein und hoffst, dass es gut herauskommt.

Nun, ich habe heute Neuigkeiten für dich. Der Ruf zum prophetischen Dienst kommt nicht durch 'einfach Milch hinzufügen'! Er kommt durch die Verpflichtung, den Preis zu bezahlen und bis ans Ende durchzugehen. Bevor wir hier also überhaupt weitergehen, habe ich eine einfache Frage an dich. Stelle dir diese Frage: Welchen Preis bist du bereit für deinen Ruf zu bezahlen?

## Arbeiten

Weiter hinten im Kapitel 'Gesalbt und ernannt' erkläre ich, dass es mehr braucht, um befördert zu werden. Um in einem Amt zu stehen, braucht es mehr als einige Offenbarungen, und dass über dir prophezeit wurde. Diese persönliche Offenbarung war nur ein Same, der in dein Herz gepflanzt wurde. Es braucht mehr, damit ein Same wächst, als ihn einfach nur auszustreuen und zu säen.

Wie viele haben das Wort empfangen und zu sich selber gesagt: „Nun, siehst du, jetzt bin ich ein Prophet. Der Herr hat es gesagt. Ja, in den nächsten Tagen werden die Leute sehen, dass ich ein Prophet bin und sie werden sich für all die Ablehnung schämen, die sie mir entgegengebracht haben!" Und so wartest du. Und wartest und wartest. Und nichts geschieht! War der Same tot? War das Wort falsch?

Nein, du hast einfach eine wichtige Sache vergessen. Du hast vergessen, dass es für einen Samen mehr braucht, als einfach nur gepflanzt zu werden! Du musst ihn auch bewässern und düngen. Die Schrift nennt diese Art von Aufziehen und Versorgen 'Arbeit'. Kein erfreuliches Wort, oder?

Bevor der Herr irgendetwas mit dir anfangen kann, braucht es von dir eine Verpflichtung, eine Bekenntnis, dass du hindurchgehst! Ein Bauer pflanzt nicht seinen Weizen an und hofft, dass er eines Tages aufwachen wird und einfach alles zur Ernte bereit sein wird. Oh, wenn es nur so einfach wäre! Aber wie viele wünschen sich, einfach einen Titel tragen zu können und versuchen sogar in einigen der Dienstgaben zu funktionieren und hoffen dann, dass von anderen anerkannt wird, dass sie in diesem Amt stehen?

Wenn das nicht gelingt, dann denkst du, dass du eine Auszeichnung von einer Organisation brauchst, um dein Amt den Menschen gegenüber beweisen zu können. Alles, nur nicht diesen Preis bezahlen. Alles, nur nicht dieses Fleisch ans Kreuz bringen. Dein erster Schritt ist, dich dem Ruf gegenüber zu verpflichten. Dein zweiter, daran zu arbeiten. Das bedeutet, dem Herrn zu erlauben, dass Er dich führt. Es bedeutet, die Dinge zu lesen und zu konsumieren, die Er dir gibt, um deine Seele und deinen Geist zu nähren.

Wie ein Same nicht ohne Sonne und Wasser wachsen kann, so kann auch dein Ruf nicht ohne den Geist und das Wort wachsen. Du brauchst beides, die Salbung und die Instruktion des Wortes, die dich dadurch hindurchtragen werden. Es braucht mehr, als einfach herauszutreten und dich dieser Sache hinzugeben. Es braucht, dass du auch daran arbeitest!

Du kannst einen Samen neben eine Wasserquelle pflanzen, aber bis nicht das Wasser wirklich zu den Wurzeln vordringt, kann der Same nicht wachsen! Du kannst verschiedene Bücher kaufen und ganze Kurse absolvieren, du kannst sogar Lehrmaterial lesen, aber bis du nicht diese Prinzipien, die der Herr dir aufzeigt, in deinem Leben anwendest, kommst du nirgendwo hin!

## Den Preis für die Verheissung bezahlen

Die Verheissung des Herrn steht fest. Hast du Gott je gefragt: „Herr, wieso hat jeder andere eine Vision und geht vorwärts und ich scheine am gleichen Ort stehen zu bleiben? Herr, wieso drehe ich mich im Kreis?" Deine Antwort hat mehr mit dir zu tun, als du vielleicht denkst. Der Herr wartet auf dich. Er hat die Verheissung gegeben, Er hat die Strasse vor dir geöffnet, aber bis du nicht die Anstrengung unternimmst und auf dieser Strasse läufst, wirst du nirgendwohin gehen.

Dann gibt es diejenigen, die Eifer haben, aber falsch eingespurt sind und so wie Saulus von Tarsus sind. Sie sind voller Sünde, haben viele falsche Ideen, aber sie sind eifrig! Sie arbeiten, sie strengen sich an, sie preschen vorwärts, und der Herr setzt sie vor dir ins Amt. Sind sie vom Herrn bevorzugt worden? Sind sie geistlicher als der Rest? Nein! Einfach gesagt: Sie waren willig, den Preis für die Verheissung zu bezahlen.

Der Herr hat sie sogar mit ihrer Sünde und ihrem Versagen genommen, einfach weil sie willig waren, den Preis zu bezahlen und sie den Eifer hatten. Er wird alle diese 'Saulus von Tarsus' dort draussen nehmen und sie zu mächtigen Werkzeugen in Seiner Hand machen. Während der Rest, der erwartet, dass der Herr etwas tut, stehen gelassen wird. Sie werden bis in die Ewigkeit warten.

Siehst du, Paulus hat nicht gewartet, bis etwas geschah. Er ging hinaus und machte, dass es geschah – auch wenn er falsch eingespurt war! Der Herr kann ein fahrendes Boot steuern, aber wenn du für immer im Hafen festliegst, kann Er nichts mit dir tun.

## Vom einen Tod zum nächsten springen

Die, die erfolgreich sind, sind diejenigen, welche gelernt haben, 'schnell zu sterben' und mit Erwartung zum nächsten Tod vorwärtsgehen. Sie wissen, dass sie im Tod die Verheissung finden. Sie wissen, dass die Kraft und die Autorität von Jesus kommen, wenn das Fleisch gekreuzigt ist. Wie oft bist du wie Elia damals dagesessen und warst deprimiert, weil die Dinge nicht so liefen, wie du wolltest? Wieso gehst du durch eine schwierige Zeit? Du sitzt da und beklagst dich und wälzt dich im Selbstmitleid, obwohl genau diese Situation vom Herrn für dich arrangiert wurde, um ein Sprungbrett in deinem geistlichen Leben zu sein!

Genau diese 'Todessituationen' wurden angeordnet, um dich zu befördern! Sie wurden vom Herrn bestimmt, um dich in den Augen der Menschen zu erheben. Wenn du dich wie Christus demütigst, um in den Augen der Menschen zu sterben, dann kann dich der Herr aufrichten.

## Ausdauer ist der Schlüssel

Egal, wie oft du versagst, egal, wie viel du auch konfrontieren musst, wenn du bis zum Schluss ausdauernd bist, dann wird nichts die Verheissung von dir zurückhalten. Der Herr erwartet nicht von dir, dass du heute schon perfekt bist. Er fordert dich auf, ausdauernd zu sein. Ausdauernd sein bedeutet: Bis zum Schluss hindurchzugehen. Ich finde, dass die englische Strongs-Konkordanz den Begriff Ausdauer perfekt beschreibt:

> 4710
>
> spoude {'spoo-day'}
>
> 2a) Ernsthaftigkeit im Erreichen, Beförderung, oder nach etwas eifern
>
> 2b) allen Fleiss zu geben, ein ernsthaftes Interesse zeigen

## Arbeite, stirb und sei ausdauernd!

Diese drei Worte fassen alles zusammen. Wenn du an den Punkt kommen willst, an dem du in der ganzen Fülle deines Dienstes, die der Herr dir gegeben hat, laufen kannst, dann erfordert das, dass du einige Anstrengungen unternimmst. Das bedeutet, dass das Fleisch am Kreuz hängt und du es zu Ende führst, egal wie hoch die Kosten sind!

Brennt es stark genug in dir? Brennt das Feuer, welches der Herr in dich gelegt hat, heiss genug, dass es dich durch diese Reise hindurchbringt? Es spielt nicht einmal eine Rolle, was deine Absichten jetzt gerade sind, wie viel Bedürfnis nach Annahme und Anerkennung in deinem Wunsch zu dienen noch verpackt ist. Alles, was zählt, ist: Bist du bereit, den Preis zu bezahlen?

Ich lasse dich mit dem folgenden Abschnitt zurück:

> *„Denn Gott ist nicht ungerecht, euer **Werk** zu vergessen und die Liebe, die ihr zu seinem Namen bewiesen habt, indem ihr den Heiligen gedient habt und dient."*
>
> ~ Hebräer 6,10

Für den Ruf zu arbeiten bedeutet, die Anstrengung zu unternehmen, sich zu verändern und sich verändern zu lassen. Dich selbst für den Ruf aufzugeben!

> *„Wir wünschen aber sehr, dass jeder von euch denselben **Eifer** um die volle Gewissheit der Hoffnung bis ans Ende beweise."*
>
> ~ Hebräer 6,11

Es zu Ende führen. Mit einem göttlichen Eifer danach eifern, dein Ziel zu erreichen.

> *„Damit ihr nicht träge werdet, sondern Nachahmer derer, die durch **Glauben und Ausharren** die Verheissungen erben."*
>
> ~ Hebräer 6,12

Wenn du bereit bist, den Preis zu bezahlen, wirst du die Verheissung Seines Segens erhalten!

> *„Denn als Gott dem Abraham die Verheissung gab, schwor er bei sich selbst - weil er bei keinem Grösseren schwören konnte - und sprach: "Wahrlich, reichlich werde ich dich segnen, und sehr werde ich dich mehren." Und*

*so erlangte er, indem er **ausharrte**, die Verheissung."*

*~ Hebräer 6,13-15*

Wenn du dem Herrn alles gibst, was du hast und es zu Ende führst, wirst du darüber hinaus gesegnet werden, was du dir je vorgestellt hast und dann wird die Beförderung kommen.

Wo bist du heute? Bist du willig, dich dem Ruf auf deinem Leben zu verpflichten? Was musst du tun? Hast du auf den Herrn gewartet, dass Er etwas für dich oder an dir tut? Heute verändert sich alles! Verpflichte dich Folgendem:

**Arbeite ... stirb ... und sei ausdauernd.**

**Dann wirst du wahrhaftig die Frucht deiner Arbeit ernten!**

KAPITEL 16

# Leiterschaft: Der Ruf ein Diener zu sein

*"Prophetische Mentorschaft
verstehen und sich ihr
unterordnen"*

# Kapitel 16 – Leiterschaft: Der Ruf ein Diener zu sein

## Prophetische Mentorschaft verstehen und sich ihr unterordnen

Hier ist ein Auszug aus einem persönlichen Journal, das mir der Herr gab, als ich noch in der prophetischen Vorbereitung war.

> „So wie Elisa die Hände von Elia gewaschen hat, so musst auch du zuerst lernen, ein Diener zu sein. Elisa erhielt wirklich die doppelte Salbung, so auch du – aber das geschah nicht ohne Kosten. Es geschah deshalb, weil er lernte, ein Diener zu sein. Und so wird auch dein Dienst beginnen. Im Schatten dessen, den ich über dich gesetzt habe.
>
> Erlaube mir, aus dir ein Vorbild eines wahren Jüngers zu machen. Wenn du dich als Jünger bewährst, werde ich dich zu einem Leiter machen. Aber zuerst musst du ein Diener werden. Bleibe nahe an meinem Herzen und wisse, dass ich deine Schritte vorausgeplant habe. Vertraue mir und ruhe im Glauben – denn ich habe wahrhaftig alles in meinen Händen, sagt der Herr."

Als der Herr mich durch meine persönliche Vorbereitung und mein Training führte, lernte ich wichtige Prinzipien über diese Position, die wir 'Leiterschaft' nennen:

- a) Ein Leiter verteidigt sich niemals selber, sondern er steht in seiner Autorität.
- b) Ein wahrer Leiter ist jemand, der keine Angst davor hat, transparent zu sein. Er erlaubt anderen, seine Schwäche als Mensch zu sehen.
- c) Ein Leiter ist in seiner Leiterschaft so sicher, dass er kein Problem hat, sich öffentlich zu demütigen.
- d) Er fürchtet sich nicht vor Ablehnung oder Abweisung, denn er ist in seiner Beziehung zum Herrn sicher. Er ist sicher in dem, was der Herr in ihn gelegt hat.
- e) Ein Leiter ist jemand, der nicht nur für seine Handlungen Verantwortung übernimmt, sondern auch für die Handlungen anderer.
- f) Ein Leiter motiviert sich nicht nur selber und stellt nicht nur sich eine Aufgabe, sondern er motiviert auch andere und setzt sie in ihre Position.

Aber die grösste Charaktereigenschaft eines Leiters liegt in dieser Aussage:

> *„Ein Leiter, dem vertraut wird, dass er leitet, ist jemand, der zuerst zu einem Diener gemacht wurde!"*

Es ist sehr einfach, diejenigen, welche in einer Position von Leiterschaft und Autorität stehen, zu beneiden. Es ist einfach, sie anzuschauen und zu sagen: „Ich kann das! Was macht ihn denn so besonders?"

Viele denken, dass ein Leiter zu sein, bedeutet, wie einer zu 'handeln'. Viele denken, dass du, um ein Leiter zu sein, die Leute um dich scharen musst und in ihnen eine Zustimmung für dich entwickeln musst. Die Definition eines Leiters ist wirklich sehr einfach: **Ein Leiter ist jemand, der Nachfolger hat.**

Der Herr lehrte mich Schritt für Schritt, dass du ein Diener sein musst, um ein wahrer Leiter zu sein. Bevor du wirklich die Drucksituationen und Verantwortungen eines Leiters verstehen kannst, musst du zuerst im Schatten bleiben, lernen und durch Vorbildfunktion trainiert werden.

Wenn ich das Beispiel von Elisa und Elia anschaue, werde ich daran erinnert, was für ein Diener Elisa wirklich war. Wie demütigend muss es für ihn gewesen sein, diese niedrigen Aufgaben, wie die Hände von Elia zu waschen, auszuführen. Das war die Arbeit einer Frau! Doch Elisa war bei jedem Schritt, den Elia ging, zur Stelle, lernte, verinnerlichte und schaute zu. Als ich darüber nachdachte, zeigte mir der Herr die Unschuld eines Kindes.

Denke einmal über eines deiner Kinder nach. Erinnerst du dich, als sie zum ersten Mal zu sprechen begannen? Wie sie deine Ausdrücke übernahmen? Deborah-Anne, meine älteste Tochter, folgt mir schnell in meinen Fussspuren. Sie legt ihre Hand auf ihre Hüfte, wenn sie verärgert ist, genau wie ich das tue! Sie tigert den Gang hinauf und hinunter und gibt vor zu predigen, genau wie ich es tue! Sie schreibt sogar ihre eigenen Lieder über den Herrn Jesus, genauso wie sie es ihre Familie im Geist hat tun sehen!

Nun, musste ich sie auf die Seite nehmen und ihr diese Dinge lehren? Nein, sie folgte einfach meinem Beispiel. Sie hinterfragte nicht, ob das nun die 'richtige Art' ist, wie man Dinge tut. Sie kopierte mich einfach. Die Zeit wird bald kommen, in der sie diese Fähigkeiten für sich selber brauchen kann. So wird ein wahrer Jünger geboren! Wenn sie aufwächst, wird auch sie wiederum das, was sie gelernt hat, in andere hineinlegen. Bevor sie aber ein Leiter und eine erwachsene Person sein kann, muss sie zuerst lernen, ein Jünger und ein Kind zu sein.

So musst auch du diesen wichtigen Schritt lernen, während du ein Leiter im Königreich Gottes wirst. Wenn der Herr einen Leiter über dich gesetzt hat, dann erlaube dir, selber ein Diener zu werden, anstatt gegen alles, was falsch ist, auszuschlagen! Derjenige, welcher über dich gesetzt wurde, geriet nicht durch Zufall in diese Position. Er kam dorthin, weil er sich selber für das Königreich Gottes zur Verfügung stellte. Er kam dorthin, wegen dem, was der Herr in ihn gelegt hat. Er mag Fehler haben und er mag Schwächen haben, aber er hat diese Position inne, weil er zuerst gelernt hat, ein Diener zu sein.

Niemand wird in die Leiterschaft hineingeboren. Leiterschaft, Autorität und Respekt müssen durch

Demut und Opfer verdient werden. Wenn du ein Begehren hast, den Leib Christi zu verändern und andere in die Wahrheit zu führen, dann lerne zuerst ein Jünger zu sein. Denn schnell genug wird dich der Herr als ein Leiter Seiner Herde erheben und dann wirst du Jünger unter dir haben. Wenn du weisst, was es heisst, ein Jünger zu sein, dann wirst du auf die richtige Art mit ihnen umgehen.

## Einen Leiter wählen

Selbstverständlich brauchst du als Jünger einen 'Meister', dem du folgen kannst. Die Beziehung muss nicht unbedingt persönlich sein. Finde einfach jemanden, der so ist, wie du sein willst. Schaue dich um nach jemandem, der die Qualitäten für Leiterschaft aufzeigt, die du dir an dir am meisten wünschst. Dann unterstelle dich seinen Instruktionen und Anweisungen. Vergleiche dich nicht und versuche nicht, dich zu beweisen. Sitze einfach da und beobachte und verinnerliche. Bald schon wird dich der Herr in seine Salbung erhöhen, wie du es dir wünschst und du kannst mit Leidenschaft nachfolgen.

Du brauchst dieses Individuum nicht einmal persönlich zu kennen. Mein Vater hat viele Male erzählt, dass sein Mentor Watchman Nee war. Aber weisst du, dass Watchman Nee längst tot war, als er seine Materialien las? Doch als er alles, was Watchman Nee geschrieben oder gepredigt hatte, konsumiert hatte, nahm er seine Salbung auf.

# Leiterschaft: Der Ruf ein Diener zu sein

Als ich das erste Mal ein Buch von Watchman Nee in die Hände bekam, war ich erstaunt, dass viele der Illustrationen und Lehren, welche ich meinen Vater durch die Jahre hindurch predigen gehört hatte, eigentlich aus den Lehren von Watchman Nee kamen! Er war so durchdrungen mit seinen Lehren, dass er anfing, wie er zu schreiben.

Im Neuen Testament sind Paulus und Timotheus auch ein gutes Beispiel. Timotheus nahm alles, was Paulus ihn lehrte und führte es in seinen eigenen Gemeinden ein. Ich wette, wenn du auf der Strasse auf Timotheus gestossen wärst, hätte er sehr wahrscheinlich wie Paulus gesprochen, wäre wie Paulus gelaufen und hätte wie Paulus gepredigt! Es ist Gottes Ordnung.

Als Jesus zum Himmel auffuhr, sagte Er Seinen Jüngern: „Geht hin in alle Welt und macht zu Jüngern alle Nationen!" Die Apostel konnten gehen und zu Jüngern machen, weil sie zuvor drei Jahre unter Jesus gesessen hatten. Sie gaben für Ihn ihre Familien auf, ihr Zuhause und ihre Leben. Sie waren wie Seine Diener. Sie bereiteten das Essen zu, organisierten Schlaf- und Essensmöglichkeiten. Schaue jedoch, was sie in der neutestamentlichen Gemeinde geboren haben! Das ist Gottes Ordnung und wenn du es lernst, dich für eine gewisse Zeit zu demütigen, dann wird die Zeit kommen, in der der Herr dich vor anderen erhebt.

Wenn diese Zeit kommt, wirst du dich in Demut erheben und du wirst in Furcht und Zittern aufstehen, weil du die Verantwortung und das Gewicht des Rufes, den der Herr auf deine Schultern gelegt hat, erkennst!

Kapitel 17

# Tod einer Vision

*"Alte Samen für neue
Bäume aufgeben"*

# Kapitel 17 – Tod einer Vision

## Alte Samen für neue Bäume aufgeben

Nachdem ich dir jetzt alle Illusionen weggenommen habe, die du über einen Propheten oder einen Leiter hattest, lass mich dir das Kreuz vorstellen, das Zuhause des Propheten. Denn wenn du dich anderen unterordnest und diesen Arbeitsprozess antrittst, wird die erste Sache, mit der du konfrontiert sein wirst, das Loslassen von Dingen sein, die du anfänglich erreichen wolltest.

Es ist so, als ob du bis jetzt auf einer Strasse gelaufen bist und Früchte und Blumen am Wegrand eingesammelt hast und dann plötzlich auf eine steinige, holperige Strasse befördert wurdest und nun aufgefordert wirst, all deine Blumen für Staub hinzugeben. Wenn das für dich einladend klingt, dann begleite mich jetzt, wenn ich dir den Anfang davon aufzeige und dich durch die Tiefen des Todes bis hin zur Macht des 'Verherrlicht-Seins' führe.

## Wer ist berufen zu sterben?

Ich verbrachte meine Schulzeit in Südafrika. Dort gibt es ein System an den Schulen, das einzelnen Studenten erlaubt, Teil eines Leiterschaftprogramms zu sein. Jedes Jahr wird eine Gruppe von Studenten, die sich in ihrem letzten Schuljahr befinden, ausgesucht, um als 'Magistraten' zu agieren. Diese Studenten repräsentieren die Prinzipien der Schule und es wird ihnen Autorität über den Rest der Studenten gegeben, damit sie dafür sorgen, dass die Regeln eingehalten werden und die Dinge in guter Ordnung bewahrt bleiben.

Sie tragen einen Anzug und ein Abzeichen, das ihre Position anzeigt und wenn sie dir sagen, dass du etwas tun sollst, dann tust du es, weil sie im Interesse der Lehrer und der Prinzipien der Schule sprechen. Der Massstab, um als solch ein Magistrat bestimmt zu werden, ist hoch und du musst ein Niveau an Vortrefflichkeit in deinem Studium und im Sportbereich erzielen.

Daraus resultierend wurde von den Auserwählten erwartet, dass sie die Regeln der Schule einhalten und sich dementsprechend benehmen. Luxus wurde ihnen nicht erlaubt, was bedeutet, dass sie mit einigen Dingen nicht mehr davonkamen, wie es bei uns anderen noch der Fall war! Du siehst, sie waren als Vorbilder in der Schule gesetzt und auch wenn sie nur Studenten waren wie wir anderen auch, wurde ihnen Verantwortung übergeben, damit die Schule ordnungsgemäss verlief und die Studenten sich alle richtig verhielten.

Als ein Prophet dazustehen, ist dem sehr ähnlich. Du bist als ein Student aus dem Studentenkreis auserwählt worden, um in einer Leiterschaftsposition als Wächter für die Gemeinde zu stehen. Du bist grundsätzlich ein Gläubiger und du hast keine anderen Vorzüge als die anderen Christen, aber du hast einen höheren Massstab an Hingabe und Verpflichtung und es wird Vortrefflichkeit von dir erwartet. Warum? Weil dich der Herr als ein Vorbild in Seinen Leib setzt und wenn du sprichst, repräsentierst du Ihn vor den Menschen.

So will ich dieses Kapitel damit beginnen und klarstellen, dass nicht jeder Gläubige zum gleichen Mass an Tod aufgerufen wird. Als Prophet tendierst du dazu, die gleiche Stufe an Hingabe, Verpflichtung und Tod auch von jedem anderen zu erwarten, genauso wie du dazu aufgerufen wurdest. Jeder Einzelne ist für seine Berufung verantwortlich und nicht jeder Gläubige ist fähig, den Ruf zu einem Amt des fünffältigen Dienstes anzunehmen.

Es ist also für diejenigen nicht nötig, dieselbe Stufe von Tod zu durchleben, wie dies der Prophet im Amt tut, weil von ihnen nicht erwartet wird, dieselbe Autorität und Verantwortung zu tragen. Nun, bevor wir weitergehen, sei dir im Klaren, für wen genau der 'Tod des Fleisches' ist und zu welcher Stufe er herausgefordert wird.

Der Herr Jesus ruft alle, um Ihm in Seinen Tod und Seine Auferstehung nachzufolgen. Wenn ein Sünder zur Erlösung gerufen wird, erfährt er den ersten Tod und die erste Auferstehung, wenn er sein altes Leben aufgibt, um das neue anzunehmen.

Für viele ist dieses Erlebnis das erste und letzte Mal, bei dem sie den Tod des Fleisches erleben. Wenn sie kein Begehren haben, vorwärtszugehen und in die Fülle der Berufung hineinzukommen, die der Herr auf ihr Leben gelegt hat, dann wird von ihnen kein weiterer Tod und keine Auferstehung gefordert. Wie auch immer, wenn du dein Leben dem Werk des Herrn hingegeben hast, und darum gebetet hast, dass Er hineinkommt und anfängt, dich deiner Berufung gemäss zu formen, dann kannst du sicher sein, dass der Tod des Fleisches ein häufiges Ereignis in deinem Leben sein wird.

Wenn du den Heiligen Geist kennst, wirst du wissen, dass Er ein Gentleman ist und dir niemals Seinen Willen aufzwingt. Er wird nur an dir arbeiten, wenn du Ihn dazu lizenzierst. Du tendierst dazu, eine Person anzuschauen, von der du weisst, dass sie ihrem Fleisch absterben sollte und sagst: „Der Herr wird es ihr schon zeigen! Er wird sie zerquetschen und dann wird sie erkennen, dass sie sich verändern muss!" Das stimmt überhaupt nicht. Warum sollte der Herr Druck auf sie bringen, um sie zu verändern, wenn sie nie darum gebeten hat? Alles, was wir in unserem christlichen Lauf empfangen und wie wir darin funktionieren, geschieht durch Glauben. Solange du also nicht den Heiligen Geist im Glauben gebeten hast, dich zu formen, wird Er es auch nicht tun.

Aus dieser Perspektive gesehen sind nicht alle Christen zur gleichen Stufe des Tod des Fleisches berufen. Daher musst du als Prophet geduldig sein und nicht

Verständnis von anderen erwarten, die diese Offenbarung für sich selber noch nicht empfangen haben. Erkenne, dass jede einzelne Person selber vor dem Herrn für ihre Berufung verantwortlich ist und alles, was du tun kannst, ist, ihre Herzen vorzubereiten, damit sie diese Offenbarung aus ihrem eigenen Geist empfangen. Das macht vor allem deine Berufung aus, nicht wahr? Die Heiligen zu ermutigen und zu ermahnen, damit der Leib Christi erbaut wird.

Tod ist in keinerlei Hinsicht ein einfacher Prozess und doch, wenn du an den Punkt der Unterordnung gelangst, dann wunderst du dich, wieso du so lange gewartet hast! Es liegt ein grosser Sieg darin, dein Leben hinzulegen und es bedeutet nicht immer Opfer und Schmerz.

Paulus sagt, dass wir uns in den Zeiten, wenn wir geprüft werden, freuen sollen, weil wir wissen, dass wir eine Belohnung bekommen und uns am Ende ein Segen erwartet. Diese Zeiten, in denen du deinen geistlich schwangeren Körper durch die vielen Prüfungen, denen du ausgesetzt bist, hindurchschleppst, erscheinen dir mehr zu sein, als du ertragen kannst. Wenn du aber auf die Geburt, die bald kommen wird, schaust und darüber nachdenkst, bleibst du dran.

Es gibt zwei Arten von Tod, denen du auf dieser Reise begegnen wirst. Der eine wird Tod einer Vision genannt und der andere Tod des Fleisches. Es ist wichtig, dass du den Unterschied zwischen den beiden verstehst und identifizieren kannst. Der Tod des Fleisches ist dazu gesetzt, die Schlacke in deinem Leben wegzunehmen, damit das Gold zum Vorschein kommt. Tod einer Vision ereignet sich, wenn wir unser eigenes Bestreben einer Vision, die der Herr uns gegeben hat, hinzufügen. Im Gegensatz zu unseren Gedanken, die umgestaltet und durchs Wort erneuert werden, kann eine Vision, die durch Sünde befleckt wurde, nicht wiederhergestellt werden.

Aber sei ermutigt, denn der Tod ist in keinerlei Hinsicht einfach das Ende! Er ist nur der Anfang und ein Pfad, der zu grosser Herrlichkeit führt!

## Tod: Ein Eingangstor zum Leben

Ich werde den ersten grossen Tod einer Vision, den ich in meinem Leben durchzugehen hatte, nie vergessen. Während meiner ganzen Schulzeit wünschte ich mir, Lehrerin zu werden. Ich hatte mein Herz darauf ausgerichtet, aufs College zu gehen und zu studieren, damit ich eine Englischlehrerin werden konnte. Danach wollte ich zurückkehren und die Welt verändern! Ich wusste nichts davon, dass ich in dieser Zeit bereits in den Geburtswehen für die Vorbereitung meiner Berufung, die auf meinem Leben lag, war.

Nun, wie du sicher schon gewusst hast, liefen die Dinge nicht so, wie ich sie geplant hatte. Die Türen öffneten sich nach meinem Schulabschluss nicht und ich kehrte nach Hause zurück.

Meine Vision kam zu einem schmerzvollen Tod und als ich sie ins Grab legte, erwartete ich nicht, sie je wieder auferstehen zu sehen. Nach einer Weile vergass ich sogar meinen Wunsch. Er war so tot in mir, dass ich nicht mehr darüber nachdachte oder mich daran erinnerte. Das Leben ging weiter und ich traf den Mann meiner Träume, heiratete und bekam Kinder. All die grossen Träume für den Dienst, mein Leben und der Wunsch, die Welt verändern zu können, starben alle und wurden vom Wind des Lebens davongetragen.

Und dann genau inmitten dieser Erlebnisse, empfingen Craig und ich einen Ruf, dass wir in Mexiko gebraucht würden, um die Arbeit, die gegründet wurde, zu unterstützen. Ich hatte keine Ahnung davon, dass ich bereits ein Jahr später mithelfen würde, eine Trainingsschule zu leiten, in der wir Diener Gottes lehren und trainieren würden. Über Jahre hinweg hatte ich jeden Traum, jede Hoffnung und jedes Begehren losgelassen, wie Samen, die neben die Erde geworfen werden und zu verschwinden scheinen.

Was ich aber zu dieser Zeit nicht wusste, war, dass die Wünsche, welche der Herr in mein Herz gelegt hatte, von Ihm waren. Sie waren einfach ein bisschen fehlgeleitet gewesen und als Er mich und meine Ansichten verändert hatte, führte Er mich in eine herrliche Auferstehung dieser Vision, die über alles hinausging, was ich mit meinem menschlichen Verständnis hätte ausdenken können.

War nun also der Wunsch zu lehren meine eigene Idee? Ganz und gar nicht. Der Herr hatte schon lange beabsichtigt, dass ich lehren würde. Er hatte einfach beabsichtigt, dass ich diese Funktion in einem anderen Umfeld ausüben würde, nicht gefärbt von meinen eigenen Ideen und Vorstellungen.

Tod ist für einen Propheten im Training der Inbegriff von allem. Aber was die meisten Leute nicht realisieren, ist, dass die Auferstehung dem Tod folgt. Wir werden später darauf eingehen, mit welchem Tod du betreffend deinem Verstand, deinen Gefühlen und deinem Willen konfrontiert sein wirst. Aber lass uns zuerst den Tod einer Vision anschauen.

Hast du je einen Fruchtbaum im Frühling gesehen, der in der Blüte steht? Überall kommen diese wunderschönen Blumen hervor. Aber schneller als du dir vorstellen kannst, gehen diese Blumen in Früchte über. Meine Schwiegermutter hatte einen Pflaumenbaum in ihrem Garten. Dieser brachte immer die herrlichsten Pflaumen im Überfluss hervor! Tatsächlich brachte dieser Baum so viele Früchte hervor, dass viele davon zu Boden fielen und verfaulten. Während wir es für eine Verschwendung hielten, fanden die Vögel es ein Fest, und wir hatten alle möglichen Arten von Vögeln, die kamen, um von den heruntergefallenen Früchten zu essen. Ich frage mich noch heute, wie viele dieser Samen wohl von den Vögeln und den Tieren weggetragen wurden, um anderswo auf die Erde zu fallen und dort wieder gute Frucht hervorzubringen.

Eine Vision für einen Dienst zu empfangen ist dem sehr ähnlich. Wenn du zum ersten Mal diesen Ruf empfängst, ist er wie eine reichhaltige, reife Frucht. Es ist herrlich! Aber er braucht Raum, um wachsen zu können. Der Herr will nicht, dass deine Vision eine kleine Pflaume bleibt. Er möchte, dass ein grosser, mächtiger Baum daraus entsteht. Siehst du das Bild? Wenn du dem Herrn erlauben würdest, deine Vision in den Tod zu bringen, würde sie auf die Erde fallen und vom Wind, von den Vögeln oder welchem Transportmittel der Herr auch immer auswählt, davongetragen werden. Dann würde sie zu einem neuen Boden und einer neuen Umgebung getragen werden und in dieser neuen Umgebung würdest du wachsen!

Wenn nun deine Vision bis hin zum Punkt des völligen Verschwindens gestorben ist, dann freue dich, denn der Herr wird diese Vision wieder auferwecken. Er wird sie in Seiner eigenen Art, mit Seiner Hand und in Seiner 'Kairos-Zeit' auferwecken. Dann wirst du aufschauen und ermutigt sein, denn was einmal so klein begann, wird wiederum aufgehen und zu etwas viel Grösserem werden. Von was du dachtest, dass es Bronze sei, wird in Gold verwandelt werden und das Eisen, über das du dich vorher gefreut hast, wird zu Silber werden! Genauso wie es die Schrift sagt:

> *„Statt der Bronze werde ich Gold bringen und statt des Eisens werde ich Silber bringen, statt der Hölzer Bronze und statt der Steine Eisen.*

*Als deine Wache setze ich Frieden ein und als deine Obrigkeit Gerechtigkeit."*

*~ Jesaja 60,17*

Nun, auf dem Papier klingt das gut, aber es ist nicht so einfach zu leben! Wie lässt du diesen Samen denn nun wirklich sterben? Wie lässt du diese Frucht zur Erde fallen? Es ist so verführerisch, einzugreifen und die Frucht zu retten, bevor die Vögel kommen, um sie zu verzehren! Und was, wenn du sie gehen lässt und sie nicht wieder aufersteht? Gibt es irgendetwas, an dem du dich währenddessen festhalten kannst?

## Der Übergang

Es gibt immer dieses Gefühl von Unsicherheit, wenn der Herr dir sagt, dass du eine Vision sterben lassen sollst. Vielfach ist es die einzige Vision, die du überhaupt hast! Wie kann der Herr von dir verlangen, deine einzige Vision aufzugeben? Der Apostel wird noch mehr damit konfrontiert als der Prophet. Es kam viele Male vor, dass wir einem Diener im Training ein Wort gegeben haben, wie das Folgende: „Du musst deine Vision loslassen, damit sie der Herr mit etwas Neuem ersetzen kann. Denn solange du an ihr festhältst, wirst du auf einem Plateau stehenbleiben und nicht in die neue Phase, die der Herr für dich hat, hineinkommen."

Die Reaktionen variieren, aber eine gängige ist: „Aber das ist alles, was ich habe! Diese kleine Gemeinde ist alles, was ich habe. Dieser Dienst ist mein ganzes Einkommen, es ist alles, was ich habe."

Nun, wenn du nach einem grösseren Siegespreis Ausschau hältst, dachtest du es würde ein Schnäppchen sein? Sage mir, wenn dein Mann oder deine Frau dir zum Geburtstag ein Geschenk kaufen würde, sagen wir eine Uhr, welche sie an einem billigen Trödlerladen erstanden haben, dann würdest du sie nicht sehr wertschätzen, oder? Aber was wenn er oder sie mit etwas sehr Teurem daherkommen würde, von dem du weisst, dass er/sie lange dafür sparen musste und in das er/sie alles darin investieren musste? Du würdest es mit deinem Leben verteidigen!

Es liegt in der menschlichen Natur, dass wir Dinge, die uns etwas mehr als unsere Zeit und unsere Bemühungen kosten, wertschätzen. Wenn der Herr also einen Preis für den Ruf auf unserem Leben verlangt, ist es nichts Kleines! Wenn du mit Ihm anfängst über den prophetischen Dienst zu reden, dann wirst du entdecken, dass Er dein Herz in einer neuen Art erforschen wird und von dir eine grössere Hingabe erwartet.

Wenn es dich nicht alles kostet, dann wirst du auch nichts empfangen! Der Herr wünscht sich immer eine grössere Vision auferstehen zu lassen, aber zuerst musst du eine Übergangsphase durchlaufen, in der du dazu aufgefordert wirst, alles hinzugeben ohne zu wissen, was kommen wird. Hey, wenn die prophetische Vorbereitung einfach wäre, würden wir nicht Worte wie: Tod, Feuer, Wehen, Dornenkrone und Kreuzigung gebrauchen!

## Lebt wohl, alte Ideen ...

Wenn du einen klaren Ruf ins prophetische Training erhalten hast, dann ist die erste Sache, welche du hinter dir lassen musst, deine Vorstellung von einem Propheten und was du denkst, dass du schon darüber weisst. Wenn ein Prophet sein Training mit uns beginnt, sind wir sehr streng und bestehen darauf, dass er alle anderen Lehren und Kurse auf die Seite legt, bis er das Training bei uns vollendet hat. Warum? Bis er nicht bereit ist, alles aufzugeben, was er ist, kann der Herr auch nicht damit beginnen, ihn in etwas Neues zu verwandeln.

Bis er nicht seine alte Vision auf die Seite legt, kann der Herr auch nicht seine Sicht für die Verheissungen öffnen, die auf ihn warten. Zu verstehen, was ein Prophet ist und was ein Prophet macht, beginnt damit, dass du dem abstirbst, von dem **du denkst**, dass ein Prophet es ist und von dem **du denkst**, dass ein Prophet es macht! Alles, in dem du funktioniert hast, all deine Auszeichnungen und all deine Errungenschaften müssen ins Feuer geworfen werden.

Lass mich dir etwas sagen: Der Herr braucht deinen Lebenslauf nicht, um zu entscheiden, ob Er dich trainieren will oder nicht. Es kümmert Ihn nicht, was du bis jetzt alles erreicht hast und es interessiert Ihn auch nicht, in wie vielen Gemeinden und Diensten du bis jetzt gewesen bist! All diese Dinge müssen als Vergangenheit auf die Seite gelegt werden, damit du das Neue umarmen kannst. Wer könnte es besser sagen als Paulus:

> *„Brüder, ich denke von mir selbst nicht, es ergriffen zu haben; eines aber tue ich: Ich vergesse, was dahinten, strecke mich aber aus nach dem, was vorn ist."*
>
> *~ Philipper 3,13*

Denn wenn du all diesen Samen und Früchten, auf die du stolz gewesen bist, erlaubst, auf den Boden zu fallen und zu sterben, dann wirst du die Frucht sehen, die dich erwartet. Ganz sicher wirst du dich für eine gewisse Zeit als fruchtlos empfinden. Es mag sich wie Winter in deinem Leben anfühlen, wenn die alte Vision tot ist und die neue irgendwo am Horizont erscheint.

**Diese ganze Phase wird prophetische Vorbereitung genannt!** Ich bin schon in den vorhergehenden Kapiteln etwas darauf eingegangen und du wirst noch mehr darüber lernen, wenn wir jetzt weitergehen. Aber du musst jetzt damit beginnen, dass du das Alte auf die Seite legst. Lass diese Frucht zerfallen!

## Der Sommerregen wird kommen!

Dort in Südafrika, wo wir herkommen, haben wir viele Sommerregen und im Winter sieht die Landschaft ziemlich tot aus. Das Gras wird gelb und all die lieblichen Blumen scheinen vollkommen zu verschwinden. Tatsächlich sterben ganze Büsche, bis nichts Grünes mehr übrig ist. Ich erinnere mich an einen Jasminstrauch, den wir draussen vor unserem Fenster hatten. Er war ein jämmerlicher Anblick im Winter. Alle Blumen waren weg und wenn es wirklich sehr trocken wurde, dann wurde er sogar braun. Und doch, die Freude des Frühlings und die ersten Regenfälle verwandelten ihn wieder und er blühte und trieb Knospen mit einem Mantel voller Blumen. Das Parfum dieser Jasminblüten, das in unser Schlafzimmer strömte, wird immer eine liebliche Erinnerung bleiben.

Was im Winter so tot erschien, brachte herrliches Leben hervor, wenn der Regen kam. Es gab nicht viel, was wir für diesen Busch im Winter tun konnten. Wir versuchten ihn zu bewässern, und es liess ihn ein bisschen grün bleiben, aber es kamen keine Blumen hervor, bis seine Zeit kam. Erlaube also dem Winter zu kommen, aber wisse, dass du die Vision nicht selber auferstehen lassen kannst. Erst wenn die Zeit reif ist, wird deine Vision auferweckt werden – genau wie dieser Jasminstrauch.

Denn wenn die richtige Zeit kommt, wird diese Vision in gewaltiger Herrlichkeit hervorbrechen und ihr Duft wird sich überall verteilen, wohin du gehst! Wir konnten das Knospentreiben des Jasminstrauches nicht kontrollieren und genauso kannst auch du nicht die Auferstehung deiner Vision kontrollieren! Der Herr ist in alleiniger Kontrolle und du musst deiner Vision erlauben, im Winter zu bleiben, bis die Zeit reif ist.

Denn durch den Winter hindurch wirst du wachsen, lernen und durch einige innere Veränderungen hindurchgehen, genau wie ein Strauch zurückgeschnitten wird! Du schneidest ihn und während des Winters geht er durch Veränderungen hindurch, die du mit dem natürlichen Auge nicht sehen kannst. Aber lass den Sommerregen fallen und die Blumen werden in einer grösseren Schönheit blühen als je zuvor!

Erlaube dir selber in der Stille des Winters verändert und transformiert zu werden. Beeile dich nicht damit, die Auferstehung erleben zu wollen. Wisse jedoch, dass der Regen ganz sicher kommen wird und dass der Herr dich ganz bestimmt erheben wird. Diese kleine Phase wird 'Leben im Glauben' genannt und ist ein wichtiger Teil der prophetischen Vorbereitung und ein Thema, das wir später noch genauer anschauen werden, wenn wir die Vorbereitung des Propheten genauer anschauen!

Zum jetzigen Zeitpunkt sinne darüber nach, welche Visionen und Konzepte des prophetischen Dienstes du hast, die du sterben lassen musst, und dann freue dich über die Auferstehung, die kommen wird. Denn so süss wie diese Jasminblüten wird auch die Auferstehung dieser Vision sein. Jeden Preis wert, den du dafür bezahlt hast!

## Gott Seine Arbeit tun lassen

Wenn du im Wort nachschaust, wirst du ein gutes Beispiel vom Tod einer Vision finden, indem du das Leben von Josef studierst. Josef hatte ein hartes Leben! Er konfrontierte viele Todessituationen, genau wie du auf deinem prophetischen Lauf. Zuerst wurde Josef in die Sklaverei verkauft und dann ins Gefängnis gesteckt. Aber der Herr liess Josef auferstehen und setzte ihn als Zweitobersten über ganz Ägypten ein.

Ich kann dir garantieren, als Josef im Gefängnis sass, war das Letzte, an das er dachte, dass er einmal auf dem Thron landen würde. Tatsächlich war seine grösste Hoffnung, als er den Bäcker und Diener anflehte, für ihn beim König um Freiheit zu bitten, dass er aus diesem Höllenloch herauskommen würde! Wäre er für seine eigene Auferstehung verantwortlich gewesen, hätte er niemals die Position erhalten, die der Herr sich für ihn ausgedacht hatte.

Wenn wir die Jünger im Neuen Testament anschauen, höre ich nie auf, mich zu amüsieren und es erstaunt mich gleichzeitig, wie der Herr ihre Vision des Königreiches, das kommen würde, zerstörte und wieder auferstehen liess. Jesus kam, um die gute Nachricht des kommenden Königreiches zu bringen. Und doch hatten die Jünger eine sehr beschränkte Sicht davon, was kommen würde und stellten sich vor, dass der Herr Jesus gekommen sei, um die römische Regierung zu stürzen.

Selbst Petrus trat dem Herrn entgegen, als der von seinem nahe bevorstehenden Tod sprach. Was das doch für ein grotesker Gedanke für Petrus war! Sich vorzustellen, dass sein Erlöser durch die Hände von gottlosen Menschen sterben sollte, anstatt den Aufstand, den er um die nächste Ecke ahnte, anzuleiten. Sogar als Jesus sich später nach Seiner Auferstehung offenbarte, fragten sie Ihn ignorant: „Ist dies die Zeit, in der du das Königreich wiederherstellen wirst, Herr?" Wie limitiert unser menschlicher Verstand doch manchmal sein kann.

Ich kann mir sehr gut vorstellen, durch was für einen Tod jeder einzelne Jünger ging, als Jesus an dieses Kreuz geschlagen wurde. Es blieb jedoch nicht dabei. Gott in Seiner Barmherzigkeit und Macht setzte Jesus an himmlische Orte und gab Ihm Vollmacht über jeden Namen auf der Erde, unter der Erde und in den Himmeln! Wie grossartig unser Gott doch ist!

Nicht einer der Jünger hätte solch einen unglaublichen Gedanken verstehen können, dass einfache Menschen die Kraft und den Geist Gottes innewohnend haben könnten. Und doch brachte der Vater zu Seiner Zeit eine Auferstehung dieser Vision und so wurde die erste neutestamentliche Gemeinde an Pfingsten geboren!

Limitiere den Herrn also nicht in deinem Denken. Erlaube Ihm, deine Vision zu Seiner Zeit und auf Seine Art aufzuerwecken. Denn wenn Er es dann tut, wirst du erstaunt darüber sein, was Er schon die ganze Zeit für dich geplant hatte. Es gibt einige Dinge in unserem christlichen Leben, die wir ruhen lassen müssen, die wir einfach akzeptieren müssen. Zum Beispiel das Ruhen im Glauben.

Deine Arbeit und Anstrengungen werden den Arm des Herrn nicht bewegen, um deine Vision auferstehen zu lassen. Er sieht deinen Fortschritt und deine Reife voraus und wird dir eine Vision zusammenstellen, die dazu passt. Die Auferstehung einer Vision überlässt du am besten dem Herrn. Ich nehme an, da Er einen guten Ruf hat, Dinge schön zu entwerfen (schau nur einmal die Schöpfung an), dass Er vielleicht auch fähig ist, eine Vision und einen Dienst zu kreieren und hervorzubringen, die zu dir passen werden.

KAPITEL 18

# Tod des Fleisches

*"Alles, was du über Heilung
noch nicht gewusst hast"*

# Kapitel 18 – Tod des Fleisches

## Alles, was du über Heiligung noch nicht gewusst hast

Als wir damit anfingen, Propheten auszubilden, wurden wir viel mit der Frage konfrontiert: „Warum sprecht ihr immer über Tod? Was ist mit Auferstehung und Leben?" Nun, die Auferstehung wird früh genug kommen, aber bis der Tod nicht da ist, kannst du kein Prophet sein! Willst du wissen, warum du so viele Tode erleben musst? Ist es, weil Gott dir einfach eine harte Zeit geben möchte? Ist es, weil du speziell dazu auserwählt worden bist, zu leiden (auch wenn es sich vielfach so anfühlt!)?

Lass mich dir ein Beispiel geben. Reden wir einmal von Joe. Joe hat wirklich den Herrn gesucht und Ihn gefragt, in welche Richtung er betreffend seinem Dienst gehen soll. Er hatte einen starken Wunsch, Pastor zu werden. Er liebt Menschen und er kann sich vorstellen, wie er eine Herde zusammenhält und einfach alles, was er hat, in sie investiert. Wohin er auch geht, Joe ertappt sich dabei, wie er immer das hörende Ohr ist und dann, wenn er Antwort gibt, dient er den Menschen in Liebe. Die Menschen gehen erfüllt von Joe weg.

Aber Joe weiss nicht, wo er anfangen soll. Dann hört er eines Tages, dass eine prophetische Gruppe in seine Stadt kommt. Tatsächlich werden sie in der nächsten Woche in seine Gemeinde kommen. Joe kann es kaum erwarten! Er steht Schlange und bezahlt 100 Dollar, um zu hören, was die Propheten zu ihm sagen. Was hat Gott für Joe geplant?

Tage später überdenkt Joe immer noch jede einzelne Prophetie, die er von den Propheten erhalten und sich aufgeschrieben hat. Der erste Prophet teilte ihm mit, dass Gott ihn dazu anleite, ein Buch zu schreiben. Der zweite sagte, dass der Herr ihm einen Dienst unter Kindern gegeben habe und der Dritte proklamierte einen evangelistischen Ruf. Ganz und gar erstaunt war er, als er nochmals nachlas, dass der Herr ihn im Geschäftsbereich haben wolle und sein Dienst dazu da sein werde, Geld für die Gemeinde einzubringen.

Joe ist verwirrt! Könnte es sein, dass der Herr ihn zu all diesen verschiedenen Dingen rufen würde? So findet Joe eine nächste Gruppe von Propheten, steht wieder Schlange und bekommt einen Rabatt. Diesmal muss er nur 50 Dollar für seine Prophetie bezahlen. Dieses Mal wird er ganz aufgeregt, denn der erste Prophet sagt ihm, dass der Herr ihn dazu berufen hat, ein Pastor zu sein, aber ein prophetischer Pastor. Der nächste Prophet erzählt ihm, dass er eigentlich ein Apostel sei und der Dritte deklariert begeistert, dass der Herr Joe ein neues Auto geben und dass er reich und bekannt sein werde.

Was geht hier vor? Findest du, dass das Bild, das ich dir hier male, zu unrealistisch ist? Ich kann nicht einmal beginnen, dir zu sagen, wie viele Menschenleben wir wieder zusammenflicken mussten, die von Propheten, die ihre eigenen Lasten und Wünsche über Gottes Menschen aussprachen, kaputt gemacht wurden. Jeder Prophet hatte seine eigene 'Spielzeugdoktrine' und seine eigenen Vorstellungen davon, was eine Person tun sollte.

Je nachdem, wie eine Person aussieht, kategorisierte sie der Prophet und schätzte ein, was er dachte, dass Gott es über dieser Person sagen würde. Jetzt waren in diesem Dschungel von verschiedenen Worten sicher auch ein paar darunter, die wirklich von Gott waren, aber jeder Prophet hatte so viele voreingenommene Ideen und unkorrekte Denkweisen – Templates – die ihnen die Sicht von Gott versperrten.

Diese Rebellion gegen den Tod brachte diejenigen, welche zum prophetischen Dienst berufen sind, dazu, die Leben von Gottes Menschen zu zerstören. Denke nicht, wenn du aufstehst und für Gott sprichst, dass dies keine grosse Sache sei, indem du zu dir selber sagst: „Was ist denn schon ein prophetisches Wort?" Menschen bauen ihr Leben auf deinem Wort auf! Denke einmal an die Zeit, in der David in Keïla war.

> *„Und als David erkannte, dass Saul Böses gegen ihn schmiedete, da sagte er zu dem Priester Abjatar: Bring das Efod her!*

> *Und David sprach: HERR, Gott Israels! Dein Knecht hat als gewiss gehört, dass Saul danach trachtet, nach Keïla zu kommen, um die Stadt um meinetwillen zu verderben.*
>
> *Werden die Bürger von Keïla mich in seine Hand ausliefern? Wird Saul herabziehen, wie dein Knecht gehört hat? HERR, Gott Israels, lass es doch deinen Knecht wissen! Und der HERR sprach: Er wird herabkommen.*
>
> *Und David fragte weiter: Werden die Bürger von Keïla mich und meine Männer in die Hand Sauls ausliefern? Der HERR sprach: Sie werden dich ausliefern."*
>
> ~ 1.Samuel 23,9-12

Nun, was wäre gewesen, wenn Abjatar falsch gelegen wäre? Was, wenn er David gesagt hätte, dass alles gut kommen würde? Ich sage dir, was geschehen wäre. David und seine Männer wären dort geblieben und wären von Saul abgeschlachtet worden. Dies hätte ein sehr grosses Loch im Alten Testament hinterlassen, das nie geschrieben worden wäre!

Die Leben von Gottes Volk sind in deiner Hand und ich bete, dass du diese Verantwortung so ernst nimmst, wie sie ist. Bevor du also deinen Mund öffnest, um zu sagen: „Das sagt der Herr ...", kennst du besser das Kreuz und seine Behandlung an all deinen Templates und voreingenommenen Ideen. Denn nur wenn dein Verstand erneuert wurde und du Seine Gedanken und Seine Ideen und Seine Visionen mitteilst, wirst du bereit sein, den Übergang vom Propheten im Training zum Propheten im Amt zu schaffen!

## Tod des Fleisches

Was für eine Person würde sich freiwillig ans Kreuz nageln lassen? Nur schon wenn du darüber nachdenkst, könntest du davor zurückschrecken. Wenn du die Wehen der Vorbereitung durchlebst, wirst du damit konfrontiert. Denn auch jetzt stehst du vor dem Kreuz, hältst in deinen Händen die Stärken und Schwächen, Visionen und sogar Ängste, die der Herr von dir verlangt. Wenn du all diese Dinge, die du festhältst, auf den Boden fallen lässt, wirst du ans Kreuz genagelt werden.

Aber wenn du deinen Geist dem Vater entgegenhältst, so wie Jesus das tat und deinen Kopf im Tod hängen lässt, wird etwas Wunderbares passieren. In den Bereichen, in denen du gestorben bist, wird Jesus auferstehen, und wo du loslässt, wird er hervorkommen. Denn du bist zwar auf dieses Kreuz geklettert, aber es ist Jesus, der vom Kreuz heruntersteigt und anfängt, Sein Leben durch dich zu leben. Einer Vision zu sterben, kann schmerzvoll sein, aber dem Fleisch zu sterben ist eine ganz andere Geschichte. Ich habe herausgefunden, dass der schwierigste Teil in diesem ganzen Prozess nicht einmal der Tod selber ist, sondern die Enthüllung des Fleisches.

Das schmerzvollste Erkennen, das du haben kannst, ist, dass du denkst, dass du alles richtig machst und auf dem richtigen Weg bist, um dann mit Schrecken festzustellen, dass dein Fleisch kontrolliert. Und dann diesem Fleisch gegenüber zu stehen und es schlussendlich zu kreuzigen. Doch wenn die Wehen über dich kommen, um das prophetische Kind in dir zu gebären, presst du mit Freude, wissend, dass dieses Baby bald geboren wird!

## Von Herrlichkeit zu Herrlichkeit

Wenn du berufen bist, ein Prophet zu sein, sollten dir Phasen von Tod und Auferstehung sehr vertraut sein. Wenn du dem Ziel, das der Herr dir gegeben hat, entgegen arbeitest, wirst du dich selber mehr und mehr mit Paulus identifizieren können, der sagt:

> *„Denn was ich vollbringe, erkenne ich nicht; denn nicht, was ich will, das tue ich, sondern was ich hasse, das übe ich aus."*
>
> *~ Römer 7,15*

Manchmal fühlt es sich so an, als ob du mehr mit dem Fleisch kämpfst, als dass du das Licht des Lebens siehst! Deine Grabkleider werden zum letzten Schrei deines Kleiderschranks, wenn alles, was du möchtest, ist, etwas anzuziehen, das nicht den Farbton von Asche hat! Was geht hier vor sich? Hat der Herr dich zu einem Leben des Todes verdammt? Wird von dir erwartet, als einer der zum Amt berufen ist, dass du herumläufst wie Johannes der Täufer, in Kamelhaaren und dass du Heuschrecken isst?

Wann kommst du an den Punkt in deinem Leben, an dem du nicht nur das Fleisch überwunden hast, sondern auch in siegreicher Veränderung lebst? An dem du von Auferstehung zu Auferstehung, von Herrlichkeit zu Herrlichkeit schreitest?

Ich lade dich ein, dass du mit mir auf dieser Reise weitergehst durch Tod, zur Veränderung und weiter zur Herrlichkeit. Ich kann dir nicht versprechen, dass es eine einfache Schiffsreise wird, aber ich kann dich ermutigen, indem ich dir sage, dass es eine Antwort gibt.

So blicke auf in Hoffnung und sieh mit Freude auf das neue Leben, das dich erwartet, wenn wir jetzt das heikelste Thema im Leben eines jeden wahren Propheten Christi anschauen ... das Fleisch!

## Das Fleisch

Wenn du angefangen hast, die Vorbereitung, durch die der Heilige Geist Seine Diener hindurchbringt, zu erleben, dann sind da sehr wahrscheinlich Fehler in deinem Leben, die Er genau jetzt angeht. Du magst diese Fehler anderen mitgeteilt haben – oder noch denkbarer, andere haben dir nur zu gerne deine Fehler aufgezeigt!

Ob du willig bist, zuzugeben, dass du fehlerhaft bist, oder nicht, es gibt kein Leugnen - du brauchst

Veränderung! Du musst diese Sache überwinden. Du musst sicherstellen, dass du dieser Schwäche nicht mehr länger zum Opfer fällst. Vielleicht ist dein Fehler Ärger. Vielleicht hast du ein Problem mit Bitterkeit, oder du merkst immer wieder, wie du kontrollieren willst, wenn du dich unterordnen und loslassen solltest. Vielleicht ist dein Problem Unsicherheit. Anstatt, dass du Dinge aussprichst, versteckst du dich ängstlich.

## Wenn ich es nur verstehen könnte ...

Wenn du nun also dieses Problem von jedem möglichen Blickwinkel aus analysiert hast, war dies ein Versuch, dich zu verstehen. Ich meine, es muss doch einen Grund dafür geben, dass ich so bin, wie ich bin! Vielleicht war es wegen meiner Beziehung zu meiner Mutter, vielleicht bin ich so, weil mein Vater auf eine gewisse Art mit mir als Kind umgegangen ist. Ich reagiere mit Angst, weil ich als Kind immer auf die Seite gedrängt wurde.

Warte einmal, ich weiss es ... es ist so, weil ich dazu gedrängt wurde, Verantwortung zu übernehmen, obwohl ich zu jung dafür war. Das ist der Grund für mein Kontrollverhalten.

Du analysierst es und versuchst herauszufinden, woher es kommt. Wenn du einen Mentor oder geistlichen Vater hast, mit dem du da hindurchgehen kannst, dann hast du diese Bereiche und Erlebnisse angesprochen. Du hast gelernt, deiner Mutter oder deinem Vater zu vergeben. Du hast innere Heilung für die vergangenen Verletzungen empfangen.

Nun gehst du also von solch einer Zeit, in der dir gedient wurde, weg und denkst: „Das ist grossartig!" All meine Probleme werden wie eine magische Wand verschwinden. Alles, was ich wirklich brauchte, war, dass der Herr Seine Hand bewegt und es besser macht. Dafür sind Zeichen und Wunder doch da, nicht? Wenn du jedoch in deinem täglichen Leben vorwärtsgehst, kommst du zu der ernüchternden Erkenntnis, dass ... „die Dinge, die ich hasse – tue ich!"

Du schreist zum Herrn: „Aber Herr, ich dachte, ich habe mich um diese Sache gekümmert? Ich dachte, dass du mich von dieser Bitterkeit und diesem Ärger geheilt hast?" War alles vergebens? Nein, überhaupt nicht, du hast dich einfach auf eine Strasse der Veränderung begeben, die eine ganze Reihe von Erlebnissen bereithält.

Der Heilige Geist kann jetzt hineinkommen und deine Verletzungen heilen. Er kann hineinkommen und Wiederherstellung bringen, wo zerbrochene Beziehungen sind, aber der Heilige Geist kann dein Fleisch nicht heilen! Warum ist das so? Einmal mehr hat unser Bruder Paulus das mit uns durchlebt, wenn er sagt:

> *„Denn ich weiss, dass in mir, das ist in meinem Fleisch, nichts Gutes wohnt; denn das Wollen ist bei mir vorhanden, aber das Vollbringen des Guten nicht."*

~ *Römer 7,18*

**Im Fleisch ist nichts Gutes!**

## Wird Entschlossenheit es tun?

Und was jetzt? Dein nächster Schritt ist ziemlich klar, du musst dieses schreckliche Fleisch nehmen und es selber ans Kreuz nageln. Du bist ein Kind Gottes, du kannst diese Sache überwinden! „Okay, ich habe ein Problem mit Ärger, das ist nicht schwer. Ich werde von jetzt an einfach aufhören, verärgert zu sein." Mit einer Willensentscheidung wirst du dich anstrengen und dich verändern.

So wirst du noch analytischer, bis du jede Schwäche und jeden Mangel in dir kennst. Du arbeitest und strengst dich an, um diese Sache zu überwinden. Wenn deine Schwäche Bitterkeit ist, dann versuchst du die andere Person einfach zu lieben. Wenn du dich als Frau nicht unterordnen kannst, dann versuchst du einfach, dich unterzuordnen, so wie es das Wort sagt. Wenn du ein Problem mit Angst hast, dann versuchst du, Dinge zu tun, um frei zu werden und deine Angst zu überwinden.

Doch es geht nicht lange, bis du realisierst, dass innerlich keine Veränderung geschehen ist, obwohl du dies alles tust! Es kommt sogar noch schlimmer ... je mehr du diese Sache zu überwinden versuchst, umso grösser wird sie in deinem Leben. Je mehr du versuchst, die Kontrolle zu bewahren, umso mehr verlierst du sie! Je mehr du versuchst zu lieben, umso bitterer scheinst du zu werden!

**Oh Herr! Wer wird mich von diesem Körper des Fleisches retten?**

Jetzt ist die Zeit gekommen, in der du nach richtigen Antworten Ausschau hältst. Du hast versucht, es hinzubiegen und du hast dein Bestes gegeben, um die Dinge zu überwinden. Du hast das Wort gelesen, jedes Seelsorgebuch studiert, und jedes dir bekannte Prinzip von Tod, Auferstehung und innerer Heilung angewendet. Aber es war immer noch nicht gut genug. Was kannst du jetzt noch tun?

## Das Bild

Ich möchte, dass du dir den folgenden Abschnitt gut anschaust:

> *„Wir alle aber schauen mit aufgedecktem Angesicht (kontinuierlich) die Herrlichkeit des Herrn an und werden so (kontinuierlich) verwandelt in dasselbe Bild von Herrlichkeit zu Herrlichkeit, wie es vom Herrn, dem Geist, geschieht."*
>
> *~ 2.Korinther 3,18*
>
> *„Denn Gott, der gesagt hat: Aus Finsternis wird Licht leuchten! Er ist es, der in unseren Herzen aufgeleuchtet ist zum Lichtglanz der Erkenntnis der Herrlichkeit Gottes im Angesicht Jesu Christi."*

~ *2.Korinther 4,6*

Falls du Kinder hast, kannst du dich vielleicht daran erinnern, wie du mit ihnen ein kleines Spiel im Spiegel gespielt hast. Ich erinnere mich an ein bestimmtes Erlebnis mit Ruby, als sie ungefähr neun Monate alt war. Sie fing an, uns an unserem Äusseren zu erkennen und ich werde das erste Mal nie vergessen, als sie mein Spiegelbild im Spiegel wahrnahm. Sie war so verwirrt! Sie drehte sich um und sah mich auf dem Bett sitzen und dann drehte sie sich wieder zurück zum Spiegel, um auch dort mein Spiegelbild zu sehen.

Ich konnte mir vorstellen, was gerade durch ihren Kopf ging! Ich bin mir sicher, dass sie für einen Moment dachte, sie habe zwei Mütter im Raum! Es wurde ein kleines Spiel zwischen uns und verschiedene Familienmitglieder sprachen zu ihr im Spiegel. Sie gluckste und freute sich an diesem Spiel.

Nun, wie passt meine kleine Geschichte zu diesen Bibelabschnitten? Stelle dir vor, dass du dieses Kind bist. An dem Tag, an dem du errettet wurdest, kamst du zum Herrn, aber du erkanntest bald, dass niemand direkt zum Vater kommen kann. Als du anfingst, Ihn zu suchen und Ihn kennenlernen wolltest, offenbarte der Vater sich dir. Als du auf dem Bett sassest und in den Spiegel schautest, stand der Vater hinter dir und als du Sein Spiegelbild im Spiegel sahst, weisst du, was du da erblicktest? Du sahst das Gesicht Jesu! Denn Jesus reflektiert das Bild Gottes.

Von dem spricht Paulus hier im 2. Korinther 3,18. Er sagt, dass wir das Spiegelbild des Herrn anschauen und das Bild, das wir sehen, ist Jesus. Dann sagt er weiter, wenn wir nur kontinuierlich dieses Bild anschauen würden, würde der Heilige Geist kommen und uns diesem Bild gleich machen. Was für eine gewaltige Verheissung! So beginnst du das Licht am Ende dieses dunklen Tunnels zu erkennen – es gibt eine Lösung, wie du dieses hartnäckige Fleisch überwinden kannst.

## Überprüfe dein Bild

Lass uns mit diesem Prinzip aber einen Schritt weitergehen. Zu welchem Bild schaust du empor? Als ich zur Schule ging, wurde verlangt, dass jeder von uns an physischen Aktivitäten, dem Sportunterricht, teilnehmen musste. Ich erinnere mich, dass ich mich im 100-Meterlauf messen musste. Wenn du so etwas je gemacht hast, dann kannst du die Spannung verstehen, die aufkommt, wenn du darauf wartest, bis der Pistolenschuss losgeht und dann der Adrenalinstoss in dir hochkommt, wenn du auf dein Ziel losläufst.

Nun gut, vielleicht waren meine Beine zu kurz oder ich hatte einfach zu wenig Ausdauer, aber alles Adrenalin der Welt konnte mich nicht auf die Führungsposition bringen. Was aus einer Begeisterung und einer Hoffnung, das Ziel zu erreichen begann, endete damit, dass ich es knapp schaffte, in die Zielgerade zu kommen, ohne mich zu sehr vor all den anderen Leuten blamieren zu müssen!

Dem Ruf Gottes in deinem Leben zu folgen, ist dem sehr ähnlich. Du hattest den Ruf, du gingst zur Startlinie, du sahst das Ziel und als der Herr das Wort gab, liefst du mit ganzer Kraft aufs Ziel los. Die Begeisterung und Hoffnung auf grosse Dinge brannte in deinem Herzen, aber als du weiterranntest, hast du herausgefunden, dass es Dinge in dir gibt, die dich langsam werden liessen. Du schienst nicht mit dem Tempo der anderen mithalten zu können.

Was als aufregende Chance anfing, endete in Enttäuschung und als du anfingst, auf dein Versagen und deine Schwächen zu schauen, versuchtest du sie zu überwinden. Ich erinnere mich, wie ich mich viele Male kritisch anschaute und zu mir sagte: „Wenn ich nur längere Beine hätte! Wäre ich doch nur ausdauernder, dann würde ich dieses Rennen gewinnen!" So fing ich an zu trainieren. Ich zwang meinen Körper bis an seine Grenzen. Aber als das nächste Rennen kam ... du hast es geahnt, nicht? Da war Colette, die sich gerade noch über die Ziellinie schleppte!

Noch ein paar solche Erlebnisse und du willst aufgeben! Vielleicht befindest du dich gerade dort in deinem geistlichen Lauf. Du bist gestolpert und hast das Ziel, welches du dir wünschtest, nicht erreicht, und so fingst du an, dich zu verbessern. Du hast mehr studiert und mehr das Wort gelesen, aber bevor es dir bewusst wurde, kamen die gleichen Schwächen wieder hoch.

Nun, nach all meinen Anstrengungen, hatte ich mich selber damit abgefunden, dass ich einfach nicht fähig war, irgendetwas Athletisches zu machen. Eines Tages hatten wir dann einen so genannten 'Spass-Tag' an der Schule. Alle Kinder nahmen an einem Wettbewerb teil und führten lustige Rennen durch, nur so zum Spass. Es wurde ohne Druck gefeiert. Ich hatte mich fürs Schwimmen eingetragen, um meine Gruppe zu unterstützen und so kam ein neues Rennen auf mich zu. Als der Pistolenschuss fiel, tauchte ich ins Wasser und gab alles, was ich hatte.

Ich weiss nicht, wer mehr erstaunt war, meine Freunde oder ich selber, als ich aus dem Wasser kam und mich als Zweitbeste wiederfand! Die ganze Zeit über hatte ich mich damit abgefunden, dass ich im Sport unbrauchbar war, dabei hatte ich eigentlich nur am falschen Wettkampf teilgenommen.

Nun, beziehe das wiederum auf deinen geistlichen Lauf. Du hast dich selber beurteilt und hast keinen Sieg errungen, aber vielleicht ist der Grund, warum du nicht überwunden hast, der, dass du dich mit den falschen Regeln misst. Ich war nicht brauchbar im Wettrennen, aber ich hatte die Fähigkeit zu schwimmen. Hinter dem, was du denkst, dass es deine Schwäche ist, verbirgt sich vielleicht deine wahre Stärke!

## Wahre Offenbarung

Wie kannst du also so weit kommen, dass du klar sehen kannst? Wie kannst du herausfinden, wie du deine Schwächen überwinden und deine Stärken sehen kannst? Das bringt uns zurück zu:

> „Denn Gott, der gesagt hat: Aus Finsternis wird Licht leuchten! Er ist es, der in unseren Herzen aufgeleuchtet ist zum Lichtglanz der Erkenntnis der Herrlichkeit Gottes im Angesicht Jesu Christi."
>
> ~ 2.Korinther 4,6

Nur im Angesicht Jesu wirst du deine Offenbarung finden! Aber so wie ich den Durchschnittschristen dort draussen beurteile, sind die Chancen gross, dass er auf seine zu kurz geratenen Beine und seinen untrainierten Körper schaut, anstatt ins Gesicht Jesu. Du hast dich SELBER kritisch angeschaut und was war das Resultat dieses guten ehrlichen Blickes? Ein tödlicher Kreis, der dich immer wieder zur gleichen Schlussfolgerung zurückbringt: „Im Fleisch ist nichts Gutes!"

Nun gut, zumindest hast du eine Offenbarung aus diesem verrückten Karussell bekommen und jetzt, da du weisst, dass das Fleisch sündhaft und irreparabel ist, ist vielleicht die Zeit gekommen, in der du auf das wahre Bild schaust, in das du umgestaltet werden solltest.

Was ist dieses Bild? Wenn du deine eigenen Schwächen nicht anschaust und dich nicht selber zu verstehen versuchst, was solltest du dann analysieren?

> *„Erfüllt mit der Frucht der Gerechtigkeit, die durch Jesus Christus gewirkt wird, zur Herrlichkeit und zum Lobpreis Gottes."*
>
> *~ Philipper 1,11*

Wenn du Ausschau nach den Früchten der Gerechtigkeit hältst, dann musst du wissen, dass sie nur kommen werden, indem du Jesus und Seine Vollkommenheit anschaust. Denn wenn du Seine Vollkommenheit siehst, dann wird deine offensichtliche Unvollkommenheit hervorkommen, ohne dass du sie suchen musst. Ich sage dir jedoch, dass es, wenn du Seine Vollkommenheit anschaust und deine Unvollkommenheit siehst, dich nicht dazu bringen wird, dich anzustrengen und dich verändern zu wollen oder dich entmutigen wird.

Lass mich dir ein Juwel einer Bibelstelle zeigen. Ich ermutige dich, diese Stelle auswendig zu lernen und in deinem Geist zu behalten:

> *„Denn die Betrübnis nach Gottes Sinn bewirkt eine nie zu bereuende Busse zum Heil; die Betrübnis der Welt aber bewirkt den Tod."*
>
> *~ 2. Korinther 7,10*

## Göttliche Betrübnis

Was bedeutet diese Stelle für dich? Sie bedeutet, wenn du Jesus anschaust und von deiner Sünde und Schwäche überführt wirst, dass etwas Erstaunliches geschieht!

> „Nun, was kann denn schon so Erstaunliches dabei sein, seine eigenen Fehler zu sehen?", magst du vielleicht fragen.
>
> „Ich brauche keine Offenbarung, um meine Schwäche zu sehen. Ich sehe meine Sünde bereits!"

Ah, aber du siehst nicht, dass die Wahrheit nicht darin liegt, deine Schwäche zu sehen, sondern die Wahrheit liegt in der Offenbarung, diese Schwäche durch Christus zu sehen. Denn wenn du Jesus anschaust und deine Unvollkommenheit hervorkommt, dann kommt eine Wahrheit hervor, die Paulus 'göttliche Betrübnis' nennt. Es ist diese göttliche Betrübnis, die dich zu einer Busse führt, die du nie bereust!

Was du gemacht hast, ist, dass du deine Schwäche durch die Augen der Welt angeschaut hast und obwohl der Fehler klar war, hast du ihn durch den falschen Kanal gefiltert. Schau meine Illustration vom Rennen noch einmal an. Ganz sicher hatte ich eine Schwäche in der Leichtathletik. Ich war die Letzte in jedem Rennen! Aber als ich mich davon distanzierte und mich selber in einen unbekannten Wettkampf hinein begab, entdeckte ich, dass ich, obwohl ich Schwächen hatte, mich für die falsche Sache eingesetzt hatte!

Das Gleiche gilt hier, du hast das genossen, was Paulus in 2. Korinther 7,10 'die Betrübnis der Welt' nennt. Was geschieht, wenn du in der Betrübnis der Welt gefangen bist? Es bringt Tod! Aber nicht einen Tod, der zur Auferstehung führt, sondern vielmehr einen Tod, der

Depression hervorbringt, der dich in die Krallen des Feindes stösst!

## Alles 'Nicht Jesus' wegmeisseln

Es ist Zeit, dass du das Bild Christi anschaust, denn wenn du in Sein Gesicht schaust, wird der Heilige Geist über dich kommen und dich diesem Bild gleich machen!

Der Herr zeigte mir dies einmal so genau auf, als ich wegen ein paar inneren Konflikten, die Er in mir aufdeckte, zu Ihm kam. Er zeigte mir das Bild, das ich dir schon vorher in dieser Lehre beschrieben habe. Nämlich in diesen Spiegel zu schauen und sein Spiegelbild zu sehen. Ich sah mich selber als Skulptur, die von einem Künstler kreiert worden war. Dann zeigte Er mir, wie der Heilige Geist von aussen über mich kam, mit einem Hammer und einem Meissel in der Hand. Als ich das beobachtete, sah ich, wie Er anfing, all die Stücke an mir wegzuschlagen, die nicht Jesus waren.

Soweit musst du in deinem geistlichen Lauf kommen. Du wirst keinen Sieg über deine Schwächen und persönlichen Sünden bekommen, indem du über sie nachbrütest. Du wirst sie überwinden, wenn du auf Jesus schaust und indem du Ihn ansiehst, wirst du diese Schwächen durch das Auge der Überführung sehen und du wirst zu einer lebensverändernden Busse geführt werden, die für immer bei dir bleibt.

Wenn du jetzt mit der Vorbereitung für deinen Dienst konfrontiert bist, hast du innerlich dieses Drängen verspürt, an diesen geheimen Ort mit dem Liebhaber deiner Seele zu kommen. Du hast danach gesucht, Sein Angesicht zu sehen und so schliesst sich der Kreis wieder, was ich dir über die Angesicht-zu-Angesicht-Beziehung mit Jesus erzählt habe. Du siehst, es beginnt alles, indem du in Seine Augen schaust und es endet wiederum alles damit, dass du in Seine Augen blickst.

Denn nur in Seinem Spiegelbild wird die Offenbarung kommen. Im Spiegelbild Seines Bildes wirst du die Start- und Ziellinie für diese neue Reise, auf die du dich begeben hast, finden.

KAPITEL 19

# Auferstehung und Verherrlichung

*"Weiter zur Beförderung und dem Laufen in Gottes Herrlichkeit"*

# Kapitel 19 – Auferstehung und Verherrlichung

## Weiter zur Beförderung und dem Laufen in Gottes Herrlichkeit

Ich möchte, dass du das Bild im Kopf behältst, das ich dir vorher schon einmal vor Augen gemalt habe: Du gehst ans Kreuz und Jesus steigt herunter. Denn für all das Reden über Tod und Sterben gibt es wirklich einen Grund! Präge dir diese Schriftstelle ein:

> *„Ich bin mit Christus gekreuzigt, und nicht mehr lebe ich, sondern Christus lebt in mir; was ich aber jetzt im Fleisch lebe, lebe ich im Glauben, und zwar im Glauben an den Sohn Gottes, der mich geliebt und sich selbst für mich hingegeben hat."*
>
> *~ Galater 2,20*

Der Grund für all diesen Tod ist, mit Christus in Seinem Tod verbunden zu sein, damit Jesus durch dich leben kann! Der Grund, wieso du immer und immer wieder in den Tod gerufen wirst, ist, weil du immer wieder vom Kreuz heruntersteigst! Finde also deinen Platz auf dem harten Balken des Kreuzes und mache es dir dort gemütlich, wenn du die Nägel in deinen Händen und Füssen spürst. Denn solange du das Fleisch am Kreuz lässt, wird der Herr Jesus durch dich leben und regieren und dich zu einer herrlichen Auferstehung bringen!

Denn nur im Tod siehst du die andere Seite des Grabes. Nur als Jesus das Kreuz konfrontierte, erlebte Er Veränderung und erhielt einen geheilten Körper, als Er auferstand. Wenn du damit weitermachst, Jesus ins Gesicht zu schauen, wird der Heilige Geist über dich kommen und all deine Verhaltensmuster, deine Templates aufdecken. Du wirst sehr schnell lernen, was verschwinden muss.

Da wir den Dienst vierundzwanzig Stunden am Tag und sieben Tage die Woche leben, hatten unsere Kinder keine andere Wahl, als dies einfach mit uns zu leben. Schon in jungen Jahren lernte meine älteste Tochter, was der Tod des Fleisches ist. Lass dich von diesen süssen, braunen Augen nicht hinters Licht führen! Auch wenn sie noch ein Kind ist, Fleisch ist Fleisch und es braucht keine Ermutigung, um zu versuchen, die Oberhand zu gewinnen.

Im Falle Deborahs heisst das: Sie hat einen sehr starken Willen. Ich bestehe hartnäckig darauf, dass sie den von Craig hat. Aber wenn ich diese gute Theorie dem Rest des AMI Teams unterbreite, bekomme ich nur schallendes Gelächter zu hören und hochgezogene Augenbrauen zu sehen. Kommentare wie: „Ah ja, genau! Und ich schätze es hat nichts mit den vielen Toden zu tun, die der Herr betreffend deiner eigenen Willensstärke über dich gebracht hat?" Und so konfrontiere ich gleich den nächsten Tod ... (Wie ich immer sage: 'Einen Tod pro Tag hält das Fleisch fern' - auf Englisch: 'A death a day keeps the flesh away')

Aber kommen wir zurück zu Deborah ... sie hat einen starken Willen, genau wie ihr Vater ... äh ihre Mutter. Es kam eine Zeit in ihrem Leben, in der alles diesen kleinen Willen zu Boden bringen wollte. Wenn sie einen bestimmten Film anschauen wollte, dann wollten die anderen Kinder sicher einen anderen anschauen. Wenn sie Teigwaren zum Mittagessen wollte, gab ich ihr sicher ein Sandwich. Wenn sie mit ihrem Fahrrad fahren wollte, befahl ich ihr, in ihrem Zimmer zu bleiben und dort zu spielen. Wenn sie auf dem Internet unter Barbie.com surfen wollte, wollte ihre Schwester sicher gerade herausfinden, was es unter Freddy Fish.com Neues zu sehen gab!

Am Ende der Woche war sie bereit, die Wand hinaufzugehen! Ich benötigte eine Weile, um zu verstehen, was vor sich ging. Bis ich ihre Woche im Kopf nochmals durchging und die Zeichen plötzlich nur zu gut erkennen konnte! Deborah trägt das prophetische Erbe, das sie von Craig und mir bekommen hat, auf sich. Und so zeigte sie schon in einem jungen Alter das nicht zu verkennende 'prophetische Pendel'! Ich setzte mich mit ihr hin und erklärte ihr, dass es Zeiten gibt, in denen sie Dinge einfach loslassen muss.

Ich musste ihr erklären, dass sie ihren Willen, auch wenn er manchmal gut war, nicht immer durchsetzen konnte. Ich lehrte sie, dass sie sich, wenn nicht der

Herr Jesus anstelle von ihr in Kontrolle sein konnte, immer wieder frustriert vor einer Wand stehend vorfinden würde. Ich fragte sie: „Was ist, wenn der Herr Jesus möchte, dass du etwas tust, das gegen deinen Willen geht. Würdest du immer noch auf Ihn hören?" Dies machte sie nachdenklich und sie erfasste selbst mit ihrem kindlichen Verstand das einfache Konzept von 'Stirb schnell'!

Nun, sie ist ein Kind mit all seiner Unschuld, wie viel mehr wirst du zum Tod all deiner negativen Templates und sündhaften Gewohnheiten aufgerufen, die du durch dein Leben hindurch geformt und angenommen hast? Wenn du Jesus anschaust, wird Er dir diese Dinge aufzeigen, und manchmal geschieht es nicht auf die Art, wie du dir erhofft hast. Hey, wenn diese Skulptur, von der wir vorher gesprochen haben, aus Fleisch gemacht wäre, denkst du, sie würde sich über jeden Meisselhieb freuen?

## Es schmerzt

Ja, der Meissel schmerzt, aber wenn du den Felsbrocken loslassen kannst, der dir im Wege steht, um Jesus gleich zu werden, dann wirst du eine neue Freiheit finden. Dieser Felsbrocken stand dir im Weg und du konntest als Prophet nicht wirklich funktionieren. Er verhinderte, dass du die Dinge so sehen kannst, wie der Herr sie sieht. Und er war ein Stolperstein für diejenigen, die stolperten, wenn du nicht richtig gedient hast.

Der Tod des Fleisches ist einfach. Halte deine Augen auf Jesus gerichtet und wenn all die Drucksituationen kommen und das Fleisch enthüllen, das gehen muss, dann …

1. Identifiziere es
2. Setze dich damit auseinander und bewältige es
3. Stirb schnell
4. Gehe weiter … zur Auferstehung.

Wenn du das Thema, welches in dir angesprochen wird, loslassen kannst, wirst du dich wundern, warum du so lange brauchtest, um das zu tun! Wenn du plötzlich merkst, wie Menschen gegen dich aufstehen und dich anklagen, dann lass es gehen! Wenn dein Chef dich dominiert und unfair zu dir ist, dann lass es los! Stirb schnell! Würde eine tote Person sich darum kümmern, was die Leute über sie sagen? Würde sich eine tote Person angesprochen fühlen, wenn jemand sie anschreit?

Denn wenn du dem Fleisch gegenüber tot bist, dann lebst du im Geist! Und was für ein unglaubliches Erlebnis es ist, in allem, was du tust, mit dem Heiligen Geist zu fliessen! Dort findet Auferstehung statt. Wenn das Fleisch gestorben ist und du dich nicht mehr länger darum kümmerst, was die Leute über dich sagen. Wenn alles, was für dich zählt, ist, was Jesus darüber denkt und was Er möchte, dass du es tust. Wenn du willig bist, alles gehen zu lassen und alles zu tun, einfach so lange du noch mit dem Herrn reden kannst und hörst wie Er dir antwortet!

Wenn du an diesen Punkt gekommen bist, wirst du eine herrliche Auferstehung erleben und mit ihr Veränderung und eine Umgestaltung. Denn das alte Fleisch und die alten Templates bleiben am Kreuz und ein neuer Prophet, der voll ist von Jesus, erhebt sich aus dem Trümmerhaufen der neugeformten Skulptur.

Nun, wie sieht die Auferstehung aus? Wie weisst du, ob du schon auferstanden bist? Lass uns Petrus anschauen. Er ist jemand, mit dem wir uns immer vergleichen können, denn er hat 'seine Nase in alles hineingesteckt' und hat sich in Dinge eingemischt, die er lieber nicht hätte tun sollen!

## Vom Versager zum Leiter

Wenn du Petrus im Innenhof anschaust, als Jesus von den Soldaten geschlagen wurde, siehst du einen gebrochenen Mann. Du siehst einen Mann, der sogar zu schwach ist für das, was er glaubt, geradezustehen. Du siehst einen Mann, der durch sein Versagen gebrochen ist. Er verbarg sich und weinte, weil er seinen Erlöser hintergangen hatte, indem er ihn verleugnete.

Wenn Petrus je einen Todesstoss für seine natürliche Stärke und klaren Überzeugungen bekommen hat, dann war es in diesem Moment! Er war immer so eifrig, wenn es darum ging, zu sagen wie die Dinge laufen sollten. Er wetteiferte schnell mit anderen und leitete schnell in seiner natürlichen Stärke. Ich denke, jeder von uns kann sich mit ihm identifizieren, als er in gerade dem Moment versagte, in dem diese Stärke am meisten gebraucht worden wäre!

Warst du auch schon einmal an diesem Punkt? An dem Punkt, an dem dir deine natürlichen Stärken und Fähigkeiten nur noch um die Knöchel flatterten? Bist du schon einmal an dem Punkt gewesen, als du mehr ins Fettnäpfchen tratest als etwas anderes? Eine Ausgangslage, in der du meinst, eine Sache zu sagen und schlussendlich etwas anderes sagst?

Du beginnst mit einem Angriff und endest damit, dass du dich als Narr hinstellst. Danach kommt die Ablehnung und die Isolation. Ich könnte noch weiter und weiter erzählen, aber dieses Kapitel ist nicht dafür geschrieben, dich zu entmutigen. Wir reden hier von Auferstehung.

Lass uns also ein anderes Bild anschauen. Den Pfingsttag. Hier steht ein Mann vom Geist Gottes bevollmächtigt. Nur Stunden zuvor versteckte er sich vor den Behörden, jetzt steht er kühn da und proklamiert die Wahrheit! Er proklamiert nicht nur das Evangelium, sondern er hat auch noch die Frechheit zu proklamieren: „Dieser Mensch Jesus, den ihr gekreuzigt habt!" Ich sehe einen total anderen Petrus vor der Menge stehen, als der, der sich schämte und versteckte, als der Herr gekreuzigt wurde.

Das ist solch ein Beispiel der Gnade und der Macht unseres Gottes. Dass Er einen Versager nehmen und ihn zu einem Leiter Seiner neutestamentlichen Gemeinde befördern konnte. Einen ungebildeten

Fischer zu nehmen und ihn umzugestalten, dass von ihm gesagt wurde: Sie standen in Ehrfurcht da und hörten seine Worte, weil sie sahen, dass sie ungebildete Fischer waren. Es war offenbar, dass sie mit Jesus zusammen gewesen waren. Einen Feigling, der sich vor den Behörden versteckte, zu nehmen und in ihn die Macht zu legen, die Lahmen wieder laufend zu machen. Einen Narren zu nehmen und ihn zu einem Leiter zu machen!

Vielleicht hast du dich für einige Zeit mehr als Narr gefühlt und nicht als einen Leiter. Wenn dich der Heilige Geist heute berührt, erkenne, dass die Zeit da ist, in der du dich ausstrecken und dich aus dem Grab erheben kannst. Gib das hin- und herwälzen ab und lege die Grabkleider zur Seite. Ein neues Gewand erwartet dich und es ist das Gewand der Beförderung. Jesus wurde in Herrlichkeit erhoben und so wird es auch mit dir sein. Er wurde in einem geheilten und wiederhergestellten Körper erhoben, und so wird es auch bei dir sein.

## Verherrlichung

Wenn du neues Leben in der Auferstehung findest, erkenne, dass das erst der Anfang ist. Als nächstes wird von dir verlangt, auf dieser Strasse der Beförderung zu laufen und die Autorität und Verantwortung, die dir gegeben wurde, praktisch auszuleben. Wäre Jesus nicht verherrlicht worden, wäre Sein Tod umsonst gewesen.

Denn es war das Präsentieren Seines Blutes auf dem Altar, das als Bund vor dem Vater steht. Es war Sein Gesetzt-Werden zur Rechten des Vaters, das uns Autorität über die Dinge auf der Erde, in den Himmeln und unter der Erde gab! Es war Seine Verherrlichung, die uns das Innewohnen des Heiligen Geistes schenkte.

Damit wir grössere Dinge tun können, als Er tat. Damit wir bevollmächtigt und voller Feuer sind, um die Aufgabe ausführen zu können, die vor uns liegt. In den Mantel gehüllt zu sein, ist eine Sache, dies auszuleben aber eine andere. Im nächsten Kapitel werden wir mit der Kraft, die darin liegt, verherrlicht zu sein und der zentralen Aussage des Evangeliums der Errettung, nämlich: „Geht hin in alle Welt ..." abschliessen.

## *In Erweckung laufen*

Wir haben zusammen angeschaut, wie das Fleisch gekreuzigt wird und ich zweifle nicht daran, dass du in deinem eigenen Leben Zeiten des Druckes identifizieren konntest, in denen du mit Bereichen konfrontiert wurdest, die du vielleicht lieber nicht angegangen wärst.

Aber der Heilige Geist wirkt immer so, dass Er um dich wirbt und dich in ein Gefäss formt, das für Seine Zwecke bereit ist! Vielleicht bist du die letzten Monate durch eine Zeit des Todes gegangen und du bist überaus erschöpft.

Ich kenne diesen Zustand. Es gab Momente in meinem eigenen Leben, in denen die Todessituationen häufiger

# Auferstehung und Verherrlichung

zu kommen schienen als die Auferstehungen und das Grab zu einem sehr intimen Freund wurde. Nicht, weil ich mir das so ausgesucht hätte, sondern einfach der schlichten Ermüdung wegen. Du fürchtest dich davor aufzuerstehen, weil du weisst, dass schon um die nächste Ecke ein weiterer Bereich von dir darauf wartet, gekreuzigt zu werden.

### *Jesus fuhr auf!*

Die mächtigste Wahrheit unserer Erlösung ist nicht nur, dass Jesus starb, sondern dass Er zum Vater aufstieg! Als Er auffuhr, wurde Er zur rechten Hand des Vaters gesetzt. Als Er Sein Blut auf dem Altar des Himmels zeigte, wurde Sein Name über jeden anderen Namen im Himmel, auf der Erde und unter der Erde gesetzt! Es ist das Gleiche mit dir. Wenn du zur Rechten des Vaters erhoben und gesetzt wurdest, wirst du wahrhaftig Sieg über deine Situation haben. Nun, wie tun wir das?

> *„Wenn aber Kinder, so auch Erben, Erben Gottes und Miterben Christi, wenn wir wirklich mitleiden, damit wir auch mit verherrlicht werden."*
>
> *~ Römer 8,17*

So wie der Herr durch den Tod ging, sind auch wir durch den Tod gegangen und so wie Er auferstand, gehen auch wir in die Auferstehung über und so sind wir auch mit Ihm verherrlicht! Was für eine herrliche Verheissung! Wir müssen nicht länger durch die Sünden unserer Templates gebunden sein! Wir müssen nicht länger durch sündhafte Gewohnheiten und Verletzungen der Vergangenheit gebunden sein. Das ist eine Verheissung, die uns von unserem liebenden, himmlischen Vater gegeben ist und es ist diese Verheissung, mit der du gegen den Feind stehen musst!

Wie könnte ich es wohl klarer sagen:

> *„Auch uns, die wir in den Vergehungen tot waren, mit dem Christus lebendig gemacht- durch Gnade seid ihr errettet! Er hat uns mitauferweckt und mitsitzen lassen in der Himmelswelt in Christus Jesus."*
>
> *~ Epheser 2,5-6*

## Vom Sich-Ergeben zum Ausüben von Autorität

Du bist gerade jetzt mit Christus an himmlische Örter gesetzt. Es ist Zeit, deine Augen über die Versuchungen des Feindes hinweg zu erheben, den Herrn und all Seine Herrlichkeit zu sehen und zu wissen, dass Seine Krone auf dein Haupt gesetzt und Sein Mantel auf deine Schultern gelegt wurde!

Du bist befördert worden und die grösste Macht, die darin liegt, in Christus verherrlicht zu sein, ist, diese Autorität, die Er in dich gelegt hat, auszuüben! Zuerst hast du dich dem Geist ausgeliefert, hast die eigenen Werke und die Versuchungen Satans überwunden, doch wenn du jetzt auf die Listen des Feindes schaust, beginnt ein gerechter Ärger in deinem Bauch aufzusteigen. Jetzt ist die Zeit, Diener Gottes, die neue Autorität und Salbung, die dir gegeben wurde auszuüben. Schlage um dich und zerstöre jedes Werk der Finsternis.

Das ist der eigentliche Grund, wieso der Herr dich in ein neues Leben gehoben hat. Das ist der eigentliche Grund, wieso Er dich in einen Dienst gesetzt hat, um die Kraft und Autorität, die in dir liegt zu gebrauchen, damit andere, die gebunden sind, freigesetzt werden! Jetzt ist die Zeit da, um deine Augen von deinen eigenen Nöten wegzunehmen und deine Position zu nutzen, um das Königreich Gottes voranzutreiben.

Jetzt ist die Zeit da, um die Prinzipien, die du gelernt hast, zu nehmen - sie wurden durch das Feuer der Erfahrung und des Todes geprüft - und sie mit der kraftvollen Salbung des Heiligen Geistes anzuwenden! Das kannst du nur tun, wenn du an himmlischen Orten sitzt. Ein König kann sein Zepter nur gebrauchen, wenn er auf dem Thron sitzt.

Nun, wenn der Herr dich auferstehen liess und befördert hat, erhebe das Zepter und das Schwert, das Er dir gegeben hat, um den Auftrag auszuführen. Das ist die Endstufe im Todesprozess und es schüttelt wahrhaft die Ketten deiner Vergangenheit für immer ab.

## Deine Errettung in Furcht und Zittern ausleben

Ist das nicht das endgültige Ziel, weshalb du das Kreuz konfrontierst? Um verherrlicht zu werden und den Auftrag, den Christus dir gegeben hat, in Furcht und Zittern auszuführen? Wie demütigend ist es doch, in deiner Schwäche gerufen zu werden, um einen so grossen Auftrag auszuführen. Ich danke dem Vater, dass Er uns dazu ruft, Dinge zu tun, die Er fähig ist auszuführen und nicht die Dinge, die wir tun können. Denn wenn wir in unserer eigenen Fähigkeit stehen müssten, würden wir sicher versagen und alle würden die Masken sehen, die wir tragen. Aber wir stehen nicht in unserer eigenen Autorität und wir stehen nicht in unseren eigenen Fähigkeiten als Diener Gottes da. Nein, wir stehen in der Fähigkeit Jesu und dem vollbrachten Werk auf Golgatha.

Wir stehen in dem, was Er durch viele Male des Todes und der Auferstehung in uns geschmiedet hat. Wir stehen in der Kraft Seiner Gnade und wir stehen in der nie endenden Stärke Seiner Liebe, um den vor uns liegenden Auftrag zu vollbringen. Wenn du also eine Zeit der Prüfungen hinter dir hast und gezwungen wurdest, deine Schwäche anzusehen, erkenne, dass die Macht und Autorität des Herrn auf eine sehr praktische Art in dich hineingelegt wurde.

Lerne dieses Fleisch dem Kreuz unterzuordnen, lerne es gehen zu lassen und dann lerne, dich in der Auferstehungskraft zu erheben. Und doch, wichtiger als all das ist, dass du in dieser neuen Autorität stehst und diese Autorität ausübst, um Sein Königreich voranzutreiben.

Denn wenn ein Schmetterling schlussendlich aus der Verpuppungshülle hervorkommt und seine neuen Flügel zeigt, steht er nicht unbeweglich da! Das eigentliche Konzept durch Tod zu gehen und dann diese Flügel zu bekommen, ist, sie zum Fliegen zu benutzen! Es genügt nicht, einfach nur aufzuerstehen! Es ist nicht genug, einfach nur aus der Puppenhülle herauszubrechen. Es ist nicht genug, einfach nur dieses geistliche Baby zu gebären. Nein! Du musst auch verherrlicht werden!

Breite diese Flügel aus und fliege, durchtrenne diese Nabelschnur und stelle dieses Baby auf seine eigenen Füsse. Tod hat seinen Sinn und so auch die Auferstehung. Aber beide sind nutzlos ohne die Kraft des Verherrlichtseins! Dieser Schmetterling mag in seinem auferstandenen Zustand schön sein, aber bis er sich nicht in den Sonnenschein hinausbegibt, bleibt er verborgen und hält sein Potenzial zurück. Bis nicht die Nabelschnur vom Baby abgeschnitten wurde, wirst du es nie wachsen sehen.

So wie du in der Vorbereitung zu deiner Berufung durch Wehen und Mühsal gegangen bist, musst du erkennen, dass verherrlicht zu sein dein Ziel ist und tatsächlich der Grund, wieso dich der Herr zu diesem ganzen Prozess gerufen hat. Stehe also mit erhobenem Haupt da in dem, was du in Christus bist. Erkenne, was

Er in dich hineingelegt und was Er an dir getan hat. Denn Er hat dich gemacht und ist im Begriff, dich zu etwas Wunderschönem zu formen.

## Den Edelstein vorbereiten

Wenn ich jetzt dieses Kapitel beende, zeigt mir der Herr gerade einen Edelstein. Es ist ein Rubin und er ist trüb. Ich sehe, wie Er den Edelstein nimmt und zu einem Schleifrad bringt. Als er geschliffen wird, erklingt ein schrecklicher kreischender Klang. Der Edelstein wird heiss und dehnt sich unter dem Druck aus. Immer wieder sehe ich, wie der Herr ihn vom Schleifrad nimmt und ihn genau inspiziert. Dann legt Er ihn wieder ans Schleifrad, um eine Stelle, die Er vorher übersehen hat, zu bearbeiten.

Bald schon inspiziert Er ihn wieder und er glänzt. Ich sehe ein Lächeln der Zufriedenheit über Sein Gesicht huschen, als Er ihn gegen das Licht hält. Der Stein glänzt in der Sonne und die Umwandlung vom trüben, dreckigen Stein zu einem herrlichen Edelstein ist vollendet. Aber der Prozess ist noch nicht fertig.

Ich sehe, wie Er diesen Edelstein zu einer Krone bringt. Ich sehe viele andere Edelsteine an dieser Krone. Und als Er diesen Rubin in die Krone setzen will, sehe ich einen freien Platz in der Krone, an den dieser Edelstein genau hinpasst. Tatsächlich, er sitzt perfekt! Ich sehe, wie der Herr diesen Rubin mit geschmolzenem Gold in die Krone einsetzt, um ihn zu befestigen. Einmal mehr ist das Gold heiss und der Edelstein wird unter Druck gesetzt, um ihn dem Design entsprechend anzupassen, damit er genau hineinpasst.

Bald schon ist der Prozess beendet und der Herr hebt die Krone gegen das Licht. Es ist atemberaubend! Dann sehe ich den Herrn Jesus in all Seiner Herrlichkeit dastehen! Er hält ein Zepter in Seiner Hand und trägt einen Mantel aus Purpur über Seinen Schultern. Sein Ausdruck ist entschlossen und Seine Augen sind fest. Er hebt die Krone auf Sein Haupt und tritt der Welt entgegen. Er scheint mit Glanz und die gesamte Welt sieht Seine Herrlichkeit!

Prophet im Training, du bist dieser Edelstein. Du wirst für Seinen Zweck vollkommen gemacht. Und wenn du in Seine Krone gesetzt wirst, wird Er der Welt durch dich entgegentreten und Er wird leuchten! Du magst das Schleifen als unerträglich empfinden und du magst manchmal die Hitze des Druckes nicht aushalten. Aber wenn Jesus dich gegen das Licht hält und du mit Seiner Salbung strahlst, kommt die Freude, weil du weisst, dass du Ihn mit der Herrlichkeit kleidest, die in dich gelegt wurde. Du bist Sein Gesicht für diese Welt und du bist Seine Schönheit.

Das ist wirklich die Kraft des Verherrlichtseins und die beeindruckende Verheissung, dass wir durch Seine Gnade erwählt wurden und Sein Blut uns dazu befähigt hat. Ich beende jetzt dieses Kapitel mit einer mächtigen Verheissung, die die Zusammenfassung dieses Kapitels widerspiegelt.

*„Aber eben deshalb habe ich dich bestehen lassen, um (in) dir meine Macht zu zeigen, und damit man auf der ganzen Erde meinen Namen verkündigt."*

~ 2. Mose 9,16

KAPITEL 20

# Gesalbt und ernannt

*"Prophetischer Dienst im Vergleich zum prophetischen Amt"*

# Kapitel 20 – Gesalbt und ernannt

## Prophetischer Dienst im Vergleich zum prophetischen Amt

Wenn du all die vorhergehenden Kapitel betrachtest, die du bis jetzt gelesen hast, wirst du sie als Puzzle betrachten, mit Teilen, die offensichtlich nicht zusammenpassen. Du weisst, dass sie irgendwie zusammenpassen sollten, aber wenn du schon einmal ein Puzzle mit dreitausend Teilen versucht hast zusammenzusetzen, dann weisst du, dass du entweder viel Zeit dazu benötigst, um herauszufinden, wie alles genau zusammenpasst, oder du brauchst jemanden, der weiss, wie das Puzzle zusammengesetzt wird!

Nun, zufälligerweise weiss ich, wie das Puzzle zusammengesetzt wird, also kannst du dich entspannen und einen Seufzer der Erleichterung ausstossen, wenn ich jetzt alles miteinander verbinde und dir erkläre, wie du gesalbt und ernannt sein kannst.

Wenn du immer noch mit mir bist und mit dem Kopf in ausdrücklicher Zustimmung darüber nickst, was ich bis jetzt weitergegeben habe, dann bist du auf dem besten Weg, dich als der Prophet zu erheben, zu dem dich der Herr berufen hat. Aber was ist denn nun der

Unterschied zwischen der Vorbereitung und dem Training und wann weisst du, dass du im prophetischen Amt bist?

Als ich ins prophetische Amt gesetzt wurde, brauchte es eine Weile, bis ich verstand, was geschehen war. Es brauchte vor allem längere Zeit, um den Menschen um mich herum sagen zu können, dass ich ein Prophet war. Ich weiss, es gibt viele Propheten im Training, die verrückt danach sind, vom Moment ihrer ersten Offenbarung an, den Leuten zu erzählen, dass sie Propheten sind. Aber ich war nicht so mutig!

Ich empfand, dass ich mich selber nicht Prophet nennen konnte, bis ich nicht wusste, dass ich es wirklich war! Es erinnerte mich an die Zeit, als ich mit meiner Erstgeborenen schwanger war. Ich war erst drei Monate schwanger, als der Muttertag vor der Türe stand. Wie sehnsüchtig ich doch diesen Tag feiern wollte! Hier war ich, schwanger und in einigen wenigen Monaten würde mein Baby geboren werden, und doch, wie sehr ich auch hoffen mochte, ich war noch keine Mutter. Sicher, das Baby war unterwegs, aber bis es nicht geboren war, konnte ich mich selber noch nicht Mutter nennen oder den Muttertag feiern.

Die Einsetzung ins prophetische Amt ist dem gleich. Du magst mit deinem Baby schwanger sein und im übertragenen Sinn bist du ein Prophet, aber bis dieses prophetische Baby nicht geboren ist, kannst du den Titel Prophet noch nicht tragen. Genauso wie ich auch nicht den Titel Mutter tragen konnte, bis mein Kind geboren war.

Lass mich dir also die Phasen zeigen, durch die du hindurchgehen wirst und ab wann du im prophetischen Amt stehst. Wenn du dich selber Prophet genannt hast und du dich aber mit diesen Phasen des Trainings und des Eingesetzt-Werdens nicht identifizieren kannst, dann ist es Zeit für dich an den Anfang zurückzukehren. Wenn du dich fühlst, als ob du für immer in den Geburtswehen der prophetischen Vorbereitung bist, dann wird dich dieses Kapitel vielleicht ermutigen, dranzubleiben und eifrig die Geburt deines Babys zu erwarten!

## Gesalbt

Ich nehme jetzt meine Lieblingspersönlichkeit aus der Bibel und male dir einige Bilder vor Augen. Lass uns König David anschauen. Er war der grösste König, der je gelebt hat, aber wenn wir ihn das erste Mal antreffen, ist er nicht auf dem Thron, sondern auf den Weiden und schaut nach den Schafen seines Vaters. Er wird von Samuel berufen und dort vor seinen Brüdern zum König gesalbt.

Das Siegel ist auf ihn gelegt worden. Der Herr hat es bekannt gemacht, dass David Sein Erwählter ist, der nach Saul den Thron besteigen wird. Nun, was geschah dann mit David? Er blieb dort, wo er vorher schon war. Ja, David machte einfach mit dem Hüten der Schafe seines Vaters weiter.

Nun, vielleicht findest du dies komisch. Warum war da keine Zeremonie, kein Fest, kein Aufstand, um Saul vom Thron zu stürzen? Die Antwort ist einfach: David war noch nicht bereit. Die Salbung, die auf ihn kam, als Samuel ihn salbte, begann ihr Werk in diesem Hirtenjungen zu tun. Sie fing an, ihn in den König zu formen, der er einmal sein würde.

Kannst du in deinem Leben eine Zeit identifizieren, in der dich der Herr für den Dienst gesalbt hat? Es kann durch ein prophetisches Wort gewesen sein, es kann durch eine persönliche Offenbarung, die du direkt vom Herrn bekommen hast, gewesen sein. Egal wie, du weisst, dass der Herr dich berufen hat.

Aber was jetzt? Heisst das jetzt, dass du anfangen musst, im Amt, wofür dich der Herr berufen hat, zu funktionieren? Nein, überhaupt nicht. Was es heisst, ist, dass von diesem Tag an die Salbung, die über dich ausgegossen wurde, ein prophetisches Kind in dir gezeugt hat. Von diesem Moment an wird der Heilige Geist anfangen, dich in das Bild Christi umzuformen und wird dich dafür vorbereiten, den Thron des Amtes zu übernehmen.

## Vorbereitung für den Dienst

Danach ist es einfach, voller Stolz zu werden und zu sagen: „Ich bin jetzt ein Prophet, weil der Herr es gesagt hat." Sicherlich, David wurde auch gesagt, dass er ein König war, aber das machte ihn nicht zum König, nicht wahr? Er wurde nicht König David genannt, oder?

Nein, die erste Lektion, welche David lernte, nachdem ihn Samuel gesalbt hatte, war Demut. Nachdem er willig war, zu den Schafen zurückzukehren, begann der Herr David für seinen Aufstieg zum Thron vorzubereiten. Wo begann sein Training? Als ein Diener am Hofe Sauls!

Saul forderte ihn auf, zu ihm zu kommen und für ihn zu singen, wenn er Wutanfälle hatte. Nun David, der wusste, dass er zum König ernannt war, ordnete sich als Diener unter, um in Demut dem Mann zu dienen, von dem er wusste, dass Gott ihn verworfen hatte.

Nun, für unser logisches Verständnis macht das einfach keinen Sinn! War dies nicht die perfekte Möglichkeit für David, sich Sauls Thron zu bemächtigen? Aber was du vielleicht nicht weisst, in dieser Demut beobachtete und lernte David. Er lernte, was die Verantwortungen eines Königs sind.

Er lernte sich unterzuordnen. Er lernte, was ein König alles tut und was ein König NICHT tut. Im Verborgenen hatte der Herr begonnen, David zu trainieren, damit er das Amt des Königs übernehmen konnte.

Was ist mit dir? Hat der Herr dich an einen Platz geführt, an dem du unter der Leiterschaft eines anderen sitzt? Hast du zu anderen über dir hochgeschaut und zu dir selber gesagt: „Ich kann das besser machen. Warum sollte ich mich jemandem, der die Dinge so falsch macht, unterordnen?" Könnte es sein, dass der Herr dich dorthin gesetzt hat, um zu lernen? Genau hier wirst du die Verantwortungen eines Leiters lernen, wie du die Dinge tun sollst und ja, auch wie du die Dinge nicht tun sollst.

Vielleicht bist du jemand, der zu sich selber gesagt hat: „Ich werde mich nie Menschen unterordnen, ich unterordne mich alleine Gott." Nun, hätte David diese Entscheidung getroffen, hätte er den Thron nie bestiegen. Wenn du dich dagegen wehrst, dich jemand anderem unterzuordnen, wenn du weisst, dass der Herr dich in solch eine Beziehung geführt hat, dann wisse, dass du nicht weiterkommen wirst und kein Leiter werden wirst, bis du nicht gelernt hast, zuerst ein Diener zu sein.

## Training 101 (eins zu eins)

Nun, war David jetzt bereit, König zu werden? Er hatte alles gelernt, was er über das Königtum wissen musste. Er hatte studiert und seine Auszeichnungen bekommen. War er jetzt bereit dafür, König zu werden? Ich habe schlechte Nachrichten für dich – dieser eine Schritt ist der kleinste in deinem Training für den Dienst! Das war erst ein Vorgeschmack vom Herrn auf die Dinge, die noch kommen werden. Jetzt beginnt das richtige Training!

Die erste richtige Chance, etwas von dem, was in ihm war, zu nutzen, bekam David, als er Goliath konfrontierte. Vor vielen Augen stand er auf und nutzte das, was er über all diese Zeit empfangen hatte. Er hatte studiert, er hatte gebetet, er fühlte sich bereit! Jetzt war die Zeit, es allen zu zeigen. Und er tat es. Die

Frauen sangen ihm Loblieder, die Männer schlugen ihm auf den Rücken.

„Ich bin angekommen! Sicher bin ich jetzt König, oder?"

Aber es war nicht so, denn da gab es noch einige andere Dinge, die David konfrontieren musste. Der Herr wird dir eine Möglichkeit geben, um erhoben zu werden und alles zu gebrauchen, was Er in dich gelegt hat. All dein Lesen und Beten wird sich auszahlen und deinen Gaben, die bis jetzt versteckt geblieben sind, wird eine Möglichkeit gegeben werden, sich vor anderen zu zeigen.

Vielleicht hast du das bereits erlebt. Vielleicht hat der Herr den Weg vor dir bereits geebnet, damit du in deiner Begabung fließen und öffentlich dienen kannst. Setzt dich das ins Amt? Macht dich das zum König? Nein, der Herr nutzt diese Zeit, um dich für den kommenden Aufstieg zu trainieren. Es braucht mehr dazu, um König sein zu können, als ein paar Goliaths mit deiner Steinschleuder herunterzuholen.

## Leiterschaftstraining

Von dieser Zeit an war David an Sauls Hof versetzt und wurde Führer in der Armee. Er hatte es geschafft! Ihm wurde sogar Sauls Tochter als Frau angeboten. Sicherlich war er jetzt König? Sicher würde der Herr ihm jetzt den Thron übergeben? Die Menschen sangen Loblieder über ihn und es gab keinen Einzigen unter seiner Leiterschaft, der ihn nicht verehrte und

# Gesalbt und ernannt

respektierte. Er war berühmt, er war gesalbt ... aber war er ernannt? Nein, seine Zeit war noch nicht gekommen.

Doch der Herr lehrte David in dieser Zeit, was es wirklich bedeutet, ein Leiter zu sein. Zuerst war er ein Diener, jetzt war er auf dem Weg, ein Leiter zu werden, aber noch immer unter der Autorität eines anderen. Vielleicht bist du jetzt gerade an einem solchen Punkt. Wurdest du in eine Leiterschaftsposition in der Gemeinde eingesetzt? Wurde dir die Möglichkeit gegeben, in den Gaben zu funktionieren, die der Herr dir gegeben hat?

Das ist wunderbar! Der Herr lehrt dich, wie du ein Leiter sein kannst. Er gibt dir die Möglichkeit zu wachsen und die Art von Diener zu werden, wofür Er dich bestimmt hat. Aber bringt dich das ins Amt? Macht dich das zum König? Nein, es braucht mehr, um den Thron besteigen zu können, als von Menschen zum Leiter gemacht zu werden.

## Trainiert werden, um König zu sein

Dann geschah das Unmögliche! David wurde vom Hofe Sauls verstossen, um in der Höhle Adullam zu leben! Alles schien verloren zu sein. Wen würde er jetzt anleiten? Wie würde er jetzt seinen Dienst ausüben? Wie konnte der Herr ihn auch nur ansatzweise in der Wüste da draussen gebrauchen? Doch der Herr hatte alles in Seiner Hand und einen sehr besonderen Plan für David bereit.

Hier lernte David das System in seinem eigenen Herzen zu überwinden. Das erste Mal war er ein wahrer Leiter und stand für seine Überzeugungen hin.

Der Herr machte es ihm aber auch nicht einfach! Zuerst einmal wendete er es so, dass ganz Israel gegen David war! Wegen Sauls Wut erwähnte kein einziger Mann und keine einzige Frau den Namen Davids. Die Priester, welche David halfen, wurden umgebracht!

Da ist David nun: keine singenden Frauen mehr um ihn, keine Kämpfer, die ihn als Helden verehrten. Nur David, allein in der Wildnis, mit einigen Familienmitgliedern. Dann machte der Herr es noch schwieriger für David und brachte all die Schurken und Ausgestossenen der damaligen Zeit zu ihm.

Stell dir vor, wie schwer es gewesen sein muss, diese undisziplinierten Männer zu leiten! Hast du herausgefunden, dass der Herr das manchmal auch mit dir macht? Er stellt dich in die schlimmsten Umstände hinein, denn wenn du diese überwindest, kannst du auch alles andere, das dir auf deinem Weg begegnet, konfrontieren.

In den unwahrscheinlichsten Umständen also begann der Herr David zu trainieren, damit er wirklich zum König über Sein Volk werden konnte! In der Höhle und in der Wildnis lernte David zu leiten. Für den Ruf auf seinem Leben lernte er zu lieben und er lernte alles zu opfern, sogar seine eigene Frau. Machte dies David zum König? Setzte das David ins Amt ein? Nein, dies war einfach ein weiterer Schritt auf dem Weg ins Amt.

Vielleicht hast du diesen Teil bereits gelebt. Du hast das Kirchensystem nicht nur verlassen, sondern du wurdest davongejagt! Es wurde niemandem erlaubt mit dir in Verbindung zu bleiben. Du wurdest allein gelassen, nur du und deine Familie an deiner Seite. Vielleicht hast du dich um deine Kinder gesorgt, vielleicht fühltest du dich einsam und abgelehnt. Aber erkennst du jetzt, dass dies der Ort ist, an dem der Herr dich trainiert, um sein König zu werden?

## Wirst du zum Feind werden?

Während dieser Zeit hatte David die perfekte Möglichkeit der Feind Israels zu werden! Der Philisterkönig Achisch gab David und seinen Männern den Ort Ziklag, wo sie sich aufhalten konnten. Hier war David mit dem Feind Seite an Seite! Jetzt war die Zeit gekommen, in der er diesen Zustand für sich nutzen konnte, um König zu werden! Aber tat er das?

Nein, sogar in seiner Verbannung kämpfte David für das Volk Gottes und zog aus, um nachbarschaftliche Philisterstädte zu zerstören – ohne einen einzigen Überlebenden! König Achisch fragte ihn aus über seine Eroberungen und David antwortete, dass er Städte von Israel zerstört habe, wobei er in Tat und Wahrheit den Feind in seiner Mitte tötete!

Kannst du jetzt verstehen, wieso der Herr dich in die Verborgenheit gebracht hat? Kannst du nicht erkennen, warum er dich im Feindesland haben will? Hier wirst du den Feind von innen heraus schlagen!

Selbst während du von anderen im System abgelehnt wirst, kämpfst du für die Stärkung des Königreiches Gottes!

Jetzt hast du eine Entscheidung zu treffen. Du kannst diese Zeit entweder dazu nutzen, um dein eigenes Königreich aufzubauen, indem du andere Männer und Frauen Gottes hinunterziehst. Oder du kannst diese Zeit nutzen, um den Feind zu untergraben und das Land, welches er gestohlen hat, zurückzuerobern. Denn wenn die Zeit für dich kommt, als König aufzustehen, kannst du die Beute mitnehmen!

## Ernannt

Schlussendlich nach vielen Jahren der Drangsal und der Prüfungen kam eine Zeit, in der Saul in die Hände der Philister fiel und der Stamm Juda David als ihren König begehrte. Sieben Jahre später begehrte die ganze Nation Israel David als ihren König! Er hatte diese Zeit der Bedrängnis ertragen. Er wusste, wie es ist, erniedrigt und umworben zu werden.

Tatsächlich war David in diesen Jahren durch so viel hindurchgegangen, dass ich denke, dass er den Gedanken daran König zu sein, einige Male aufgegeben hatte! Doch als David ans Ende seiner Selbst kam und willig war, einfach das zu tun, was Gott ihm gesagt hatte, arrangierte der Herr für David die Umstände, so dass er den Thron besteigen konnte.

Die Führer kamen und legten ihre Schwerter zu Davids Füssen, die Ältesten der Stadt kamen und setzten

David auf den Thron. So beugten sich alle vor ihrem neuen König. Ein König, der der mächtigste König ihrer Zeit werden würde! Dies war eine Zeit im Leben Davids und in der Ära Israels.

Wenn du dein eigenes Leben anschaust, kannst du dich dann ohne Zögern an die Zeit deiner Krönung erinnern? Wann wurdest du ins Amt gesetzt? Hast du die Vorbereitung und das Training erlebt? Vielleicht schaust du immer noch nach den Schafen, vielleicht hast du gerade ein Wort erhalten, dass du berufen bist. Vielleicht hat dir der Herr erst gerade die Realität deiner Berufung in deinem Leben klar gemacht.

Vielleicht hat dein Pastor den Ruf auf deinem Leben erkannt. Vielleicht haben andere sich deiner Leiterschaft untergeordnet und den Ruf auf deinem Leben wahrgenommen. Setzt dich das ins Amt ein? Nein, es braucht mehr als erkannt zu werden und in den Gaben zu fliessen, um im Amt zu stehen.

1. Erstens wurde David durch ein prophetisches Wort zum König gesalbt – **Du empfingst deine Offenbarung.**
2. Dann wurde David durch das Dienen an Sauls Hof vorbereitet, um König zu sein – **Du bist dazu angeleitet worden, dich der Leiterschaft eines anderen zu unterordnen.**
3. Dann wurde David durch Prüfungen und Tests in der Höhle und der Wildnis trainiert, um König zu sein – **Du wurdest gezwungen, das**

4. Dann sah David aus wie ein König und handelte wie ein König, als er den Thron von Juda bestieg – **Du bist ins System zurückgenommen worden und hast angefangen, deinen Dienst aufzubauen.**
5. Aber erst als er von den Ältesten ernannt wurde, stand er wahrhaft als König über der Nation Israel – **Du bist bestimmt worden durch die Handauflegung von einem Propheten oder Apostel, du empfingst Impartation und wurdest durch einen prophetischen Erlass freigesetzt.**

Dieses Muster bleibt durch das ganze Neue Testament hindurch bestehen. Durch die Leitung des Heiligen Geistes sehen wir, wie Paulus und Barnabas für das Werk durch Handauflegung bestimmt wurden. Sogar Jesus wurde durch einen Propheten am Tage, als Er von Johannes dem Täufer getauft wurde und der Heilige Geist als Taube auf Ihn herunterkam und auf Ihm ruhte, ernannt.

Du siehst, es braucht mehr als die Ernennung durch Menschen, um dich ins Amt zu setzen. Es braucht die Ernennung des Heiligen Geistes und die Freisetzung durch einen Propheten oder Apostel Gottes, der bereits im Amt ist.

Wenn du dich nicht an ein spezifisches Datum und eine Zeit zurückerinnern kannst, in der der Herr dich ins

Amt gesetzt hat und dich für den Thron ernannt hat, dann funktionierst du nicht im Amt und kannst den Titel dieses Amtes nicht tragen. Du bist noch nicht angekommen und hast noch immer einen Pfad des Trainings und der Vorbereitung zu laufen. Ich danke dem Herrn, dass es Stufen und Fortschritte in deiner Berufung gibt, die du nehmen musst!

## Weiter, höher, tiefer!

Was für ein spannendes Leben wir leben, denn wir wissen, es gibt immer eine höhere Ebene zu erreichen! An dem Tag, an dem du selbstzufrieden wirst und dir nicht mehr wünschst, zur nächsten Ebene aufzusteigen, beginnst du zu stagnieren. Du wirst für den Rest deines Lebens auf diesem Plateau bleiben.

Wisse, dass gerade jetzt eine andere Phase auf dich wartet, ein höherer Berg, den es zu erklimmen gilt, ein höheres Amt, dass es zu erreichen gilt! Sei nie zufrieden mit einer einzelnen Portion. Sei nie zufrieden damit, dass der Herr einfach nur ein einzelnes Mass in dein Leben ausgiesst. Begehre mehr, hungere danach und halte es fest!

Wisse, dass dich viel in dieser herrlichen Zukunft erwartet und dass du dich, wenn du an diesen Punkt kommst, an dem du ins Amt gesetzt wirst, wahrhaftig als Endzeitleiter in Seinem Königreich erhebst. Du wirst wahrhaftig eine neue Bewegung auf dieser Erde einführen und die Gemeinde wird als Resultat davon verändert sein.

Männer und Frauen Gottes, lasst euch nie für weniger als die Fülle nieder! Sie ist für euch durch den Herrn verfügbar. Halte nicht an, wenn du einfach gesalbt wurdest und denke nicht, dass du angekommen bist. Gehe weiter, bleibe dran und tritt in das Amt ein, das der Herr für dich hat. Wenn du dann dastehst und sagst: „Ich bin ein Prophet Gottes", kannst du es mit Sicherheit tun, denn du weisst, dass du für diese Endzeitbewegung gesalbt, ernannt und in Position gesetzt worden bist!

# Über die Autorin

Colette kam in Bulawayo, Zimbabwe zur Welt und ist in Südafrika aufgewachsen. Sie hatte schon in jungen Jahren einen grossen Eifer, dem Herrn zu dienen. Weil ihre Familie schon seit vielen Generationen christliche Leiter hervorbringt und sie als Pastorenkind aufgewachsen ist, ist die Realität des Dienstes nichts Fremdes für sie. Obwohl sie viel Schweres, wie zum Beispiel die Scheidung ihrer Eltern, Ablehnung und Armut erlitt, folgt sie dem Herrn weiterhin von ganzem Herzen nach. Durch das Überwinden dieser Hindernisse in jungen Jahren wurde ein Fundament des Mitgefühls und ein Wunsch in ihr geformt, anderen zu helfen, in ihrem Leben siegreich zu sein.

Seit diesem Zeitpunkt führte der Herr Colette und ihren Ehemann Craig Toach, Apostolic Movement International, einen Dienst, durch welchen christliche Leiter aus aller Welt trainiert und ermutigt werden, zu gründen. In diesem Dienst geben sie auch alle Weisheit weiter, die der Herr ihnen dadurch gegeben hat, dass sie sich immer wieder dazu entschieden, sowohl in ihrem persönlichen Leben wie auch in ihrem Dienst durch das läuternde Feuer zu gehen.

Darüber hinaus ist Colette auch eine fantastische Köchin und eine wunderbare Mutter nicht nur für ihre vier leiblichen, sondern auch für ihre zahlreichen geistlichen Kinder aus der ganzen Welt. Colette ist auch eine bekannte Autorin, eine Mentorin, eine Trainerin und eine Frau, die einen sehr guten Geschmack hat, wenn es um Schuhe geht! Der Bibelvers "für alle Menschen alles sein" trifft hier zweifellos zu und der Herr fügt Tag für Tag neue Dinge zu ihr hinzu.

Wie schafft sie das alles? Erlebe durch jedes Buch und durch jede Lehre das Leben eines Apostels aus erster Hand und erhalte Einblick darin, wie die Berufung Gottes jeden Aspekt deines Lebens in ein unglaubliches Abenteuer verwandeln kann.

Erfahre mehr unter www.colette-toach.com

Tritt auf Facebook mit Colette Toach in Kontakt!
www.facebook.com/ColetteToach

Finde auf Amazon.com mehr über Colette heraus:
www.amazon.com/author/colette/toach

# Empfehlungen der Autorin

Beachte: Die Abkürzung AMI steht immer für Apostolic Movement International.

Wenn dir dieses Buch gefallen hat, sind wir überzeugt, dass dir auch die folgenden Bücher über das Prophetische gefallen werden.

## Der Weg der Träume und Visionen

Von Colette Toach

Dieses Buch ist der Schlüssel, der dir die Türe zum geistlichen Bereich öffnen wird. Unabhängig davon, ob du den Herrn erst gerade kennengelernt hast oder ob du schon lange mit Ihm unterwegs bist, wirst du auf jeder Seite dieses Buches eine Schatzkarte finden, die dir aufzeigt, was der Herr gerade jetzt zu dir sagt!

Verstehe die Geheimnisse in deinen Träumen und komme an einen Ort der Zuversicht betreffend der Zukunft, die Gott für dich hat und erlebe Frieden, weil du weisst, dass Er in Kontrolle über deinem Leben ist!

## Ich bin nicht verrückt – Ich bin ein Prophet

Von Colette Toach

Jemand muss selbst ein Prophet sein, um einen anderen Propheten zu verstehen!

Aus diesem Grund kann Colette Toach das Prophetische nehmen, die Wahrheit darüber erzählen und die Themen abdecken, die dieses Buch beinhaltet.

Bist du verrückt? Ein bisschen vielleicht … aber dieses Buch wird dir helfen, der wahre Prophet zu sein, den der Herr dich berufen hat zu sein!

## Wie du Gottes Stimme hörst (Set für eine Studiengruppe)

Von Colette Toach

Den Herrn zu kennen beinhaltet mehr, als einfach die Prinzipien des Wortes zu verstehen. Es bedeutet zu lernen, wann Er spricht und an den Geheimnissen Seines Herzens teilzuhaben.

Wenn du diesem Kurs abgeschlossen hast, wirst du herausgefunden haben, dass der Herr keine Lieblingskinder hat, sondern dass jeder Gläubige Ihn klar und deutlich hören kann.

# A.M.I. Prophetic School

www.prophetic-school.com

Unabhängig davon, ob du erst gerade losläufst oder ob du schon eine Weile unterwegs bist, wir haben alle Fragen. Wer könnte diese besser beantworten als ein anderer Prophet!

Mit über 18 Jahren Erfahrung ist die A.M.I. Prophetic School eine führende Schule im Bereich des Prophetischen.

Von engagierten Lektoren und Trainern über Live-Streaming bis hin zum Abschluss ist die A.M.I. Prophetic School ein Zuhause fern von zuhause.

## *Was unser prophetisches Training erreicht*

Unser umfangreiches Training basiert auf einem Studienplan, der auf zwei Jahre ausgelegt ist und es wird:

1. Dir helfen, deine prophetische Berufung zu identifizieren und zu bestätigen
2. Dich an der Hand nehmen und durch den Prozess des prophetischen Trainings hindurchführen
3. Dir ein Expertentraining in geistlicher Kampfführung geben
4. Dich für Fürbitte und Erlass ausrüsten
5. Dich lehren, wie du im Lobpreis und in der Anbetung dienen kannst
6. Dir helfen, prophetische Reife zu erreichen

# Kontaktangaben

Um unsere grosse Auswahl an Materialien anzuschauen, gehe zu: www.ami-bookshop.com

Hast du Fragen zu unseren Produkten?

**Kontaktiere uns**: +1 (760) 466 - 7679
(8.00 - 17.00 Pazifische Standardzeit (PST), nur an Wochentagen)

**E-Mailadresse**: admin@ami-bookshop.com

**Postadresse:**

>A.M.I
>5663 Balboa Ave #416
>San Diego, CA 92111, USA

**Facebook-Seite:**
http://www.facebook.com/ApostolicMovementInternational

**YouTube-Seite:**
https://www.youtube.com/c/ApostolicMovementInternational

**Twitter-Seite:** https://twitter.com/apmoveint

**Amazon.com-Seite:** www.amazon.com/author/colettetoach

**AMI Bookshop** – Es ist nicht einfach Wissen, es ist **lebendiges Wissen**

Colette Toach

www.ingramcontent.com/pod-product-compliance
Lightning Source LLC
Chambersburg PA
CBHW050332230426
43663CB00010B/1827